与人民同行

——开化人大 70 年（1954—2024）

开化县人民代表大会常务委员会　编

浙江工商大学出版社 | 杭州

ZHEJIANG GONGSHANG UNIVERSITY PRESS

图书在版编目（CIP）数据

与人民同行：开化人大 70 年：1954—2024 / 开化县人民代表大会常务委员会编 . —— 杭州：浙江工商大学出版社，2025. 1. —— ISBN 978-7-5178-6436-3

Ⅰ . D624.554

中国国家版本馆 CIP 数据核字第 2025L6K625 号

与人民同行——开化人大 70 年（1954—2024）
YU RENMIN TONGXING——KAIHUA RENDA 70 NIAN（1954-2024）

开化县人民代表大会常务委员会 编

责任编辑　沈明珠
责任校对　杨　戈
封面设计　宇　声
责任印制　祝希茜
出版发行　浙江工商大学出版社
　　　　　　（杭州市教工路 198 号　邮政编码 310012）
　　　　　　（E-mail：zjgsupress@163.com）
　　　　　　（网址：http://www.zjgsupress.com）
　　　　　　电话：0571-88904980，88831806（传真）
排　版　杭州宇声文化艺术有限公司
印　刷　杭州良诸印刷有限公司
开　本　710mm×1000mm　1/16
印　张　16.25
字　数　291 千
版 印 次　2025 年 1 月第 1 版　2025 年 1 月第 1 次印刷
书　号　ISBN 978-7-5178-6436-3
定　价　78.00 元

编纂委员会

编辑部

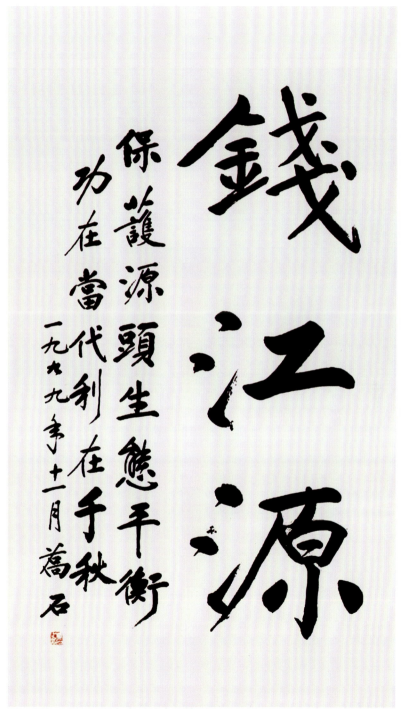

錢江源

保護源頭生態平衡

功在當代利在千秋

一九九九年十一月 喬石

1999年11月22日，第八届全国人大常委会委员长乔石为钱江源题词

1954年7月，开化县第一届人民代表大会第一次会议代表合影

开化县第二届人民代表大会 第一次会议 全体代表合影 一九五六年十一月十二日

1956年11月，开化县第二届第一次人民代表大会全体代表合影

1981年4月，开化县第七届人民代表大会第一次会议全体代表合影

1984年8月，开化县第八届人民代表大会第一次会议全体代表合影

1987年5月，开化县第九届人民代表大会第一次会议全体代表合影

1990年4月，开化县第十届人民代表大会第一次会议主席团和机关代表团合影

1993年4月，开化县第十一届人民代表大会第一次会议主席团和城关片代表团合影

1998年3月，开化县第十二届人民代表大会第一次会议主席团和村头片代表团合影

2003年3月，开化县第十三届人民代表大会第一次会议全体代表合影

2011年3月，开化县第十四届人民代表大会第五次会议全体代表合影

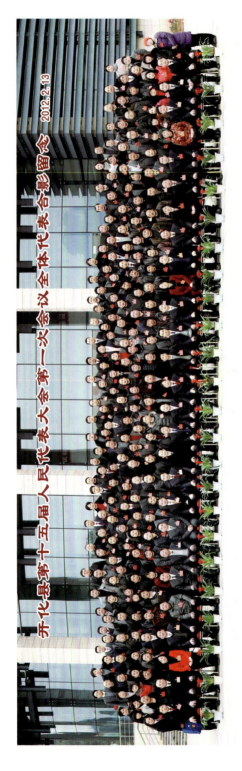

2012年2月，开化县第十五届人民代表大会第一次会议全体代表合影

2017年2月，开化县第十六届人民代表大会第一次会议全体代表合影

2022年1月，开化县第十七届人民代表大会第一次会议全体代表合影

2003年2月，开化县第十二届人民代表大会常务委员会组成人员合影

2007年1月，开化县第十三届人民代表大会常务委员会组成人员合影

2012年1月，开化县第十四届人民代表大会常务委员会组成人员合影

2012年4月，开化县第十五届人民代表大会常务委员会组成人员合影

2017年2月，开化县第十六届人民代表大会常务委员会组成人员合影

2022年1月，开化县第十七届人民代表大会常务委员会组成人员合影

　　1986年11月，首届浙皖赣三省交界县人大常委会联席会议在开化成立。图为在开化召开的开化婺源休宁三县人大常委会第三次联席会议现场

　　2000年11月，浙西南十县（市）人大常委会联席会第二十五次会议在开化召开

2001年4月，浙皖赣三省七县（市）人大常委会第十七次联席会议在开化召开

2024年12月，浙皖赣三省七县（市）人大助力共富协作恳谈会在开化举行

2024年12月11日，省人大常委会党组书记、副主任陈金彪到开化调研

2024年6月14日，市人大常委会主任吴国升到开化检查《浙江省河长制规定》执行情况

2023年9月28日，县委书记夏盛民到华埠联络站调研基层单元建设情况

2024年9月6日，县长陈利华到芹阳人大代表联络站村级议事点开展进站接待活动

2024年10月，第十四届全国人大代表浙江中心组第四小组到开化开展视察

2014年8月，省人大代表（农业与农村）专业小组到开化开展视察活动

2014年8月，市人大代表跨县域视察开化"五水共治"工作

2024年，浙江省开化县齐溪镇、安徽省休宁县龙田乡、岭南乡人大代表联合开展巡林护林、普法宣教、生物多样性宣传活动

2006年，县人大常委会组织人大代表视察城市建设情况

2009年10月，县人大常委会组织人大代表视察交通建没情况

2012年，县人大常委会组织人大代表视察公安工作开展情况

2023年10月，县人大常委会组织人大代表视察民宿经济发展情况

2011年，县人大代表在县第十四届人民代表大会第五次会议上投票选举

2014年，张湾乡人大代表向选民述职

2016年1月，县人民代表大会首次举行宪法宣誓仪式

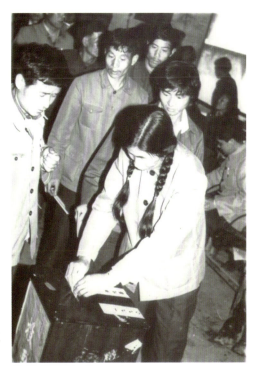

1990年，华埠镇第十届人民代表大会第一次会议代表投票选举

2019年7月31日，县人大常委会对促进民营经济高质量发展工作开展专题询问

2022年，县人大常委会开展财政管理运行特定问题调查工作

2024年7月12日，县人大开展选任干部述职评议活动

2014年9月17日，召开庆祝县人民代表大会制度建立60周年座谈会

2024年9月27日，县人大庆祝全国人民代表大会成立70周年"翰墨丹青歌盛世，光影溢彩抒情怀"主题书画摄影展开幕

2024年11月11日，召开庆祝县人民代表大会成立70周年座谈会暨县乡人大读书会

2018年，第十三届全国人民代表大会代表证（郑裕财）

2022年，十三届全国人大代表浙江中心组第三小组视察证

1997年，浙江省第九届人民代表大会当选通知书（宋义富）

1995年，浙江省第八届人民代表大会第三次会议出席证（宋义富）

1958年，开化县第三届人民代表大会代表当选证书（肖照惠）

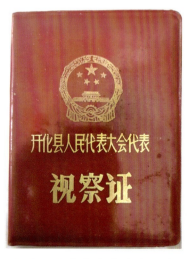

开化县人民代表大会代表视察证

2017年，衢州市第七届人民代表大会代表证（余岳峰）

衢州市第七届人民代表大会第二次至第七次会议出席证（余岳峰）

1984年，开化县第八届人民代表大会当选证书（邹根花）

1999年，杨林镇人民代表大会通知（汪小仙）

1990年，委员任命书（张伟义）

1988年，任命书（张伟义）

开化县第九届人民代表大会第一次会议出席证（张伟义）

1987年，开化县第九届人民代表大会代表证（余永根）

2024年12月，省人大常委会党组书记、副主任陈金彪看望开化人大机关干部

2023年7月，县人大常委会机关干部在新办公楼前合影

序 一

回望走过的路，发现与人大特别有缘。我是 1954 年出生的，正是这一年，第一届全国人民代表大会召开了；1984 年在开化县第七届人民代表大会上，30 岁的我当选了县长；我到省林业厅、农业厅工作后，这两个厅又是与代表打交道最多、联系最密切的厅；2008—2017 年，我担任了十一届、十二届两届省人大常委会副主任。我人生成长发展的每一步，都与人大有着紧密的联系。

翻开《与人民同行——开化人大 70 年（1954—2024）》这本书，我的脑海中会像放电影一样，不断播出我与开化人大的点点滴滴。

记得 1981 年 12 月全国人大通过《关于开展全民义务植树运动的决议》后不久，1982 年开化人大就做出决定，春节上班第一天机关干部上山植树。我当时意识到，这个决定很有价值、很有意义，不仅可以消灭荒山、增加森林面积，而且可以塑造优势、蓄力发展。担任县长后，我坚决执行决定，动员全县人民植树造林，绿化家乡。担任县委书记后，我又要求县人大做出关于进一步搞好封山育林的决定，县政府提出了具体的实施意见，各乡镇人大相应做出决议。"植树拜年"这项活动至今没有断过，多年封山育林的成效全面显现，全县森林覆盖率超过了 81%，并且拥有钱江源—百山祖国家公园候选区钱江源园区，绿色生态已经成为开化的"金名片"。现在，我为当年的决定感到骄傲和自豪，庆幸自己为开化绿色高质量发展打下了一些基础。

到省人大常委会工作后，我更加关注开化人大工作。我觉得，开化受制于地理区位，经济不够发达，但是全国民主法治进程是同步的，开化的人大工作有条件干得更好。这数十年来，开化人大在宋义富、肖渭根、张伟刚、余建华等几位同志的领导下，确实干出了一些令人刮目相看、走在全省前列的工作。比如，开化人大于2008 年设立了"生态日"，这比全国人大设立"生态日"足足早了15 年；再如，开化人大用"代表茶座"践行基层全过程人民民主，这在浙江乃至全国也是创新之举；又如，开化人大开发的"共同富裕专题监督"应用场景，实现了对共同富裕的实时监督；等等。我为开化人大这些年取得的成绩感到骄傲和自豪，也为开化有这样一支好的干部队伍感到骄傲和自豪。

习近平总书记指出，"要用好宪法赋予人大的监督，实行正确监督、有效监督、依法监督"。我是人民代表大会制度的同龄人，生在新中国、长在红旗下、干在第一线，对这一点认识极其深刻。新时代对人大监督提出了新的更高的要求。我希望，开化人大坚持党的领导、人民当家作主、全面依法治国有机统一，始终围绕中心、服务大局、突出重点，聚焦党中央和省委重大决策部署，聚焦人民群众所思所盼所愿，统筹运用法定监督方式，用人大的力量、人大的方式促进上级党委决策部署在开化落地落实，推动开化在中国式现代化进程中更进一步、更快一步。

最后，祝愿开化的明天会更加美好，开化的人民会更加幸福！

浙江省人大常委会原党组副书记、副主任 程渭山

2024 年 12 月

序 二

开化县第一届人民代表大会第一次会议于 1954 年 7 月召开，距今已经 70 年了。在此重要年份，由县人大常委会编撰《与人民同行——开化人大 70 年（1954—2024）》，献礼人民代表大会制度实施 70 周年，甚感荣幸。

对人民代表大会制度，我一直印象深刻。学生时代，经常听老师讲人民代表大会制度，了解人民当家作主，崇拜人大代表。工作以后，接触人大工作就更多了。无论在部门，还是在政府，我经常向人大汇报工作，感受到人大的权威，人大的认真，人大的温暖，对人大怀有深深的敬意。担任开化县人大常委会主任后，我一头扎进人大知识的海洋里，学习前辈经验，完善工作制度，创新监督方式，为人大工作贡献了一些微不足道的力量。

回顾开化县人大 70 年不平凡的征程，我感到，历届县人大及其常委会围绕党在各个历史时期的中心任务不偏移，履行宪法和法律赋予的职责不懈怠，为全县民主法治建设和经济社会发展做出了重要贡献。特别是党的十八大以来，开化人大坚决扛起践行"两个维护"的政治责任，充分彰显助推改革发展的使命担当，自觉坚守忠实为民履职的朴素情怀，谱写了新时代开化人大工作砥砺奋进的新篇章。这些值得我们认真总结。

《与人民同行——开化人大 70 年（1954—2024）》如实记述了1954 年以来，县人大及其常委会依法行使各项职权，践行全过程人民民主，充分发挥人民代表作用，保障改革开放、经济发展和社会进步，促进开化跨越式高质量发展，不断探索前进的历程。该书史料丰富，内容翔实，是一部融资料性、思想性和科学性为一体的地方人大史书，必将对今后全县的民主法治建设，乃至经济建设、文化繁荣、社会发展产生积极的影响。

历经 70 年的跋涉与前行，开化人大及其常委会站在一个新的历史起点上，又将开始新的远航。习近平总书记为我们擘画了"开化是个好地方"的宏伟蓝图，嘱托我们"一定要把钱江源头生态环境保护好""变种种砍砍为走走看看""人人有事做，家家有收入"，我们要围绕全过程人民民主，依法履职行权、主动担当作为，坚持好、完善好、运行好人民代表大会制度，为新时代新征程"奋力打造现代化国家公园城市，努力成为中国式现代化山区县样板"贡献人大智慧和力量。

开化县人大常委会党组书记、主任

2024 年 12 月

目　录

综　述

一

1949 年 9 月 29 日，中国人民政治协商会议第一次全体会议通过的《中国人民政治协商会议共同纲领》（以下简称《纲领》）规定："中华人民共和国的国家政权属于人民。人民行使国家政权的机关为各级人民代表大会和各级人民政府。各级人民代表大会由人民用普选方法产生之。各级人民代表大会选举各级人民政府。"新中国成立初期，新的社会制度刚刚建立，国内局部地区军事行动仍在继续，人民群众尚未充分组织起来，实行普选召开人民代表大会的条件还未成熟，《纲领》规定："在普选的地方人民代表大会召开以前，由地方各界人民代表会议逐步地代行人民代表大会的职权。"

1950 年 1 月，开化县各界人民代表会议第一次会议召开，建立各界人民代表会议制度。1954 年 7 月，开化县第一届人民代表大会第一次会议召开，至此，县各界人民代表会议完成其历史使命。各界人民代表会议制度的建立，对于提高人民群众的觉悟、推进基层政权建设、恢复和发展国民经济发挥了重要作用，为1954 年过渡到人民代表大会制度积累了经验，奠定了基础。

二

人民代表大会制度是中华人民共和国的根本政治制度，中华人民共和国的一切权利属于人民。人民按照法律规定选举产生自己的代表，组成人民代表大会行使国家权力。人民代表为国家权力机关组成人员，代表人民的利益和意志，行使管理国家事务的权力，履行人民当家作主的职责。

1954 年 7 月，开化县第一届人民代表大会第一次会议召开，标志着人民代表大会制度在开化的正式建立，开启了开化人民当家作主的新篇章。从此，人民代表大会制度在开化不断得到巩固和发展。

1955 年 11 月，开化县第一届人民代表大会第三次会议召开，首次正式选举产生县人民政府县长、副县长和人民委员会委员，同时选出县人民法院院长。自 1954 年 7 月至 1966 年 4 月，开化县先后召开 6 届人民代表大会会议。根据 1954 年宪法规定，这一时期的地方人民代表大会在闭会期间由县人民委员会（县人民政府）行使职权。

1966 年 5 月，"文化大革命"发生，开化县的人民代表大会与全国各地一样，被停止活动，人民委员会被撤销，无法正常行使职权。1968 年 4 月，成立开化县革命委员会，包揽行政、司法、党务等各项工作。

1976 年 10 月，"文化大革命"结束。民主法制建设重新提上党和国家的重要议事日程。1976 年 11 月，全国人大常委会恢复活动。1977 年 10 月，地方各级人民代表大会在停止 12 年以后也逐步得到恢复。1978 年 12 月 26 日，第五届全国人大一次会议胜利召开，会议全票通过经过修改的《中华人民共和国宪法》，重新确定了人民代表大会制度的地位和作用。1978 年 12 月，党中央召开十一届三中全会，会议明确提出发展社会主义民主、健全社会主义法制的任务。1979 年 7 月，第五届全国人大第二次会议通过关于修正宪法若干规定的决议，明确规定："县和县以上的地方各级人民代表大会设立常务委员会，它是本级人民代表大会的常设机关，对本级人民代表大会负责并报告工作。"从此，我国人民代表大会制度进入了新的重要发展阶段。在此背景下，开化县恢复了人民代表大会制度。1954 年 7 月至 2024 年 10 月，开化县共经历 17 届人民代表大会。

三

1981 年 4 月，开化县第七届人民代表大会第一次会议召开，标志着中断近 15 年之久的县人民代表大会得到恢复。会议选举产生县人民政府、县人民法院和县人民检察院领导人，并首次选举产生了县人大常务委员会组成人员。

县人民代表大会选举前，设立选举委员会和代表资格审查委员会。选举委员会负责主持县人民代表大会代表的选举工作，贯彻执行有关选举的法律法规，以保障选举工作顺利进行；代表资格审查委员会则负责审查已选出或补选的县人民代表大会代表是否具有当选资格，并向县人民代表大会及其常务委员会报告结果。

县人民代表大会举行会议前先召开预备会议，预备会议选举会议主席团和秘书长，听取代表资格审查委员会关于代表资格审查报告或代表变化情况报告，划分代表团，通过执行主席分组名单，通过大会秘书处、代表资格审查委员会、财政预决算审查委员会、议案审查委员会的组成人员名单和会议议程，以及制定议事规则等。主席团决定和通过主席团常务主席、执行主席人选，主持全体会议，决定会议日程，表决议案办法、议案截止时间及副秘书长人选；提名县人民代表大会选举的县人大常委会组成人员、县人民政府正副县长、县人民法院院长、县人民检察院检察长和市人大代表人选；主持会议选举，决定代表提出的议案、罢免案、质询案的办理意见，向会议提出各项决定的草案，发布会议公告。

县人民代表大会每次会议均举行若干次全体会议，听取和审议有关工作报告；对重大事项和重要事件做出决议决定；选举县人民政府县长、副县长，选举县人民法院院长、县人民检察院检察长，选举市人民代表大会代表，选举县人民代表大会常务委员会组成人员。从2017年2月开化县第十六届人民代表大会起，增加选举县监察委员会主任的议程。历届县人民代表大会会议均设立议案审查委员会，对代表提交大会的议案进行审查、分类，确定重点议案，提出办理意见。

四

开化县第一届至第六届人民代表大会期间，未设常设机关，按照我国宪法规定，选举产生县人民委员会。县人民委员会既是国家行政机关，同时又行使县人大常设机关的职权。1981年4月，开化县第七届人民代表大会第一次会议选举产生开化县人大常委会，自此，开化县县级国家权力机关与行政机关分设。县人大常委会为县人民代表大会的常设机关，对本级人民代表大会负责并报告工作。常委会组成人员在当届人大代表中选举产生，县第七届至第十届人大常委会每届任期3年；自第十一届起，每届任期调整为5年。

县人大常委会根据工作需要召开常委会会议和主任会议，重要决议决定遵循民主集中制原则。常委会会议和主任会议一般邀请县人民政府、县人民法院、县人民检察院的领导和与会议议题有关的政府部门负责人，县人大常委会各委、室负责人，以及部分县人大代表列席；主任会议由常委会主任、副主任组成，负责处理常委会的重要日常工作。

县人大常委会负责全县人大各项组织工作，包括主持县人大代表的选举，召开县人民代表大会，领导县人大各办事机构工作，组织代表开展活动，依法补选市人民代表大会出缺的代表和罢免个别人大代表，确保宪法、法律、行政法规和上级人大及其常委会决议的遵守和执行，讨论、决定县域内的政治、经济、法制、教育、科学、文化、卫生、环境和资源保护、民政等工作的重大事项，决定对县国民经济计划和社会发展计划、预算的部分变更，决定授予地方性的荣誉称号。在县人民代表大会闭会期间，决定地方国家权力机关、行政机关、监察机关、审判机关、检察机关工作人员人事任免；通过听取和审议县人民政府、县人民法院和县人民检察院工作报告，开展执法检查，组织视察调查和评议，督办人大代表、人民群众来信来访，督办民生实事工程，组织个案监督，设立代表监督窗等形式，监督县人民政府、县监察委员会、县人民法院、县人民检察院的工作，受理人民群众对国家机关及其工作人员的申诉意见，撤销县人民政府不适当的决定和命令。

　　县人大常委会设立后，始终抓好政治建设、思想建设、组织建设、作风建设和纪律建设，把制度建设贯穿其中；加强信息宣传和理论研究，逐步建立和健全县人大常委会的正常工作制度，更好地发挥国家权力机关的作用；对县内重大事件做出重要决议决定，为依法治县和生态立县提供法制保障。

　　随着人民代表大会制度的不断完善，全县乡镇（办事处）人大工作得到加强。1990 年 3 月，全县各乡镇设立人民代表大会主席团，大部分乡镇设主席团常务主席。常务主席一般由同级党委书记兼任，不设副主席，至 1993 年 3 月，全县所有乡镇均设主席团常务主席。乡镇人民代表大会主席团由本级人民代表大会在代表中选举产生，负责主持本级人民代表大会会议，并在会议期间行使法律规定的职权。1996 年 1 月起，全县各乡镇设人大主席，部分乡镇设副主席。

　　县人大按照《中华人民共和国地方各级人民代表大会和地方各级人民政府组织法》规定，设立专门委员会。2017 年 2 月，设立县人大法制（内务司法）委员会和县人大财政经济委员会。2019 年 1 月，设立县人大社会建设委员会，县人大法制（内务司法）委员会更名为县人大监察和司法（法制）委员会。2020 年 4 月，设立社会建设工作委员会。各专门委员会研究、审议和拟订有关议案，依法履职，强化监督，有效完成各项工作。

　　70 年来，开化县人大常委会在中共开化县委的领导下，组织结构不断完善，制度建设逐步加强，监督工作全面推进。实践中，注重调查研究，开拓创新，在"探索构建基层治理新格局""构建共同富裕人大闭环监督体系""打造践行全过程人民民主县域样板"等方面走在前列；坚持党的领导，集体决定问题，集体行使权力，为推动开化经济文明、政治文明、文化文明、社会文明、生态文明进步，以及"绿水青山就是金山银山""人人有事做，家家有收入"实践发挥重要作用。

大事记

1949 年

5 月 4 日，开化解放。

5 月 14 日，开化县军事管制委员会成立，主持全县政事。

5 月 28 日，中国共产党开化县委员会、开化县人民政府成立，接替开化县军事管制委员会的工作。

1950 年

1 月 7—12 日，开化县第一次各界人民代表会议在开阳镇（后改称城关镇）举行。出席会议代表 125 人。

3 月 4—6 日，开化县第二次各界人民代表会议召开。

5 月 18 日，开化县人民法院成立。

11 月 12—16 日，开化县第三次各界人民代表会议召开。会议决定成立开化县各界人民代表会议常务委员会，选举产生常务委员 17 人。

1951 年

3 月 16—20 日，开化县第四次各界人民代表会议召开。出席会议代表 175 人。

6 月 21—25 日，开化县第五次各界人民代表会议召开。出席会议代表 214 人。

12 月 2—6 日，开化县第六次各界人民代表会议召开。出席会议代表 197 人。

1952 年

4 月 26—29 日，开化县第七次各界人民代表会议召开。出席会议代表 174 人。

11 月 21—24 日，开化县第八次各界人民代表会议召开。出席会议代表 212 人。

1953 年

5 月，开化县第一届基层人民代表大会代表选举工作开始。先后选出代表 1414 名，选出乡镇人民委员会和正副乡镇长。

7 月 7—11 日，开化县第九次各界人民代表会议召开。出席会议代表 191 人。

1954 年

7 月 9—16 日，开化县第一届人民代表大会第一次会议在县城举行。出席会议代表 126 人。

11 月 20—24 日，开化县第一届人民代表大会第二次会议在县城举行。出席会议代表 111 人。

12 月，成立开化县人民检察署，次年 2 月改为开化县人民检察院，其正副检察长由上级任命。

12 月，成立开化县计划委员会。

1955 年

3 月，衢州专区撤销，开化县改属建德专区。

11 月 11—15 日，开化县第一届人民代表大会第三次会议在县城举行。出席会议代表 123 人，列席代表 9 人。会议选举产生开化县第一届人民委员会委员、正副县长和县人民法院院长。

1956 年

11 月 7—12 日，开化县第二届人民代表大会第一次会议在县城举行。出席会议代表 157 人，列席代表 6 人。

1957 年

12 月 25 日，成立开化县移民安置委员会。此后 3 年，全县先后接收新安江移民 18837 户、35347 人，安排在县内 19 个乡镇、116 个村。

1958 年

5 月 28 日—6 月 2 日，开化县第三届人民代表大会第一次会议在县城举行。出席会议代表 162 人，列席代表 4 人。

9 月 7 日，华埠东风人民公社成立。随后，全县共建立 11 个人民公社。

12 月，建德专区撤销，开化县改属金华专区。

1959 年

12 月 17—19 日，开化县第三届人民代表大会第二次会议在县城举行。

1960 年

2 月，开化县人民委员会颁布《关于封山育林护林防火的布告》。

10 月 22 日，发放居民购货证、券、票，实行主要日用品限量供应。

1961 年

7 月，调整人民公社规模，全县由原来的 11 个公社增至 32 个公社。

12 月 23—28 日，开化县第四届人民代表大会第一次会议在县城举行。出席会议代表 222 人。

1962 年

1 月，开始贯彻落实"调整、巩固、充实、提高"八字方针。

7 月，通过调整，全县精简下放职工 1402 人，减少吃商品粮人口 1973 人。

1963 年

1 月 30 日—2 月 3 日，开化县第四届人民代表大会第二次会议在县城举行。

1 月，发布《开化县保护森林条例（草案）》。

11 月 27 日—12 月 2 日，开化县第五届人民代表大会第一次会议在县城举行。出席会议代表 251 人。

1964 年

12 月，全县有 2383 名城镇知识青年下放到农村劳动锻炼。

1965 年

9 月，成立开化县贫下中农协会。

1966 年

4 月 26—30 日，开化县第六届人民代表大会第一次会议在县城举行。出席会议代表 234 人，列席代表 30 人。

5 月，"文化大革命"开始。

是年，全县高中停止招生，初中招生采用"推荐与选拔"相结合的办法。

1967 年

3 月 4 日，开化县人民武装部成立生产办公室，代行原县委、县人委部分职权。

冬，造反派组织设"群众专政指挥部"。县公、检、法机关不能按律行政。

1968 年

3 月 30 日，解放军七一二〇部队对开化县人民法院、检察院、公安局实行军事管制。

4 月 20 日，成立开化县革命委员会。

1969 年

6 月 27 日，县革委会设置"社会治安指挥部"。

是年，培训赤脚医生，农村合作医疗工作在县内开展。

1970 年

年底，1959 年前后移居开化的新安江水库移民中的 2232 户、11195 人转迁江西。

1971 年

8 月，全县深入开展"一打三反"和"清理阶级队伍"运动。

1972 年

1 月，浙江省第一监狱由杭州临平迁入开化大路边公社杨家坞。

1973 年

3 月 20 日，恢复县公安局。

1974 年

春，全县开展"批林批孔"运动。

1975 年

3 月，浙江省革命委员会批准开化古田山为省级自然保护区。

1976 年

3 月，全县开展"反击右倾翻案风"运动，一批干部受到批判。

1977 年

3 月，全县掀起"农业学大寨，普及大寨县"热潮。

1978 年

5 月，双溪口新石器时代文化遗址在中村公社双溪口村发掘出土。

1979 年

1 月 20 日，县城安装 HJ905 自动电话交换机（400 门）投入使用。

1980 年

春，村头公社雷岭大队率先实行包产到户制度。

12 月，成立县政府第二办公室，着手处理精减下放粮户的遗留问题。

1981 年

4 月 3—8 日，开化县第七届人民代表大会第一次会议在县城举行。出席会议代表 248 人，列席代表 10 人。

冬，农村开始普遍推行家庭联产承包责任制。

1982 年

年初，国务院颁布全民义务植树运动具体实施办法。开化县委做出决定，每年春节后上班第一天，全县机关干部参加义务植树活动。

1983 年

9 月，重设乡、镇人民政府。

12 月 1 日，棉布、棉絮取消票证，实行敞开供应。

是年，全部摘除地、富、反、坏分子的"帽子"，成为有选举权的公民。

年底，实行"干部四化"（革命化、年轻化、知识化、专业化）。

1984 年

春，采取"动粮不动田"方式，农民大田承包期由 3 年延至 10 年或 15 年。

8 月 14—17 日，开化县第八届人民代表大会第一次会议召开。出席会议代表 263 名，列席代表 49 名。会议首次听取和审议《开化县人大常委会工作报告》。

1985 年

1 月，取消木材统购，开放木材市场，实行议购议销。

5 月 15 日，衢州市升为地级市，开化县改归衢州市管辖。

1986 年

4 月，开化县中医院建立。

5 月，县委提出"东联西拓"县域经济发展战略。

11 月 18—19 日，首届三省交界县人大常委会联席会议在开化成立，开启省际边界地区人大合作共赢新篇章。

1987 年

5月8—12日，开化县第九届人民代表大会第一次会议在县城举行。出席会议代表 245 人。

1988 年

4月8—11日，开化县第九届人民代表大会第二次会议在县城举行。出席会议代表 242 人。

5月13日，省人民政府批准开化为革命老根据地县。

6月8日，全国人大常委会民族事务委员会副主任委员李学智到开化视察。

6月，省人大常委会主任陈安羽到开化视察。

1989 年

3月27—31日，开化县第九届人民代表大会第三次会议在县城举行。出席会议代表 238 人。

1990 年

4月23—29日，开化县第十届人民代表大会第一次会议在县城举行。出席会议代表 265 人。

1991 年

3月27—30日，开化县第十届人民代表大会第二次会议在县城举行。出席会议代表 260 人。

1992 年

3月 24—27 日，开化县第十届人民代表大会第三次会议在县城举行。出席会议代表 258 人。

6月 27 日，撤销区公所，同时将全县 31 个乡镇调整为 22 个。

1993 年

3月，周天相当选全国人大代表，出席第八届全国人民代表大会第一次会议。

4月 6—12 日，开化县第十一届人民代表大会第一次会议在县城举行。出席大会代表 264 名，列席代表 142 名。此后，根据《中华人民共和国宪法》规定，县人民代表大会任期改为每届 5 年。

11月 9 日，浙皖赣三省六县（市）人大常委会第十次联席会议在开化举行。

1994 年

3月 28—31 日，开化县第十一届人民代表大会第二次会议在县城举行。大会代表 266 名，实到 265 名。

8月 17 日，省委书记、省人大常委会主任李泽民到开化视察。

11月 7—9 日，浙西南十县（市）人大常委会联席会议在开化举行。

1995 年

3月 7—11 日，开化县第十一届人民代表大会第三次会议在县城举行。大会代表 266 名，实到 262 名。

7月，县城南门外螺蛳山搬除工程动工。当年 12 月 15 日完工。

1996 年

3 月 25—29 日，开化县第十一届人民代表大会第四次会议在县城举行。大会代表 266 名，实到 259 名。

1997 年

1 月 5 日，省人大常委会副主任孔祥有到开化视察。

3 月 25—28 日，开化县第十一届人民代表大会第五次会议在县城举行。大会代表 266 名，实到 259 名。

1998 年

3 月 16—22 日，开化县第十二届人民代表大会第一次会议在县城举行。大会代表 198 名，实到 197 名。

11 月 28 日，召开全县殡葬改革动员大会。

12 月 21 日，开化县殡仪馆投入使用。

1999 年

3 月 10—13 日，开化县第十二届人民代表大会第二次会议在县城举行。大会代表 198 名，实到 197 名。

11 月 22 日，第八届全国人民代表大会常务委员会委员长乔石为钱江源国家森林公园题词："钱江源——保护源头生态平衡，功在当代，利在千秋"。

2000 年

3月20—24日，开化县第十二届人民代表大会第三次会议在县城举行。大会代表 198 名，实到 192 名。

6月6日，省人大常委会副主任李志雄到开化检查执法工作。

2001 年

1月29日，县城公交车正式运行。

3月13—17日，开化县第十二届人民代表大会第四次会议在县城举行。大会代表 198 名，实到 196 名，列席代表 166 名。

2002 年

3月12—15日，开化县第十二届人民代表大会第五次会议在县城举行。大会代表 198 名，实到 192 名。

9月28日，省人大常委会副主任徐志纯到开化检查指导工作。

2003 年

3月16—21日，开化县第十三届人民代表大会第一次会议在县城举行。会议正式代表 205 名。

7月1日，新型农村合作医疗制度在全县推行。

7月24—25日，省委书记、省人大常委会主任习近平到开化考察。

2004 年

3 月 12—15 日，开化县第十三届人民代表大会第二次会议在县城举行。出席会议代表 203 名。

6 月 16 日，省人大常委会副主任卢文舸到开化县检查指导。

2005 年

3 月 8—11 日，开化县第十三届人民代表大会第三次会议在县城举行。会议正式代表 206 名。

8 月 4 日，省人大常委会副主任俞国行到开化调研人大工作。

9 月 6 日，全县 26 个乡镇调整为 18 个，其中 9 个建制镇、9 个建制乡。

10 月 10 日，吞滩新区一期工程完成，1700 多户 5900 余人入住吞滩新区。

2006 年

3 月 1—4 日，开化县第十三届人民代表大会第四次会议在县城举行。会议正式代表 202 名。

8 月 16 日，省委书记、省人大常委会主任习近平到开化视察。

2007 年

1 月 23—27 日，开化县第十四届人民代表大会第一次会议在县城举行。出席会议代表 207 名。

5 月 31 日，县人大常委会农村工作委员会更名为农业和资源环境保护委员会，教育科技文化卫生工作委员会更名为教育科技文化卫生民族华侨工作委员会，代表工作委员会更名为代表与选举任免工作委员会。

8 月 28 日，11 位在浙全国人大代表到开化调研新型农村合作医疗工作。

2008 年

3月6日，省人大常委会副主任刘奇到华埠镇金星村调研。

3月11—15日，开化县第十四届人民代表大会第二次会议在县城举行。出席会议代表 205 名。

6月5日，省人大常委会副主任徐宏俊到开化专题调研代表工作。

11月24日，"开化人大网"（www.khrd.gov.cn）正式开通。

2009 年

2月9—13日，开化县第十四届人民代表大会第三次会议在县城举行。出席会议代表 203 名。

4月27日，省人大常委会副主任程渭山到开化指导农业法执法检查落实情况。

6月3日，全市人大代表与选举任免工作座谈会在开化召开。

2010 年

2月7日，省人大常委会副主任程渭山到开化工业园区调研。

3月29日—4月1日，开化县第十四届人民代表大会第四次会议在县城举行。出席会议代表 203 名。

8月10日，省人大常委会副主任程渭山率省人大代表环境与资源保护专业小组到开化视察生态环境保护情况。

10月19日，省人大常委会原副主任斯大孝到开化视察指导教育工作。

12月31日，全县行政村规模调整工作完成。全县 449 个行政村调整为 255 个。

2011 年

3月28—31日，开化县第十四届人民代表大会第五次会议在县城举行。出席会议代表 204 名。

4 月 22 日，全国人大常委会原副委员长李铁映到开化视察。

12 月 15 日，杭新景高速公路（衢州段）开工典礼在开化工业园区张家村举行。

2012 年

2 月 8—13 日，开化县第十五届人民代表大会第一次会议在县城举行。出席会议代表 199 名。

5 月 8 日，省人大常委会副主任冯明到开化调研保障性安居工程建设情况。

7 月 5—6 日，8 个乡镇相继召开第十六届人民代表大会第二次会议。这是开化县首次在年中召开乡镇人民代表大会。

8 月 15 日，省人大常委会副主任徐宏俊到开化调研人大代表换届选举工作。

12 月 27 日，省人大常委会党组副书记茅临生到开化调研。

2013 年

1 月 19—23 日，开化县第十五届人民代表大会第二次会议在县城举行。出席会议代表 202 名。

5 月 27 日，开化县第十五届人大常委会举行第八次会议，通过《关于批准〈开化县生态文明县建设规划〉的决议》。

2014 年

1 月 22—24 日，开化县第十五届人民代表大会第三次会议在县城举行。出席会议代表 203 名。

3 月 28 日，开化县第十五届人民代表大会常务委员会第十五次会议通过《关于建设国家东部公园的决定》。

6 月 18 日，省委、省政府批准设立中共开化国家东部公园工作委员会和开化国家东部公园管理委员会，作为衢州市委、市政府派出机构。

6 月 20 日，全县首家人大代表联络站——长虹乡人大代表联络站启用。

8 月 26 日，开化县入选全国"多规合一"试点县。

年内，县人大常委会开始施行专题询问制。

年内，开展人民代表大会制度建立 60 周年纪念活动。

2015 年

1 月 30 日—2 月 2 日，开化县第十五届人民代表大会第四次会议在县城举行。出席会议代表 201 名。

3 月，首次探索运用刚性监督手段，对农村生活污水治理工作开展专题询问。

5 月 19—20 日，省人大常委会党组书记、副主任茅临生到开化调研。

7 月 1 日，省人大代表金华市中心组 80 余人到开化调研美丽乡村和特色小镇建设情况。

8 月 4 日，省人大常委会副主任毛光烈到开化调研民族村经济社会发展情况。

11 月 7—9 日，全省人大民侨工作会议在开化举行，省人大常委会副主任毛光烈出席会议。

12 月 8 日，省人大常委会副主任毛光烈到开化考察"五水共治"工作。

12 月 17—18 日，省人大常委会副主任姒健敏到开化核查贫困人口脱贫情况。

2016 年

1 月 27—30 日，开化县第十五届人民代表大会第五次会议在县城举行。出席会议代表 201 名。

1 月 30 日，开化县人民代表大会首次举行宪法宣誓仪式。

3 月 11 日，省人大常委会党组副书记、副主任程渭山到开化调研职业教育工作。

5 月 19 日，省委书记、省人大常委会主任夏宝龙到开化调研主体功能区建设工作。

10 月 11 日，省委书记、省人大常委会主任夏宝龙到开化调研小城镇环境整治工作。

12 月 5—7 日，全省人大环资工作座谈会在开化召开。

2017 年

1 月 23 日，县人大常委会决定从县第十六届人民代表大会第一次会议起，实行政府为民办实事项目代表票决制。

2 月 4 日，省人大常委会党组书记、副主任王辉忠到开化开展新春下基层调研活动。

2 月 13—18 日，开化县第十六届人民代表大会第一次会议在县城举行。出席会议代表 197 名。

4 月 7 日，省人大常委会副主任刘力伟到开化调研钱江源国家公园立法工作。

4 月，出台《专题询问办法》，推动刚性监督工作制度化、规范化。

6 月 13 日，市人大常委会主任居亚平到开化调研钱江源国家公园体制试点建设情况。

8 月 16 日，全国人大环资委副主任委员夏宝龙到开化调研。

11 月 7—8 日，省人大常委会党组书记、副主任王辉忠在开化宣讲党的十九大精神。

11 月 22—23 日，省人大常委会副主任厉志海到开化调研基层社会治理工作。

12 月 14 日，省人大常委会副主任冯明到开化调研人大开展政府投资项目审查监督、民生实事代表票决制、地方政府性债务监督等工作情况。

2018 年

2 月 2—5 日，开化县第十六届人民代表大会第二次会议在县城举行。

5 月 15 日，省人大常委会党组书记、副主任梁黎明到开化调研指导人大工作。

6 月 4—5 日，广东省广州市人大常委会主任陈建华率调研组到开化考察调研，开化、番禺两地人大就相关事项达成合作交流框架协议。

7 月 23 日，全国人大华侨委员会委员王辉忠以人大代表身份进驻华埠镇人大代表联络站开展主题活动。

9 月 16 日，十三届全国人大常委会委员长栗战书在衢州市柯城区府山街道人大代表联络站调研，主持召开基层人大代表座谈会，县人大常委会主任张伟刚参会并发言。

9 月 26 日，市委副书记、市长汤飞帆到华埠镇人大代表联络站开展主题活动。

12 月 1 日，开化县开展首个宪法宣传周启动仪式。

是年，全县建成高标准人大代表联络站室 34 个。

2019 年

2 月 15—18 日，开化县第十六届人民代表大会第三次会议在县城举行。出席会议代表 195 名。

3 月 22 日，全国人大华侨委员会委员王辉忠到开化调研根雕产业。

4 月 10 日，全国人大常委会委员、全国人大监察和司法委员会副主任委员王胜明率调研组到开化调研公益诉讼检察工作。

7 月 31 日，对促进民营经济高质量发展工作开展专题询问。

10 月 10 日，省人大常委会党组副书记、副主任李卫宁到开化调研。

11 月 12 日，全国人大华侨委员会委员王辉忠到开化调研人大工作。

12 月 27 日，开化县召开纪念地方人大设立常委会 40 周年座谈会。

2020 年

4 月 20—22 日，开化县第十六届人民代表大会第四次会议召开。

7 月 14 日，省人大常委会副主任史济锡到开化调研乡村振兴工作。

9 月 27 日，开化县第十六届人民代表大会常务委员会第三十四次会议通过《关于设立"开化诚信日"推进社会信用体系建设的决定》，将每年的 11 月 22 日设立为"开化诚信日"。

10 月 11 日，全国人大常委会委员、宪法和法律委员会副主任委员、九三学社中央副主席、中国工程院院士丛斌率队到开化开展院士专家科普行活动。

12 月 23 日，省人大常委会党组书记、副主任梁黎明到开化调研。

2021 年

2 月 5—7 日，开化县第十六届人民代表大会第五次会议在县城举行。

4月1日,召开全县"乡镇人大规范化建设提升年"活动动员会暨"一网三联"工作推进会。

8月27日,县人大常委会召开部门工作评议暨"两官"履职评议大会。

9月8日,省人大常委会副主任史济锡到开化,就开化水库项目建设、乡村振兴战略实施等情况开展调研。

9月15日,市人大常委会主任吴国升带领部分市人大常委会组成人员到开化开展"主任接待代表月"活动。

2022 年

1月22—25日,开化县第十七届人民代表大会第一次会议在县城举行。大会应到代表220人,实到代表216人。

2月17日,市人大常委会主任吴国升到开化调研城市建设工作。

6月28日,省人大常委会副主任李学忠到开化督查工作。

8月11日,省人大常委会副主任史济锡一行到开化,就全过程人民民主基层单元建设、开化水库项目建设、水库移民安置等情况开展调研。

8月,首次启动特定问题调查程序,在全市率先开展财政管理运行情况特定问题调查,作出加强全县财政管理运行的决议,推动财政管理提质增效。

9月22日,浙江省智能制造专家委员会主任、省人大常委会原副主任毛光烈到开化调研工业数字化改造工作。

10月13日,开化县委召开人大工作会议暨发展全过程人民民主推进会。

2023 年

1月17—19日,开化县第十七届人民代表大会第二次会议在县城举行。大会应到代表222人,实到215人。

3月14日,县人大常委会组成考察团,赴绍兴市柯桥区安昌街道考察交流全过程人民民主基层单元建设情况。

4月,县人大常委会、县检察院联合发布《关于促进人大监督与检察监督有效衔接的实施办法》,依托全县15个人大代表联络站建立"检察服务 e 站",并于5月正式入驻各乡镇人大代表联络站。

9 月 26 日，全国人大常委会法工委民法室主任黄薇到开化就农村集体经济组织法（草案）开展调研。

9 月 28 日，县人大常委会召开茶产业发展情况专题询问会。

9 月，推广"代表茶座"建设，推行"茶话民生"工作机制，支持代表依法履职。

10 月 31 日，全市基层单元建设观摩会暨开化乡镇人大组团比拼赛举行。

11 月，开化县人大代表联络中心站建成。

12 月 13 日，市人大常委会主任吴国升率市人大代表江山中心组到开化开展跨县域视察。

2024 年

1 月 29—31 日，开化县第十七届人民代表大会第三次会议在县城举行。大会应到代表 226 人，实到代表 214 人。

4 月 11 日，省人大常委会委员、监察和司法委主任委员朱恒毅到开化调研生态环境和资源保护领域执法司法情况。

5 月 23 日，全国人大社会委办公室主任李诚一行到开化调研社会建设和见义勇为人员奖励保障工作。

6 月 17—18 日，开化县第十七届人民代表大会第四次会议在县城举行。会议应到代表 227 人，实到代表 216 人。会议依法选举陈利华为开化县人民政府县长。

10 月 25 日，省人大常委会党组副书记、副主任高兴夫到开化作调研城市建设、环境保护等工作。

10 月 30 日，十四届全国人大代表浙江中心组第四小组到开化开展视察活动。

12 月 10—11 日，省人大常委会党组书记、副主任陈金彪到开化调研，并开展下访接访活动。

12 月 12 日，浙皖赣三省七县（市）人大助力共富协作恳谈会在开化召开。

同日，举行与人民同行"5433"组团展示活动，14 名县乡人大代表上台展示履职风采。

第一章　县人民代表大会

1954年7月，开化县召开第一届人民代表大会第一次会议，至1966年4月历经6届。1966年"文化大革命"开始后，地方各级人民代表大会不能依法召开会议，县人民代表大会停止活动。1981年4月，县第七届人民代表大会第一次会议召开，选举产生县人大常委会主任、副主任、委员，从此县人民代表大会逐步走上健康发展的轨道。

第一节　开化县第一届人民代表大会会议

1954年7月—1956年11月，开化县第一届人民代表大会共举行5次会议。

开化县第一届人民代表大会第一次会议

1954年7月9—16日在县城举行。出席会议代表126人。会议的中心议题是：继续深入贯彻总路线，开展以互助合作为中心的农业增产节约运动，争取完成和超额完成1954年的增产指标，迎接秋后办社高潮。

开化县第一届人民代表大会第二次会议

1954年11月20—24日在县城举行。出席会议代表111人。

开化县第一届人民代表大会第三次会议

1955年11月11—15日在县城举行。出席会议代表123人。会议选举产生了开化县第一届人民委员会委员、县人民政府正副县长和县人民法院院长。

开化县第一届人民代表大会第四次会议

1955 年 12 月 28 日—1956 年 1 月 1 日在县城举行。出席会议代表 100 人。

开化县第一届人民代表大会第五次会议

1956 年 2 月 27 日—3 月 1 日在县城举行。出席会议代表 97 人。

第二节　开化县第二届人民代表大会会议

1956 年 11 月至 1958 年 6 月，开化县第二届人民代表大会共举行 2 次会议。

开化县第二届人民代表大会第一次会议

1956 年 11 月 7—12 日在县城举行。出席会议代表 157 人。会议做出《关于 1956 年财政预算报告》《关于提案审查报告》《关于支持埃及、反对英法武装侵略》三项决议。选举产生开化县第二届人民委员会委员、正副县长和县人民法院院长。

开化县第二届人民代表大会第二次会议

1957 年 6 月 30 日—7 月 6 日在县城举行。出席会议代表 122 人。

第三节　开化县第三届人民代表大会会议

1958 年 6 月至 1961 年 12 月，开化县第三届人民代表大会共举行 2 次会议。

开化县第三届人民代表大会第一次会议

1958 年 5 月 28 日—6 月 2 日在县城举行。出席会议代表 162 人。会议听取审议有关报告，分别做出关于贯彻执行总路线、政府工作、财政预决算、法院工作、文教工作、除四害讲卫生、消除血吸虫病、绿化造林及提案审查执行等项决议。选举开化县出席浙江省第二届人民代表大会代表，选举产生县第三届人民委员会委员、正副县长和县人民法院院长。

开化县第三届人民代表大会第二次会议

1959 年 12 月 17—19 日在县城举行。出席会议代表 151 人。会议增选副县长 4 人，委员 2 人，补选了县人民法院院长。

第四节　开化县第四届人民代表大会会议

1961 年 12 月至 1963 年 12 月，开化县第四届人民代表大会共举行 2 次会议。

开化县第四届人民代表大会第一次会议

1961 年 12 月 23—28 日在县城举行。出席会议代表 222 人。会议听取审议有关报告，分别做出争取 1962 年在农业、工业和市场方面更大的转变、政府工作、人民法院工作等项决议。选举产生开化县第四届人民委员会委员、正副县长和县人民法院院长。

开化县第四届人民代表大会第二次会议

1963 年 1 月 30 日—2 月 3 日在县城举行。出席会议代表 198 人。会议补选了县人民法院院长。

第五节　开化县第五届人民代表大会会议

1963 年 12 月至 1966 年 4 月，开化县第五届人民代表大会共举行 2 次会议。

开化县第五届人民代表大会第一次会议

1963 年 11 月 27 日—12 月 2 日在县城举行。出席会议代表 251 人。会议学习了中共中央《关于目前农村工作中若干问题的决定（草案）》《关于农村社会主义教育运动中一些具体政策的规定（草案）》，听取和审议有关报告并通过相应决议。会议选举产生县第五届人民委员会委员、正副县长和县人民法院院长。

开化县第五届人民代表大会第二次会议

1964 年 8 月 10—12 日在县城举行。出席会议代表 242 人。

第六节　开化县第六届人民代表大会会议

1966 年 4 月至 1968 年 4 月，开化县第六届人民代表大会共举行 1 次会议。

开化县第六届人民代表大会第一次会议

1966 年 4 月 26—30 日在县城举行。出席会议代表 234 人。会议听取和审议了有关报告，做出《关于动员和组织全县人民认真学习毛主席著作的决议》，选举产生县第六届人民委员会委员、正副县长和县人民法院院长。

附：开化县革命委员会（1968 年 4 月—1981 年 4 月）

"文化大革命"期间，开化县人民代表大会制度中断，县人民委员会及其工作机构和基层行政组织遭受冲击，无法行使正常职权。1967 年 3 月，以县人民武装部为主，成立开化县农业生产办公室，领导和组织全县的工农业生产。1968 年 4 月，成立开化县革命委员会。此后，县人委所属的委、办、局、科工作机构以及区、公社的行政组织中，也相应建立革命委员会或革命领导小组，行使行政领导权。

1976 年 10 月粉碎"四人帮"以后，特别是党的十一届三中全会召开以后，全党从政治路线和思想路线上进行全面拨乱反正，党的工作重点转移到以经济建设为中心的轨道上来，各级政权组织得到完善。1979 年 7 月，五届全国人大二次会议通过《地方组织法》《选举法》。根据两法规定，全国县级以上地方人大设立常委会，恢复县、公社（镇）两级人民代表大会制度，选民直接选举两级人民代表大会代表，任期 3 年。1980 年 5 月，开化县内各区革命领导小组改称区公所，同年 11 月，恢复县、公社（镇）两级人民代表大会制度。1981 年 4 月，召开开化县第七届人民代表大会第一次会议，选举产生县人大常委会，并建立县人大常委会办事机构。县人大常委会的设立，标志着开化县人民代表大会制度的建设进入新的历史时期，地方人大进入了新的发展阶段。

第七节　开化县第七届人民代表大会会议

1981 年 4 月—1984 年 8 月，开化县第七届人民代表大会共举行 3 次会议。

开化县第七届人民代表大会第一次会议

1981 年 4 月 3—8 日在县城举行。代表共 256 人，出席会议代表 248 人，列席代表 10 人。会议听取和审议了《开化县革命委员会工作报告》《开化县1980 年财政决算和 1981 年财政预算的报告》《开化县人民法院工作报告》和《开化县人民检察院工作报告》，并做出相应的决议。会议通过了《提案审查报告》《开化县第七届人民代表大会代表选举工作的报告》。选举产生开化县第七届人民代表大会常务委员会、县人民政府县长副县长和县人民法院院长、县人民检察院检察长。

开化县第七届人民代表大会第二次会议

1982 年 8 月 25—29 日在县城举行。出席会议代表 236 人。会议选举陈文强为开化县第七届人大常委会委员。

开化县第七届人民代表大会第三次会议

1983 年 3 月 14—17 日在县城举行。出席会议代表 222 人。会议选举开化县出席浙江省第六届人民代表大会代表。

第八节　开化县第八届人民代表大会会议

1984 年 8 月—1987 年 5 月，开化县第八届人民代表大会共举行 4 次会议。

开化县第八届人民代表大会第一次会议

1984 年 8 月 14—17 日在县城举行。出席会议代表 263 名，列席代表 49 名。会议听取和审议了相关报告并做出相应决议。会议通过《提案审查报告》《第八届人民代表大会代表选举工作的报告》。会议选举产生县第八届人大常委会组成人员、县人民政府县长副县长及县人民法院院长、县人民检察院检察长。从第八届人民代表大会一次会议开始，大会均听取和审议《开化县人大常委会工作报告》。

开化县第八届人民代表大会第二次会议

1985 年 5 月 6—10 日在县城举行。出席会议代表 245 人。会议听取和审议了有关报告并通过相应决议。

开化县第八届人民代表大会第三次会议

1985 年 8 月 11—13 日在县城举行。出席会议代表 250 人。会议改选了县长，选举产生开化县出席衢州市第一届人民代表大会代表 57 名。

开化县第八届人民代表大会第四次会议

1986 年 4 月 12—15 日在县城举行。出席会议代表 266 人。会议收到代表议案 223 件，其中代表批评、意见、建议 46 件。

第九节　开化县第九届人民代表大会会议

开化县第九届人民代表大会于 1987 年 5 月召开第一次会议，至 1989 年共召开过 3 次会议。

开化县第九届人民代表大会第一次会议

1987 年 5 月 8—12 日在县城举行。出席会议代表 245 人。会议听取和审议了相关报告并做出相应决议。会议提出今后 3 年必须适应在社会主义公有制基础上发展有计划的商品经济的要求，坚持对内搞活，对外开放，深入改革经济体制，发展山区经济。

开化县第九届人民代表大会第二次会议

1988 年 4 月 8—11 日在县城举行。出席会议代表 242 人。会议确定 1988 年要以改革总揽全局，在稳定紧缩中求发展，在深化改革中上效益。

开化县第九届人民代表大会第三次会议

1989 年 3 月 27—31 日在县城举行。出席会议代表 238 人。会议做出《关于加强水利工程管理，实行大田统一灌溉的决定》《关于进一步搞好封山育林的决定》《关于加强公路、河道管理和建设的决定》《关于批准占土升辞去开化县人民政府县长职务的决定》。

第十节　开化县第十届人民代表大会会议

开化县第十届人民代表大会于 1990 年 4 月召开第一次会议，至 1993 年 4 月共召开过 3 次会议。

开化县第十届人民代表大会第一次会议

1990 年 4 月 23—29 日在县城举行。出席会议代表 265 人。会议听取和审议了相关报告并做出相应决议。会议提出，要坚持以经济建设为中心，坚持四项基本原则，坚持治理整顿和深化改革，调动一切积极因素，为实现政治、经济和社会的进一步稳定发展而奋斗。

开化县第十届人民代表大会第二次会议

1991 年 3 月 27—30 日在县城举行。出席会议代表 260 人。会议确立强化农业、发展林业、主攻工业、搞活流通、依靠科教、加强管理、优化结构、提高效益的发展战略。

开化县第十届人民代表大会第三次会议

1992 年 3 月 24—27 日在县城举行。出席会议代表 258 人。会议强调坚持以经济建设为中心，进一步解放思想，更新观念，加大改革力量，加速结构调整，抓好农业综合开发，强化主攻工业措施，切实依靠科技教育，积极搞活商品流通，努力提高经济效益，发展各项社会事业。

第十一节　开化县第十一届人民代表大会会议

根据《中华人民共和国宪法》规定，县人民代表大会改为每届任期 5 年。开化县第十一届人民代表大会于 1993 年 4 月召开第一次会议，至 1998 年 3 月共举行过 5 次会议。

开化县第十一届人民代表大会第一次会议

1993 年 4 月 6—12 日在县城举行。出席会议代表 264 人。会议听取和审议了相关报告并做出相应决议。会议按照建立社会主义市场经济体制的要求，提出把开化县建设成为繁荣富庶美丽文明的社会主义新山区的目标。

开化县第十一届人民代表大会第二次会议

1994 年 3 月 28—31 日在县城举行。出席会议代表 265 人。会议提出切实依靠政策，依靠科技，依靠投入，发动千家万户发展个体私营工业，千家万户搞农业综合开发，加强基础设施建设，促进全县经济和社会各项事业再上新台阶。

开化县第十一届人民代表大会第三次会议

1995 年 3 月 7—11 日在县城举行。出席会议代表 262 人。会议提出全县上下奋力拼搏苦干两年，在经济总量上再建一个开化县。

开化县第十一届人民代表大会第四次会议

1996 年 3 月 25—29 日在县城举行。出席会议代表 259 人。会议确定到 2010 年经济综合实力达到中等经济强县的水平，初步实现现代化，力争撤县建市。

开化县第十一届人民代表大会第五次会议

1997 年 3 月 25—28 日在县城举行。出席会议代表 259 人。会议提出深化改革，优化结构，促进全县经济持续、快速、健康发展和社会全面进步。

第十二节　开化县第十二届人民代表大会会议

开化县第十二届人民代表大会于 1998 年 3 月召开第一次会议，至 2003 年 3 月共举行过 5 次会议。

开化县第十二届人民代表大会第一次会议

1998 年 3 月 17—22 日在县城举行。出席会议代表 197 人。会议听取和审议了相关报告并做出相应决议。会议做出了关于依法治县的决议。

开化县第十二届人民代表大会第二次会议

1999 年 3 月 10—13 日在县城举行。出席会议代表 197 人。会议提出把解放思想、开放兴县作为长期的、根本性的战略。

开化县第十二届人民代表大会第三次会议

2000 年 3 月 20—24 日在县城举行。出席会议代表 192 人。会议确立实施"生态立县"发展战略。会议补选朱志泉为县人民政府县长，选举开化县出席衢州市第四届人民代表大会代表 41 名。

开化县第十二届人民代表大会第四次会议

2001 年 3 月 13—17 日在县城举行。出席会议代表 196 人。会议批准《开化县国民经济和社会发展第十个五年计划纲要》。首次公开印发未经批准不出席本次会议的 3 名县人大代表名单。

开化县第十二届人民代表大会第五次会议

2002 年 3 月 12—15 日在县城举行。出席会议代表 192 人。会议提出坚持"生态立县"发展战略，致力于发展生态农业、生态工业、生态城镇和生态旅游业，促进全县经济持续快速健康发展和社会全面进步。

第十三节　开化县第十三届人民代表大会会议

开化县第十三届人民代表大会于 2003 年 3 月召开第一次会议，至 2007 年 1 月共举行过 4 次会议。

开化县第十三届人民代表大会第一次会议

2003 年 3 月 16—21 日在县城举行。出席会议代表 205 人。会议听取和审议了相关报告并做出相应决议。会议确定后五年全县经济和社会发展的整体思路，提出深入实施"生态立县"战略，加快经济结构的战略性调整，主攻工业，借力发展，形成特色，全面提速，努力建设生态县，努力与全省同步提前基本实现现代化。

开化县第十三届人民代表大会第二次会议

2004 年 3 月 12—15 日在县城举行。出席会议代表 203 人。会议提出坚持全面、协调、可持续的科学发展观，按照"五个统筹"的要求，深入实施生态立县发展战略，继续开展"招商引资年"和"项目推进年"活动，深化依法治县。

开化县第十三届人民代表大会第三次会议

2005 年 3 月 8—11 日在县城举行。出席会议代表 206 人。会议提出以科学发展观统领经济社会发展全局，着重把握好特色发展、借力发展、统筹发展和加快发展，扎实推进生态县建设和"平安开化"建设，努力构建和谐社会。

开化县第十三届人民代表大会第四次会议

2006 年 3 月 1—4 日在县城举行。出席会议代表 202 人。会议听取和审议了相关报告并做出相应决议。

第十四节　开化县第十四届人民代表大会会议

开化县第十四届人民代表大会于 2007 年 1 月召开第一次会议，至 2012 年 2 月共举行过 5 次会议。

开化县第十四届人民代表大会第一次会议

2007 年 1 月 23—27 日在县城举行。出席会议代表 207 人。会议听取和审议了相关报告并做出相应决议。

开化县第十四届人民代表大会第二次会议

2008 年 3 月 11—15 日在县城举行。出席会议代表 205 人。会议听取和审查相关报告，并通过相关决议。

开化县第十四届人民代表大会第三次会议

2009 年 2 月 9—13 日在县城举行。出席会议代表 203 人。会议听取和审查了相关报告，并通过相关决议。

开化县第十四届人民代表大会第四次会议

2010 年 3 月 29 日—4 月 1 日在县城举行。出席会议代表 203 人。会议听取和审查了相关报告，并通过相关决议。

开化县第十四届人民代表大会第五次会议

2011年3月28—31日在县城举行。出席会议代表204人。会议审议并通过各项报告的决议和"十二五"规划纲要。

第十五节　开化县第十五届人民代表大会会议

开化县第十五届人民代表大会于2012年2月召开第一次会议，至2017年2月共举行过5次会议。

开化县第十五届人民代表大会第一次会议

2012年2月8—13日在县城举行。出席会议代表199人。会议听取和审议了相关报告并做出相应决议。

开化县第十五届人民代表大会第二次会议

2013年1月19—23日在县城举行。出席会议代表202人。会议听取和审查了相关报告，并通过相关决议。补选汪长林、沈建平为开化县第十五届人民代表大会常务委员会委员。

开化县第十五届人民代表大会第三次会议

2014年1月22—24日在县城举行。出席会议代表203人。会议听取和审查了相关报告，并通过相关决议。

开化县第十五届人民代表大会第四次会议

2015年1月30日—2月2日在县城举行。出席会议代表201人。会议听取和审查了相关报告，并通过相关决议。

开化县第十五届人民代表大会第五次会议

2016年1月27—30日在县城举行。出席会议代表201人。会议听取和审查了相关报告，并通过相关决议。

第十六节　开化县第十六届人民代表大会会议

开化县第十六届人民代表大会于 2017 年 2 月召开第一次会议，至 2022 年 1 月共举行过 5 次会议。

开化县第十六届人民代表大会第一次会议

2017 年 2 月 13—18 日在县城举行。出席会议代表 197 人。会议听取和审议了相关报告并做出相应决议。会议投票表决确定 2017 年县政府为民办实事项目。

开化县第十六届人民代表大会第二次会议

2018 年 2 月 2—5 日在县城举行。出席会议代表 193 人。会议听取和审查了相关报告，并通过相关决议。

开化县第十六届人民代表大会第三次会议

2019 年 2 月 15—18 日在县城举行。出席会议代表 195 人。会议听取和审查了相关报告，并通过相关决议。

开化县第十六届人民代表大会第四次会议

2020 年 4 月 20—22 日在县城举行。出席会议代表 193 人。会议听取和审查了相关报告，并通过相关决议。会议通过设立开化县第十六届人民代表大会社会建设委员会的决定。投票表决确定 2020 年县政府民生实事项目。

开化县第十六届人民代表大会第五次会议

2021 年 2 月 5—7 日在县城举行。出席会议代表 175 人。会议听取和审查了相关报告，并通过相关决议。会议表决通过了开化县第十六届人民代表大会监察和司法委员会、财政经济委员会组成人员名单。投票表决 2021 年县政府民生实事项目。

第十七节　开化县第十七届人民代表大会会议

开化县第十七届人民代表大会于 2022 年 1 月召开第一次会议，至 2024 年 6 月共举行过 4 次会议。

开化县第十七届人民代表大会第一次会议

2022 年 1 月 22—25 日在县城举行。出席会议代表 216 人。会议听取和审议了相关报告并做出相应决议。会议表决通过了开化县第十七届人民代表大会监察和司法委员会、财政经济委员会、社会建设委员会组成人员名单。投票表决确定 2022 年县政府民生实事项目。

开化县第十七届人民代表大会第二次会议

2023 年 1 月 17—19 日在县城举行。出席会议代表 215 人。大会票决产生 2023 年县政府十大民生实事项目。大会通报了 2022 年民生实事项目完成情况满意度测评结果。表决通过县十七届人大有关专门委员会组成人员名单和有关决议。

开化县第十七届人民代表大会第三次会议

2024 年 1 月 29—31 日在县城举行。出席会议代表 214 人。大会票决产生 2024 年县政府十大民生实事项目。通报 2023 年民生实事项目完成情况满意度测评结果并通过有关决议。

开化县第十七届人民代表大会第四次会议

2024 年 6 月 17—18 日在县城举行。出席会议代表 216 人。大会选举陈利华为开化县人民政府县长，举行了宪法宣誓仪式，新当选的县人民政府县长陈利华在大会主席台进行宪法宣誓。

附表：历届开化县人民代表大会各次会议概况

届次	次别	会议日期	出席代表	列席人员	大会议案	建议批评意见
第一届	第一次会议	1954 年 7 月 9—16 日	126			
	第二次会议	1954 年 11 月 20—24 日	111			
	第三次会议	1955 年 11 月 11—15 日	123	9		
	第四次会议	1955 年 12 月 28 日—1956 年 1 月 1 日	100			
	第五次会议	1956 年 2 月 27 日—3 月 1 日	97			
第二届	第一次会议	1956 年 11 月 7—12 日	157	6		
	第二次会议	1957 年 6 月 30 日—7 月 6 日	122	22		
第三届	第一次会议	1958 年 5 月 28 日—6 月 2 日	162	4		
	第二次会议	1959 年 12 月 17—19 日	151			
第四届	第一次会议	1961 年 12 月 23—28 日	222			
	第二次会议	1963 年 1 月 30 日—2 月 3 日	198			
第五届	第一次会议	1963 年 11 月 27 日—12 月 2 日	251			
	第二次会议	1964 年 8 月 10—12 日	242			
第六届	第一次会议	1966 年 4 月 26—30 日	234	30		
第七届	第一次会议	1981 年 4 月 3—8 日	248	10		
	第二次会议	1982 年 8 月 25—29 日	236	47		
	第三次会议	1983 年 3 月 14—17 日	222	41		
第八届	第一次会议	1984 年 8 月 14—17 日	263	49		
	第二次会议	1985 年 5 月 6—10 日	245	42		
	第三次会议	1985 年 8 月 11—13 日	250	21		
	第四次会议	1986 年 4 月 12—15 日	266			46
第九届	第一次会议	1987 年 5 月 8—12 日	245	104	3	305
	第二次会议	1988 年 4 月 8—11 日	242	98	7	169
	第三次会议	1989 年 3 月 27—31 日	238	105	1	137
第十届	第一次会议	1990 年 4 月 23—29 日	265	101	11	335
	第二次会议	1991 年 3 月 27—30 日	260	148	4	71
	第三次会议	1992 年 3 月 24—27 日	258	155	2	95
第十一届	第一次会议	1993 年 4 月 6—12 日	266	142	2	294
	第二次会议	1994 年 3 月 28—31 日	265	143	2	137

续表

届次	次别	会议日期	出席代表	列席人员	大会议案	建议批评意见
第十一届	第三次会议	1995 年 3 月 7—11 日	262	141	2	139
	第四次会议	1996 年 3 月 25—29 日	259	168	3	108
	第五次会议	1997 年 3 月 25—28 日	259	169	1	92
第十二届	第一次会议	1998 年 3 月 17—22 日	198	175	1	125
	第二次会议	1999 年 3 月 10—13 日	197	200	1	103
	第三次会议	2000 年 3 月 20—24 日	192	204	1	94
	第四次会议	2001 年 3 月 13—17 日	196	166		99
	第五次会议	2002 年 3 月 12—15 日	192	196	3	96
第十三届	第一次会议	2003 年 3 月 16—21 日	205	181	5	178
	第二次会议	2004 年 3 月 12—15 日	203	191	6	153
	第三次会议	2005 年 3 月 8—11 日	206	182	6	154
	第四次会议	2006 年 3 月 1—4 日	202	180	4	139
第十四届	第一次会议	2007 年 1 月 23—27 日	207	178	5	246
	第二次会议	2008 年 3 月 11—15 日	205	212	6	251
	第三次会议	2009 年 2 月 9—13 日	203	206		
	第四次会议	2010 年 3 月 29 日—4 月 1 日	203	221		208
	第五次会议	2011 年 3 月 28—31 日	204	219	2	181
第十五届	第一次会议	2012 年 2 月 8—13 日	199	249	2	262
	第二次会议	2013 年 1 月 19—23 日	202	271		215
	第三次会议	2014 年 1 月 22—24 日	203	274		212
	第四次会议	2015 年 1 月 30 日—2 月 2 日	201			232
	第五次会议	2016 年 1 月 27—30 日	201			201
第十六届	第一次会议	2017 年 2 月 13—18 日	197	250		223
	第二次会议	2018 年 2 月 2—5 日	193			252
	第三次会议	2019 年 2 月 15—18 日	195	288		248
	第四次会议	2020 年 4 月 20—22 日	193	44	1	195
	第五次会议	2021 年 2 月 5—7 日	175	95		188
第十七届	第一次会议	2022 年 1 月 22—25 日	216	60		259
	第二次会议	2023 年 1 月 17—19 日	215			234
	第三次会议	2024 年 1 月 29—31 日	214		2	232
	第四次会议	2024 年 6 月 17—18 日	216			

第二章　县人民代表大会常务委员会

1979 年 7 月,第五届全国人大第二次会议通过的《中华人民共和国宪法》和《中华人民共和国地方各级人民代表大会和地方各级人民委员会组织法》规定,县级以上地方各级人民代表大会设立常务委员会。1981 年 4 月,开化县第七届人民代表大会设立常务委员,改变了原来在人民代表大会闭会期间,由县人民政府（县人民委员会）行使权力机关和行政机关双重职能的地方国家机关的体制。这是推进政治体制改革,完善人民代表大会制度的一项重要措施。

第一节　工作机构

1981 年 4 月,开化县第七届人民代表大会第一次会议选举产生县第七届人大常务委员会委员 11 人,主任 1 人,副主任 3 人。同时,设立县人大常务委员会办公室。

1987 年 7 月,县第九届人大常务委员会增设"法制工作委员会""财政经济工作委员会""教科文卫工作委员会"等工作机构。

1988 年 12 月,增设"农村工作委员会"。

1990 年 5 月,增设"代表工作委员会"。

2006 年 11 月,"教育科技文化卫生工作委员会"更名为"教育科技文化卫生民族华侨工作委员会","农村工作委员会"更名为"农业和资源环境保护工作委员会"。2007 年 5 月,"代表工作委员会"更名为"代表与选举任免工作委员会"。

2012 年 4 月,县十五届人大常委会第一次全体会议决定撤销"财政经济工作委员会",设立"财政金融工作委员会""经济建设工作委员会"。

2014 年 3 月,县十五届人大常委会第十五次全体会议决定设立县人大常委会研究室,撤销"经济建设工作委员会""农业和资源环境保护工作委员会",设立"经济工作委员会""农业与农村工作委员会""建设与资源环境保护工作委员会"。

2014年5月，设立"研究室"。

2017年4月，"法制工作委员会"更名为"法制内务司法工作委员会"。

2019年1月，县第十六届人大常委会第十六次会议表决通过了关于"法制内务司法工作委员会"更名为"监察和司法工作委员会"的决定。

2020年4月，开化县第十六届人民代表大会第四次会议通过设立开化县第十六届人民代表大会"社会建设工作委员会"的决定。

2024年3月27日，开化县第十七届人民代表大会常务委员会第二十二次会议决定：开化县人大常委会财政金融工作委员会更名为开化县人大常委会预算工作委员会、开化县人大常委会代表与选举任免工作委员会更名为开化县人大常委会代表工作委员会。

2024年10月，开化县人大常委会设监察和司法工作委员会、预算工作委员会、经济工作委员会、农业与农村工作委员会、建设与资源环境保护工作委员会、教育科技文化卫生民族华侨工作委员会、代表工作委员会、社会建设工作委员会等8个工作机构和办公室、研究室等2个办事机构。

附表一：历届县人大常委会主任、副主任名录

届　别	姓　名	出生年月	籍　贯	职　务	任职时间
第七届	刘荣生		山东沂南	主任	1981.4—1983.12
	汪启合	1931.3	浙江开化	主任	1983.12—1984.8
	刘雪华	1926	山东庆云	副主任	1981.4—1984.8
	黄维垣			副主任	1981.4—1984.8
	徐正诗	1919	浙江衢县	副主任	1981.4—1982.9
第八届	汪启合	1931.3	浙江开化	主任	1984.8—1987.5
	周林田	1929.7	山东宁津	副主任	1984.8—1987.5
	徐秀英	1931.3	山东栖霞	副主任	1984.8—1987.5
	吴柏林	1933.12	浙江杭州	副主任	1984.8—1987.5
第九届	汪启合	1931.3	浙江开化	主任	1987.5—1990.4
	方秋华	1933.11	浙江开化	副主任	1987.5—1990.4
	苏景一	1933.12	浙江衢州	副主任	1987.5—1988.3
	吴柏林	1933.12	浙江杭州	副主任	1987.5—1990.4
	王茂才	1938.10	浙江淳安	副主任	1987.5—1990.4
	周章法	1931.7	浙江江山	副主任	1988.4—1990.4

续表

届 别	姓 名	出生年月	籍 贯	职 务	任职时间
第十届	方秋华	1933.11	浙江开化	主 任	1990.4—1993.4
	王茂才	1938.10	浙江淳安	副主任	1990.4—1993.4
	杨善情	1935.4	浙江诸暨	副主任	1990.4—1993.4
	吴柏林	1933.12	浙江杭州	副主任	1990.4—1993.4
第十一届	宋义富	1946.11	浙江金华	主 任	1993.4—1998.3
	王茂才	1938.10	浙江淳安	副主任	1993.4—1998.3
	杨善情	1935.4	浙江诸暨	副主任	1993.4—1995.7
	潘 敏	1947.12	浙江平湖	副主任	1993.4—1998.3
	张本相	1939.10	浙江磐安	副主任	1993.4—1998.3
	郑国庆	1936.10	浙江金华	副主任	1993.4—1996.11
	汪德忠	1945.2	浙江开化	副主任	1996.3—1998.3
第十二届	宋义富	1946.11	浙江金华	主 任	1998.3—2003.3
	汪德忠	1945.2	浙江开化	副主任	1998.3—2003.3
	潘 敏	1947.12	浙江平湖	副主任	1998.3—2003.3
	汪安波	1951.10	浙江淳安	副主任	1998.3—2000.5
	余诗根	1948.2	浙江开化	副主任	1998.3—2003.3
	詹叙喜	1951.7	浙江江山	副主任	2001.3—2003.3
第十三届	宋义富	1946.11	浙江金华	主 任	2003.3—2007.1
	陈兴龙	1952.4	浙江开化	副主任	2003.3—2007.1
	潘 敏	1947.12	浙江平湖	副主任	2003.3—2007.1
	余诗根	1948.2	浙江开化	副主任	2003.3—2007.1
	詹叙喜	1951.7	浙江江山	副主任	2003.3—2007.1
	张春仙	1956.6	浙江开化	副主任	2003.3—2007.1
第十四届	肖渭根	1954.8	浙江开化	主 任	2007.1—2012.2
	陈兴龙	1952.4	浙江开化	副主任	2007.1—2012.2
	詹叙喜	1951.7	浙江江山	副主任	2007.1—2012.2
	张春仙	1956.6	浙江开化	副主任	2007.1—2012.2
	陈宝川	1955.9	浙江开化	副主任	2007.1—2012.2
	杨国云	1959.9	浙江开化	副主任	2007.1—2012.2
	汪 晖	1965.1	浙江开化	副主任	2007.1—2008.1
	周伟斌	1973.9	浙江仙居	副主任	2008.3—2012.2
第十五届	张伟刚	1963.12	浙江开化	主 任	2012.2—2017.2
	程育全	1957.1	浙江淳安	副主任	2012.2—2017.2
	张春仙	1956.5	浙江开化	副主任	2012.2—2017.2

续表

届别	姓名	出生年月	籍贯	职务	任职时间
第十五届	陈宝川	1955.9	浙江开化	副主任	2012.2—2017.2
	徐海廷	1961.8	浙江开化	副主任	2012.2—2017.2
	杨国云	1959.9	浙江开化	副主任	2012.2—2017.2
	黄高松	1963.12	浙江永康	副主任	2012.2—2017.2
第十六届	张伟刚	1963.12	浙江开化	主任	2017.2—2022.1
	李华蓉	1961.3	湖南宁乡	副主任	2017.2—2021.2
	徐海廷	1961.8	浙江开化	副主任	2017.2—2021.2
	黄高松	1963.12	浙江永康	副主任	2017.2—2022.1
	姜立忠	1963.2	浙江开化	副主任	2017.2—2022.1
	汪宇祥	1962.12	浙江开化	副主任	2017.2—2022.1
	马建雄	1962.10	河北东光	副主任	2017.2—2022.1
	邹志岗	1966.5	浙江开化	副主任	2021.2—2022.1
	齐忠伟	1965.11	浙江开化	副主任	2021.2—2022.1
第十七届	余建华	1965.11	浙江开化	主任	2022.1—
	邹志岗	1966.5	浙江开化	副主任	2022.1—
	齐忠伟	1965.11	浙江开化	副主任	2022.1—
	谷声	1968.9	浙江开化	副主任	2022.1—
	汪奎福	1969.8	浙江开化	副主任	2022.1—
	程卫新	1973.10	浙江开化	副主任	2022.1—
	余永建	1973.11	浙江淳安	副主任	2022.1—

附表二：历届县人大常委会委员名录

届别	委员
第七届	王济美、毛珍莲、朱希拱、张毅、沈正行、周圣富、姚志丹、胡德洽、徐秀英、高秉生、鲍忠根、陈文强
第八届	王茂才、毛珍莲、方榴仙、朱长青、朱希拱、刘昌洪、吴传槐、陈少春、陈志恕、周圣富、赵景山、姚祝青
第九届	方榴仙、余广宇、陆一仁、陈章录、邵瑞基、周圣富、周樟法、赵景山、胡云英、姚祝青、蒋忠海、童献南
第十届	王森林、叶坚本、吴小富、吴祖才、张本相、张伟义、张春仙、张星阳、陆一仁、陈祥水、邵瑞基、郑渭清、胡云英、姚竹青、詹叙喜
第十一届	楼炳年、张伟义、陆一仁、张星阳、吴祖才、华荣富、余献雄、吴小富、张春仙、胡云英、曾生田、孙赤、吴植林

续表

届　别	委　员
第十二届	丁华定、王庭槐、方流盛、方镜明、吴海良、余献雄、汪权龙、张金福、张春仙、陈樟熊、胡全民、洪顺财、徐华生、程航琛
第十三届	方庚初、方镜明、刘慧玲、张志勇、张金华、张金福、陈樟熊、项彩进、洪根龙、姜法友、徐华生、黄寿世、詹金女
第十四届	方流盛、刘慧玲、汪　军、汪礼成、陈德水、郑利文、郑慧红、项彩进、姜法友、姚志金、骆少华、黄寿世、詹金女
第十五届	刘兴宝、刘慧玲、李四古、吴照生、陈德水、郑　瑛、郑立华、郑发根、郑利文、项彩进、姜法友、骆少华、徐志林、曾　珏、詹金女、汪长林、沈建平、王宏涛、张孝萍、程婉丽
第十六届	王宏涛、方利明、邓仕海、叶友根、刘享平、李四古、杨开荣、吴照生、汪美香、沈建平、张孝萍、陈婉丽、陈德水、郑发根、赵长女、柴家涛、徐志林、程四发、谢向蓉、谢美雄、王晓英、方　明、江　妍、汪土荣、陈　琦、姚宏义、夏增龙、曹　蓉、朱佑斌、华寿忠、陈体法、徐革平、吴　杰、张鸿斌、郑利洪、黄向娟、程晓兵、江穗涛、汪昌红、张日元、陈哲贤、周诚刚、胡　廷、童顺尧、詹里增
第十七届	王宏涛、王晓英、刘享平、江光华、江春花、江穗涛、寿　嬅、李豫婷、汪昌红、汪洪君、沈利明、张日元、张孝萍、张鸿斌、陈德水、周诚刚、郑东红、胡　廷、曹　蓉、程　丽、程晓兵、童顺尧、谢向蓉、方卫东、叶拥军、李建军、吴晓明、汪蔚翔、郑坤华、郑瑞锋、葛宏培、童小鹏、叶君霞、庄红林、张祯华、徐　健、徐凯云、程志琴、严颂华

附表三：历届县人大常委会专门委员会委员名录

届　别	委员会	委　员
第十六届	法制内务司法委员会	徐海廷、王宏涛、华　璐、江永龙、吴升龙、余凤女、徐先平、曾　珏
	监察和司法委员会	徐海廷、邹志岗、王宏涛、华　璐、刘有生、江永龙、吴升龙、徐先平、程利德
	财政经济委员会	马建雄、郑发根、徐志林、杨卫东、宋　俊、陆永和、饶梅君、徐俊伟、詹里增、张鸿斌、周　奕、徐顺桃、童顺尧
	社会建设委员会	姜立忠、朱佑斌、孔黎明、江春花、余新兵、汪蔚翔、胡万成、熊成莲
第十七届	监察和司法委员会	余永建、王宏涛、方立军、刘凤仙、吴　超、夏　晨、梁增强、程晓兵、葛宏培

续表

届　别	委员会	委　员
第十七届	财政经济委员会	邹志岗、张鸿斌、童顺尧、叶拥军、方焰飞、江穗涛、杨卫东、余瑶远、邹妤婷、周诚刚、周　奕、饶梅君、童小鹏
	社会建设委员会	程卫新、张孝萍、吴晓明、余秀东、余新兵、汪飞翔、林小晖、胡万成、胡月根

附表四：县人大常委会工作机构负责人名录

工作机构名称	负责人姓名	职　务	任职时间
办公室	张兆梅	主任	1981.4—1984.1
	王茂才	主任	1984.1—1987.7
	周樟法	主任	1987.7—1988.6
	汪仁渭	副主任	1985.9—1990.6
	张伟义	主任	1988.6—1993.6
	徐渭林	副主任	1988.1—1989.5
	毛均衡	副主任	1988.12—1990.6
	查长生	副主任	1990.6—1995.7
	高瑞顺	副主任	1990.6—1998.5
		主任	1998.5—2001.2
	余诗根	主任	1993.6—1998.5
	应国有	副主任	1995.7—1996.5
	周晓明	副主任	1993.7—2003.4
	张春仙	主任	2001.2—2003.4
	王江平	副主任	2001.2—2007.4
	黄寿世	主任	2003.4—2012.4
	姚志金	副主任	2003.4—2007.2
	吴照生	副主任	2007.4—2012.4
		主任	2012.4—2017.4
	黄小蓉	副主任	2007.4—2015.7
	徐　浩	副主任	2012.4—2014.5
	杨开荣	主任	2017.4—2020.3
	王晓英	副主任	2017.7—2024.9
	张孝萍	主任	2020.3—2024.3
	严颂华	主任	2024.3—
	余元忠	副主任	2024.9—

续表

工作机构名称	负责人姓名	职　务	任职时间
研究室	邓仕海	主任	2014.5—2016.5
	徐　浩	副主任	2014.5—2016.7
	方利明	主任	2017.4—2019.1
	曹　蓉	主任	2019.1—2022.5
	沈利明	副主任	2019.1—2022.8
		主任	2022.8—
	钟　君	副主任	2024.9—
法制工作委员会	蒋忠海	主任	1987.7—1990.5
	张星阳	主任	1990.5—1998.5
	余永富	副主任	1990.5—1993.6
	洪顺财	主任	1998.5—2003.4
	姜法友	主任	2003.4—2014.3
	王宏涛	主任	2014.3—2017.4
法制内务司法工作委员会	王宏涛	主任	2017.4—2019.1
监察和司法工作委员会	王宏涛	主任	2019.1—
	邱文龙	副主任	2022.8—
财政经济工作委员会	陈章录	主任	1987.7—1990.5
	张本相	副主任	1989.12—1993.6
	徐水良	副主任	1989.12—1993.6
	楼炳年	主任	1993.6—1998.5
	姚志金	副主任	1997.3—2003.4
		主任	2007.2—2012.4
	洪根龙	主任	1998.5—2007.2
	黄小蓉	副主任	2006.1—2007.4
财政金融工作委员会	刘兴宝	主任	2012.4—2015.12
	谢向蓉	副主任	2012.5—2016.5
	郑发根	主任	2016.5—2019.11
	江穗涛	副主任	2016.5—2024.1
	张鸿斌	主任	2019.11—2022.11
	叶拥军	主任	2022.11—2024.3
	丁　晨	副主任	2024.1—2024.3
预算工作委员会	叶拥军	主任	2024.3—
	丁　晨	副主任	2024.3—
经济建设工作委员会	徐志林	主任	2012.4—2014.3

续表

工作机构名称	负责人姓名	职　务	任职时间
经济工作委员会	徐志林	主任	2014.3—2021.2
	童顺尧	主任	2021.2—
	徐元锋	副主任	2024.9—
教育科技文化卫生工作委员会	赵景山	主任	1987.7—1990.5
	陆一仁	副主任	1987.7—1990.5
	吴祖才	副主任	1989.12—1990.5
		主任	1990.5—1995.11
	张扬书	副主任	1990.5—1996.4
	陈樟熊	主任	1996.4—2007.2
	吴照生	副主任	2005.9—2007.4
	汪礼成	主任	2007.2—5
	蔡云峰	副主任	2007.4—5
教育科技文化卫生民族华侨工作委员会	汪礼成	主任	2007.5—2012.4
	蔡云峰	副主任	2007.5—2012.4
	詹金女	主任	2012.4—2015.12
	江妍	副主任	2014.3—2020.11
	方金菊	主任	2016.5—2017.4
	曹蓉	主任	2017.4—2019.1
	华寿忠	主任	2019.1—2022.11
	寿嬅	副主任	2020.11—
	张鸿斌	主任	2022.11—
农村工作委员会	叶坚本	主任	1988.12—1993.6
	魏乐民	副主任	1990.5—1990.6
	刘国华	副主任	1990.5—1993.4
	郑国庆	主任（兼）	1993.6—1995.5
	李有根	主任	1995.5—1998.5
	方镜明	主任	1998.5—2007.2
	方流盛	副主任	2006.11—2007.2
农业和资源环境保护工作委员会	方流盛	主任	2007.2—2012.4
	郑发根	主任	2012.4—2014.3
农业与农村工作委员会	郑发根	主任	2014.3—2016.5
	程四发	副主任	2014.3—2018.1
	邓仕海	主任	2016.5—2019.9
	陈哲贤	主任	2019.11—2022.3

续表

工作机构名称	负责人姓名	职务	任职时间
农业与农村工作委员会	程志琴	副主任	2020.1—2022.5
	方卫东	主任	2022.3—
	胡学知	副主任	2022.5—
建设与资源环境保护工作委员会	汪美香	主任	2014.3—2017.4
	汪土荣	主任	2017.4—2022.8
	程丽	副主任	2019.1—2023.7
	郑瑞锋	主任	2022.8—
	徐健	副主任	2024.1—
代表工作委员会	陆一仁	主任	1990.5—1995.7
	应国有	副主任	1990.5—1995.7
	查长生	主任	1995.7—
	张金福	主任	1998.5—2007.2
	郑利文	副主任	2005.9—2007.2
		主任	2007.2—5
	张孝萍	主任	2024.3—
	程志琴	副主任	2024.3—
代表与选举任免工作委员会	郑利文	主任	2007.5—2016.5
	姜仲华	副主任	2012.5—2016.5
	杨开荣	主任	2016.5—2018.1
	谢向蓉	副主任	2016.5—2018.1
		主任	2018.1—2024.3
	程志琴	副主任	2019.1—2020.1
	胡学知	副主任	2020.1—2022.5
	程志琴	副主任	2022.5—2024.3
社会建设工作委员会	朱佑斌	主任	2019.7—2022.3
	吴晓明	主任	2022.3—2024.3
	叶君霞	副主任	2022.5—
	张日元	主任	2024.3—

第二节　县人大常委会会议

一、开化县第七届人大常委会

1981 年 4 月—1984 年 8 月，开化县第七届人大常委会共举行 17 次例会，审议议题 30 多项，依法任免国家机关工作人员 78 人次，代表共提出建议 1193 条。

第六次会议决定开化县人民法院增设森林法庭，开化县人民检察院增设森林检察科。

第十五次会议通过《关于直接选举开化县第八届县、乡、镇人民代表大会代表的工作意见》。

第十七次会议决定程渭山为开化县人民政府代理县长。

二、开化县第八届人大常委会

开化县第八届人大常委会共举行 18 次例会，审议议题 53 个；依法任免政府机关工作人员 47 名，两院工作人员 59 名，县人大常委会工作人员 6 名。

第八届人大常委会工作机构设办公室，办公室下设法制、经济建设、科教文卫 3 个科。

第四次会议通过了《关于加强与县人民代表联系和开展代表小组活动的暂行办法》。

第五次会议决定免去程平平的开化县人民政府副县长职务。

第七次会议做出了《关于加强法制宣传、普及法律常识的决议》；决定免去程渭山的开化县县长职务，任命占土升为开化县代理县长。

第九次会议做出了《关于加强社会治安保卫两个文明建设的决议》《关于打击严重经济犯罪活动、保证经济体制改革顺利进行的决议》《关于防治污染、保护环境的决议》。

第十六次会议通过了《县人大常委会关于改进人事任免表决办法的意见》。

第十七次会议做出了《关于切实加强土地管理的决议》《关于建立县人民法院执行庭的决定》。

第十八次会议做出了《关于开展"双增双节"运动的决议》。

三、开化县第九届人大常委会

开化县第九届人大常委会共召开 20 次例会，听取各种汇报 103 个，其中列为审议议题的有 81 个，对 21 个重大事项做出了决议决定；依法任免国家机关工作人员 124 名。

第九届人大常委会工作机构设办公室、法制工作委员会、财政经济工作委员会、教科文卫工作委员会、城乡建设工作委员会。

第六次会议决定接受苏景一辞去开化县人大常委会副主任职务的请求。

第九次会议审议并通过了县人民政府关于要求追加预算内支出 160 万元的报告，并做出决定。

第十次会议决定设立开化县人大常委会农村工作委员会。

第十三次会议决定由王克波代理开化县人民政府县长职务。

第十六次会议审查批准了县人民政府关于调整 1989 年度财政收支计划的请示。

四、开化县第十届人大常委会

开化县第十届人大常委会共举行 22 次常委会会议，听取和审议工作报告、汇报 93 项，做出决议、决定、规定 19 个；依法任免国家机关工作人员 101 人次；组织开展执法检查活动 10 次，组织各类视察活动 20 次，专题调查 25 次；督办代表议案和建议、批评、意见 718 件。

第十届人大常委会工作机构设办公室、法制工作委员会、财政经济工作委员会、教科文卫工作委员会、代表工作委员会、农村工作委员会。

第一次会议通过了《关于加强同人民代表和群众联系的决定》《关于人事任免工作的暂行办法》。

第四次会议做出了《关于批准全县实施九年制义务教育规划的决议》《关于批准全县荒山绿化总体规划的决议》《加强执行工作的决议》。

第八次会议通过了《关于补充完善县人大常委会办事机构职责的意见》。

第十次会议通过了《开化县人民代表大会代表工作暂行规定》《开化县乡镇人民代表大会工作暂行规定》。决定免去宋义富的开化县人民政府副县长职务，任命柴维荣为副县长。

第十一次会议决定任命王国康为开化县人民政府副县长。

第十二次会议决定免去钱国女的开化县人民政府副县长职务。

第十五次会议决定免去马建胜的开化县人民政府副县长职务。

第十七次会议做出了《关于调整我县实施九年制义务教育规划的决定》。

第十九次会议决定接受王克波辞去开化县人民政府县长职务的请求，决定由柴维荣代理开化县人民政府县长职务；决定任命应铁飞、陈兴龙为开化县人民政府副县长。

五、开化县第十一届人大常委会

开化县第十一届人大常委会共举行 34 次常委会会议，听取和审议工作报告、汇报 110 项，做出决议、决定、规定 37 个；依法任免国家机关工作人员 183 人次；组织各类视察调查活动 35 次，执法检查 4 次；督办代表议案和建议、批评、意见 877 件。

第十一届人大常委会工作机构设办公室、法制工作委员会、财政经济工作委员会、教科文卫工作委员会、代表工作委员会、农村工作委员会。

第三次会议罢免了开化县人民检察院检察长李世海的职务。

第八次会议做出了《关于修编〈开化县城总体规划〉的决定》，决定任命应铁飞为开化县人民政府副县长。

第十次会议决定接受柴维荣辞去开化县人民政府县长职务的请求，决定由俞成钟代理开化县人民政府县长职务。决定由开化县人民检察院副检察长许国建代理开化县人民检察院检察长。

第十三次会议决定任命俞志壮为开化县人民政府副县长。

第十六次会议决定接受杨善情辞去开化县人大常委会副主任职务的请求；决定任命吴水松为开化县人民政府副县长。

第二十次会议决定任命肖渭根为开化县人民政府副县长。

第二十一次会议做出了《关于进一步加强农村教育事业费附加税征收管理工作的决定》。

第二十四次会议决定免去姚竹青的开化县人民政府副县长职务。

第二十五次会议决定接受郑国庆辞去开化县人大常委会副主任职务的请求。

第二十六次会议决定免去俞志壮的开化县人民政府副县长职务。

第二十九次会议决定任命穆建平为开化县人民政府副县长。

第三十次会议决定接受俞成钟辞去开化县人民政府县长职务的请求，决定由陈钟代理开化县人民政府县长职务。

第三十二次会议决定接受何诗咏辞去开化县人民法院院长职务的请求，由开化县人民法院副院长王集海代理开化县人民法院院长；接受许国建辞去开化县人民检察院检察长职务的请求，由开化县人民检察院副检察长刘建军代理开化县人民检察院检察长。决定任命张伟刚、童和平为开化县人民政府副县长，决定免去吴水松的开化县人民政府副县长职务。

六、开化县第十二届人大常委会

开化县第十二届人大常委会共举行常委会会议 36 次，听取和审议"一府两院"工作报告、汇报 138 个，做出决议、决定、规定 47 个；督办代表议案和建议、批评、意见 584 件；依法任免国家机关工作人员 219 人次。

第十二届人大常委会工作机构设办公室、法制工作委员会、财政经济工作委员会、教科文卫工作委员会、代表工作委员会、农村工作委员会。

第四次会议决定任命赵群为开化县人民政府副县长。

第十次会议决定接受陈钟辞去开化县人民政府县长职务的请求，决定由朱志泉代理开化县人民政府县长职务；决定免去穆建平的开化县人民政府副县长职务。

第十三次会议审议通过《开化县域城镇体系规划》《开化生态示范区建设规划》《开化县城市防洪规划》的决议。

第十五次会议决定接受汪安波辞去开化县人大常委会副主任职务的请求，任命汪安波为开化县人民政府副县长。

第十六次会议决定免去方华的开化县人民政府副县长职务。

第十七次会议决定任命程育全为开化县人民政府副县长。

第二十次会议决定接受朱志泉辞去开化县人民政府县长职务的请求，决定由徐鸣华代理开化县人民政府县长职务；决定任命汪晓敏为开化县人民政府副县长。

第二十四次会议审议通过了《开化县城城市总体规划》的决定。

第二十五次会议决定免去赵群的开化县人民政府副县长职务。

第二十六次会议做出了《关于进一步开展法制宣传教育的决议》。

第三十一次会议决定免去童和平的开化县人民政府副县长职务。

第三十四次会议决定接受王集海辞去开化县人民法院院长职务的请求，决定由开化县人民法院副院长郑丰禄代理开化县人民法院院长；决定接受刘建军辞去开化县人民检察院检察长职务的请求，决定由开化县人民检察院副检察长郑慧胜代理开化县人民检察院检察长。决定任命吴小富、华寿军为开化县人民政府副县长，决定免去肖渭根的开化县人民政府副县长职务。

七、开化县第十三届人大常委会

开化县第十三届人大常委会共举行常委会会议 30 次，听取和审议"一府两院"工作报告、汇报 113 项，做出决议、决定 33 个，依法任免国家机关工作人员 108 人次；组织各类视察、调查、执法检查 51 次；督办代表议案和建议、批评、意见 664 件。

第十三届人大常委会工作机构设办公室、法制工作委员会、财政经济工作委员会、教科文卫工作委员会、代表工作委员会、农村工作委员会。

第三次会议做出了关于批准《浙江省开化生态县建设总体规划》的决定。

第五次会议做出了《关于审查同意开化县城城市近期建设规划的决议》。

第十七次会议决定接受徐鸣华辞去开化县人民政府县长职务的请求，决定由金明代理开化县人民政府县长职务。

第十八次会议决定任命李华蓉为开化县人民政府副县长，免去汪晓敏的开化县人民政府副县长职务。

第十九次会议做出了《关于调整乡镇行政区划的决定》，调整后，全县乡镇建制数从 26 个调整到 18 个。

第二十次会议决定任命胡应学为开化县人民政府副县长。

第二十二次会议决定免去吴小富的开化县人民政府副县长职务。

第二十四次会议决定任命徐海廷为开化县人民政府副县长。

第二十五次会议做出了关于同意《开化县城市总体规划（2006—2020 年）》《开化县城市近期建设规划（2006—2010 年）》两项决定。决定免去吴永华的开化县人民政府副县长职务。

第二十八次会议决定接受郑丰禄辞去开化县人民法院院长职务的请求，由县人民法院副院长詹黎钟代理开化县人民法院院长职务；接受郑慧胜辞去开化县人民检察院检察长职务的请求，由开化县人民检察院副检察长黄耀奎代理开化县人民检察院检察长职务。决定免去张伟刚的开化县人民政府副县长职务。

八、开化县第十四届人大常委会

开化县第十四届人大常委会共举行常委会会议 39 次，听取和审议"一府两院"工作报告 82 个，对 11 个部门、单位的工作开展评议；做出决议、决定 51 项，就 12 部法律法规的执行情况进行检查和调研，依法任免国家机关工作人员 170 人次；督办代表议案和建议、批评、意见 1117 件。

第十四届人大常委会工作机构设办公室、法制工作委员会、财政经济工作委员会、教科文卫工作委员会、代表工作委员会、农村工作委员会。

第一次会议通过了《开化县人大常委会会议制度》等 11 项制度。

第二次会议决定任命胡应学为开化县人民政府副县长。做出了关于同意增加财政预算对农业支出额度的决议。

第三次会议做出了关于同意开化县土地资源代开发项目贷款本息偿还列入财政预算、县人大常委会工作委员会更名及人员组成两项决定。

第五次会议做出了关于接受王金良辞去开化县第十四届人大代表职务的决定。

第六次会议通过了《县人大常委会实施监督法有关细则》和《关于加强和改进代表工作的意见》。

第七次会议接受了汪晖辞去开化县第十四届人大常委会副主任职务的请求，接受了汪晖、葛宏雷辞去开化县第十四届人大代表职务的请求；决定任命汪晖为开化县人民政府副县长，决定免去胡应学的开化县人民政府副县长职务。

第九次会议决定任命庆旭祥为开化县人民政府副县长。

第十三次会议做出关于设立"生态日"的决定，做出《关于同意〈开化县域总体规划（2006-2020 年）〉的决定》。

第十八次会议决定免去庆旭祥的开化县人民政府副县长职务。

第二十次会议决定任命徐大可为开化县人民政府副县长。

第二十一次会议通过了《开化县人民代表大会常务委员会组成人员守则》。

第二十六次会议通过了《开化县乡镇人民代表大会会议规范》。

第二十八次会议通过了《开化县人民代表大会常务委员会关于政府重大投资项目监督的规定》。接受黄耀奎辞去开化县人民检察院检察长职务的请求，由开化县人民检察院副检察长柯耀根代理开化县人民检察院检察长职务。

第三十一次会议通过了《开化县人大常委会关于做好农村垃圾处理工作的决议》和《开化县人大常委会关于加强河道采砂制砂管理的决议》。

第三十三次会议决定任命汪权龙、赵虹为开化县人民政府副县长。

九、开化县第十五届人大常委会

开化县第十五届人大常委会工作机构设办公室、研究室、法制工作委员会、财政金融工作委员会、经济工作委员会、农业与农村工作委员会、建设与资源环境保护工作委员会、教育科技文化卫生民族华侨工作委员会、代表与选举任免工作委员会。共举行常委会会议 38 次，

第一次会议通过了《关于全面整治城乡违法建设的决议》《关于加快推进硅材料省级新技术特色产业基地建设的决议》。决定撤销财政经济建设工作委员会，设立财政金融工作委员会、经济建设工作委员会。决定任命赵虹为开化县人民政府副县长。

第四次会议决定接受金明、徐须实辞去衢州市第六届人民代表大会代表职务的请求，补选张伟刚、夏菊清、谢剑锋为衢州市第六届人民代表大会代表。

第五次会议决定接受郑立华、汪奎福、方明、方茂盛、郑瑞锋、余能德、童小鹏辞去开化县第十五届人民代表大会代表职务的请求。

第七次会议通过了《开化县人民代表大会代表述职办法（试行）》。

第八次会议通过了《开化生态文明县建设规划》。

第九次会议决定接受李华蓉辞去开化县人民政府副县长职务的请求，任命蒋国强为开化县人民政府副县长。

第十次会议决定任命罗松、严少君为开化县人民政府副县长，决定免去赵虹的开化县人民政府副县长职务。

第十二次会议决定任命吴耀光、姜方云为开化县人民政府副县长。

第十三次会议决定任命程君标、姜文军为开化县人民政府副县长。

第十五次会议通过了《关于建设国家东部公园的决定》《关于开化县行政区划调整的决议》。决定设立县人大常委会研究室，撤销经济建设工作委员会、农业和资源环境保护工作委员会，设立经济工作委员会、农业与农村工作委员会、建设与资源环境保护工作委员会。

第十六次会议通过了《关于行政区划后相关镇人民代表大会代表名额的决定》，决定华埠镇（不含芹阳办事处）75 名，马金镇 73 名，池淮镇 65 名。

第十八次会议通过了《关于批准 2014 年县财政预算调整方案的决议》。

第十九次会议决定接受郑瑛、余红敏、朱建忠、郑未坤、严颂华、朱久锋、曾建福、姜法友、齐正兰、余永山、汪培山辞去开化县第十五届人民代表大会代表职务的请求，姜法友、郑瑛辞去县人大代表职务后，县人大常委会委员职务相应终止。接受曾珏辞去开化县第十五届人大常委会委员职务的请求。接受琚建军、郑慧红辞去衢州市第六届人民代表大会代表职务的请求，补选蒋国强、柯兰为衢州市六届人民代表大会代表。

第二十四次会议决定任命邹志岗、张基标为开化县人民政府副县长。

十、开化县第十六届人大常委会

开化县第十六届人大常委会共举行常委会会议 48 次。

第二次会议通过了《开化县人民代表大会专题询问办法》等制度，决定将法制工作委员会更名为法制内务司法工作委员会。

第三次会议听取和审议了县人民政府关于全域基本剿灭Ⅲ类水工作情况的报告、关于百里黄金水岸线建设情况的报告，通过了 5 位县第十六届人大代表辞职事项，审议通过 7 个工委组成人员名单。

第五次会议决定接受童炜鑫提出辞去开化县人民政府县长职务的请求。决定任命王若磊为开化县人民政府副县长。

第六次会议表决通过了关于批准开化县人民政府《关于小桥头片区（棚户区、

城中村）改造建设计划的议案》的决议。

第八次会议决定任命鲁霞光为开化县人民政府副县长、代理县长职务。

第十次会议听取和审议了县教育局关于城乡教育布局优化情况的报告、县农业局关于实施消除集体经济薄弱村工作情况的报告。

第十二次会议表决通过了《开化县人民代表大会常务委员会任免地方国家机关工作人员办法》。

第十六次会议听取和审议了县人民政府县长鲁霞光代表县政府所作的关于政府工作机构调整情况的报告，表决通过了关于法制内务司法工作委员会更名为监察和司法工作委员会的决定，做出关于接受邵晓航请求辞去开化县监察委员会主任职务的决定、关于何日根代理开化县监察委员会主任职务的决定，投票表决通过关于接受谢剑锋、李昱辞去衢州市第七届人民代表大会代表职务的决定，补选王盛洪、樊勇军为衢州市第七届人民代表大会代表。

第十七次会议表决通过了《开化县人民代表大会常务委员会讨论决定重大事项实施办法》。

第二十三次会议表决通过了《开化县芹阳办事处预算审查监督办法（试行）》。

第三十一次会议任命毛献明、陈崇为开化县人民政府副县长。

第三十二次会议决定免去毛立楠的县人民政府副县长职务。

第三十四次会议决定任命杨宇为开化县人民政府副县长。

第三十七次会议审议通过《关于县人大及其常委会选举任命的国家机关工作人员向县人大常委会述职的办法》的议案。

第三十八次会议做出了关于接受邹志岗辞去开化县人民政府副县长职务的决定、关于接受周红梁辞去开化县人民检察院检察长职务的决定、关于袁小荣代理开化县人民检察院检察长职务的决定，关于接受李华蓉、徐海廷辞去有关职务的决定，决定任命曾正君、陈体法为县人民政府副县长。

第四十三次会议依法做出关于促进和保障高质量发展建设共同富裕先行地的决定。

第四十四次会议决定任命杨选科为县人民政府副县长。

第四十五次会议表决通过并做出了关于县乡两级人民代表大会换届选举有关事项的决定、关于设立开化县选举委员会的决定、关于设立各乡镇选举委员会和芹阳选举办事处的决定、关于全县各乡镇新一届人民代表大会代表名额分配的决定。

第四十七次会议依法任命李水良为县监委副主任、决定代理县监委主任的职务，任命傅利红、雷珍为县人民政府副县长。

第四十八次会议表决通过关于开展第八个五年法治宣传教育的决议、关于许可对个别人大代表采取行政拘留措施的决定，依法确认 220 名县第十七届人民代表大会代表资格合法有效。

十一、开化县第十七届人大常委会

2022 年 1 月至 2024 年 11 月，开化县第十七届人大常委会共举行 28 次常委会会议。

第一次会议动员新一届常委会组成人员和全县人大干部、人大代表凝聚共识、拼搏奋进、再创佳绩，展现人大担当、做出人大贡献。

第二次会议任命杨宇、曾正君为开化县人民政府副县长，任免县人大常委会部分工作机构负责人、23 个政府工作部门主要负责人和县监委负责人。

第三次会议开展了"两官"履职评议，通过了常委会 30 项工作制度，成立了财政管理运行特定问题调查委员会，做出了新增常委会监督议题的决定，票决通过了有关代表辞职事项和人事任免事项。

第四次会议接受张飞、傅利红辞去开化县人民政府副县长职务的请求，依法任命方明、龚进升为县政府副县长。

第五次会议通过新一届工委委员名单，做出加强新时代检察机关法律监督工作的决定。

第六次会议表决通过《关于加强全县财政管理运行的决议》，任免县人大常委会部分工作机构负责人和政府工作部门主要负责人。

第七次会议表决部分县人大代表辞职事项，召开重点骨干企业做大做强专题询问会议。

第八次会议决定任命林刘赞为开化县人民政府副县长。

第九次会议作出召开开化县第十七届人民代表大会第二次会议的决定。

第十次会议依法任命张力群为开化县人民政府副县长。

第十一次会议表决通过《开化县人民代表大会常务委员会关于通过人大芹阳工委工作报告的决定》，投票表决接受樊勇军辞去县人民政府副县长职务事项。

第十二次会议听取和审议了县人民政府关于《开化县国土空间总体规划（2021—2035 年）》编制情况的报告。

第十三次会议决定开展法治政府建设满意度测评。

第十四次会议决定任命周玲玲为开化县人民政府副县长。

第十五次会议作出关于废止《关于设立开化县"生态日"的决定》的决定。

第十七次会议批准《开化县 2023 年地方政府债务限额的决议》《开化县

2023 年财政预算调整方案的决议》。

第十八次会议通过部分县第十七届人大代表辞职事项。

第十九次会议做出召开县第十七届人民代表大会第三次会议的决定，通过常委会工作机构人事任免事项。

第二十次会议听取县第十七届人民代表大会第三次会议筹备有关事项。

第二十一次会议通过部分衢州市第八届人民代表大会代表辞职补选事项。

第二十二次会议决定任命陈利华为开化县人民政府副县长、代县长，开展法治政府建设满意度测评。

第二十四次会议表决通过《开化县人民代表大会常务委员会关于开化经济开发区要素保障问题调查的实施方案》，决定任命江旗峰为开化县人民政府副县长。

第二十五次会议表决通过关于部分县第十七届人民代表大会代表资格审查和变动情况的报告、县第十七届人民代表大会第四次会议各代表团召集人名单和列席人员名单等。

第二十六次会议表决通过《关于批准开化县 2023 年财政决算的决议》，任命县第十七届人大常委会部分工作委员会委员。

第二十七次会议通过县第十七届人大常委会部分工作机构和政府组成部门主要负责人任免事项。

第二十八次会议通过《关于批准开化县 2024 年地方政府债务限额的决议》《关于批准开化县 2024 年财政预算调整方案的决议》。

第三章　县人大常委会重要活动

县人大常委会设立后，在中共开化县委的领导下，组织结构不断完善，制度建设逐步加强，监督工作全面推进，代表工作成效显著；以宪法和法律为依据，以人大代表为主体，以履行法定职责和推进民主法制建设为己任，以促进经济社会发展和社会进步为宗旨，切实行使重大事项决定权、监督权和人事任免权，积极开展人大工作。在实践中，注重调查研究，反映社情民意，依靠和发挥人大代表的作用，不断探索，开拓创新，与时俱进；坚持党的领导，充分发挥民主集中制原则，集体决定问题，集体行使权利，积极履行宪法和法律赋予的神圣职责，为推动开化县政治文明、物质文明、精神文明、生态文明建设和"生态立县"实践发挥了重要作用。

第一节　监督评议

1986—2005 年，历届县人大常委会会议共听取"一府两院"及部门工作报告 584 个。其中，听取财政经济审计部门工作报告 160 个，农林水国土部门 51 个，教科文卫部门 61 个，公安司法部门 25 个，环保建设交通部门 20 个，工商劳动民政部门 19 个，县人民政府及其办公室 122 个，县人民法院 67 个，县人民检察院 59 个。其间，受理人民群众来信 3027 件，来访 4183 人次，听取县人民政府、县人民法院、县人民检察院及有关部门贯彻执行各项法律法规的专题汇报 65 次，开展执法检查 90 余次。主任会议和常委会会议听取汇报后提出处理意见，交有关部门办理。

2006 年，县人大常委会对县林业局开展行政执法评议；对县交通局、县财政局、县司法局、县文化广电新闻出版局、县人口和计划生育局、县林业局局长开展述职评议；对其他由县人大常委会任命的政府部门正职和县人民法院、县人民检察院副职开展书面述职评议。

2008 年，县人大常委会对县财政局、县水利局、县旅游局等三个政府部门开展了工作评议。工作评议内容主要是 2007 年以来的工作，具体包括贯彻执行宪法、法律、法规，依法行政的情况；贯彻执行党的路线、方针、政策和本级人大及其常委会的决议、决定，自觉接受人大监督情况；办理人大代表议案、建议情况；履行职责，服务经济建设，服务人民群众，完成各项工作任务情况；执行各项纪律规定，廉政勤政，领导班子及全体工作人员思想作风建设情况等内容。整个评议工作分准备、调研、评议、整改四个阶段，时间为期四个月，取得预期效果。

2009 年，县人大常委会对县人民法院、县人民检察院、县公安局等三个单位开展执法评议。以书面形式向被评议机关发出评议意见，对整改落实情况进行跟踪督查。

2010 年，县人大常委会对县农业局、县林业局、县工商局开展工作评议。县人大常委会第 27 次会议专题召开评议大会，对三个被评议部门的工作以及整个领导班子的思想观念、执法情况、工作作风和工作成绩等方面都做了实事求是的评价。县人大常委会第 29 次会议听取了整改落实情况报告和督查评估报告，并首次对被评议部门的整改落实情况进行了满意度测评。

2011 年，县人大常委会对县国土资源局和县环境保护局开展工作评议。被评议部门虚心接受评议意见，积极开展自查自纠，评议中反映的一些突出问题得到有效解决。

2012 年，县人大常委会就全县经济运行、工业转型升级、"两区"建设、"三农"发展、项目建设、"山区科学发展试验区"、"钱江源旅游度假区"、硅材料产业基地建设、全县绿化彩化、"生态日"活动、农村垃圾处理和采砂制砂管理等工作开展监督。组织代表视察全县"特扶"项目、重点工程和 2012 年政府投资项目建设情况，督促政府认真做好项目前期工作，积极筹措项目资金，抓好项目推进，确保年度计划目标任务的完成。加大违法建设整治监督力度，形成决议。

2013 年，县人大常委会就推进"山区科学发展试验区"和"钱江源旅游度假区"建设、现代农业产业化发展、生态乡村建设情况、行政村规模调整后续工作和农村治安整治工作、绿化和彩化工作、"特扶"项目、重点工程和 2012 年政府投资项目建设、道路交通安全管理工作情况等工作开展监督。做出了关于建设硅材料省级高新技术特色产业基地、关于全面整治城乡违法建设的决议，开展了"生态日"活动督查。

2014 年，县人大常委会对"十二五"规划纲要实施情况的中期评估报告认真开展审议，组织代表对工业功能区建设情况进行视察。对 2014 年政府投资项目、全县"一村一品"、城市管理、学前教育发展情况、全县公立医院综合改革情况等工作开展监督。开展食品安全审议意见落实情况跟踪检查和饮用水执法检查，批准了开化县生态文明县建设规划，对县民政局、县人力社保局、县文广局开展了工作评议，通过整改落实，解决了一些群众反映的突出问题，促进了民政、人力社会保障、文化等工作的进一步发展。

2015 年，县人大常委会全力助推国家公园建设，及时做出关于建设国家公园的决定。做出关于开化县行政区划调整的决议，对国家公园建设情况和行政审批改革情况开展视察。把"五水共治"列为年度重点工作，就推进工业经济转型、突出小城市培育和风情小镇打造、扩大有效投资等提出意见建议。连续开展食品安全法执法检查、违法建设整治相关工作。就"三改一拆"及无违建县创建工作情况、交通事业发展情况、社会养老服务体系建设情况、学前教育、住房公积金管理工作情况、水污染源治理工作等开展监督工作。制定出台监督司法机关工作办法和法官、检察官履职评议暂行规定。对县经信科技局、县住建局、县卫计局开展工作评议，促进相关部门依法行政，不断提高工作水平。

2016 年，县人大常委会就扶贫开发、专业市场建设、大气污染防治、"五水共治"、国家卫生县城创建、交通工作、学前教育、农业面源污染、常山港华埠段治理工程水利项目实施、风情小镇和 3A 级景区村创建等开展监督。批准 2016 年政府重大投资项目计划，并对项目实施情况进行监督；做出关于同意《开化县空间规划（2016—2030 年）》的决定；关注重点项目建设，采取跟踪监督方式，持续发力助推项目建设；对县发改局、县市场监管局、县综合执法局进行工作评议，对 6 名法官、检察官进行履职评议。

2017 年，县人大常委会就百里黄金水岸线建设、分级诊疗实施情况、省级教育基本现代化县创建、小城镇环境综合整治、提升Ⅲ类水、环境状况和环境保护目标完成情况、民生实事项目建设、政府重大投资项目、司法体制改革、行政诉讼法贯彻实施等情况开展监督。做出关于在人民代表大会上实行民生实事项目人大代表票决制的决定，并在县十六届人大一次会议上首次施行。制定出台专题询问办法，修订政府重大投资项目监督规定等常委会监督工作制度，不断提升监督刚性。组织开展"全域提升Ⅲ类水，人大代表在行动"等主题活动，发挥代表主体作用，监督助推水环境治理工作。

2018 年，县人大常委会回应民生关切，助推高质量发展，就"十三五"规划中期、经济社会发展、计划执行、扩大工业有效投资情况，消除集体经济薄弱村情况、县本级预决算、审计等工作情况，法检两院半年工作情况，基层公检法机关工作情况等开展监督。首次在人民代表大会全体会议上票决年度民生实事项目，下发监督实施方案，组建 10 个监督小组，深入一线督查调研，听取和审议项目建设情况报告、组织代表实地视察，提出意见要求，推动项目加快建设。

2019 年，县人大常委会开展促进民营经济高质量发展专题询问，因地制宜制定调研和审议实施方案，县人大常委会领导带队走访企业 135 家、召开座谈会 18 场，发放调查问卷，征求意见，发现问题。选定 21 个重点问题并召开专题询问会，县政府及 18 家部门现场应答、现场表态。着力推动政府办好民生实事，在人民代表大会上票决民生实事项目，对上年度项目完成情况进行满意度测评，会后督促政府压实责任、明确时序，加快推进。全年，县乡两级共票决产生民生实事项目 64 个，完成 60 个、基本完成 2 个。

2020 年，依法做出建设"示范窗口"的决定。与省、市人大联动开展数字经济发展情况专项监督，推动《浙江省民营企业发展促进条例》的贯彻实施，巩固民营经济高质量发展专题询问成果。听取和审议农村居家养老服务工作开展情况报告，开展《中华人民共和国土壤污染防治法》执法检查。听取省级景区建设情况报告，开展农房管控风貌提升、"四好农村路"建设专项视察。及时做出关于批准将开化县解放街 10 号芹南一区国有土地上房屋征收列入国民经济和社会发展计划的决议，以新举措增进人民群众新福祉。

2021 年，视察县产业园建设情况，关注林下经济、开化龙顶茶产业等发展，开展全域旅游发展专题询问。聚焦重大项目高效率推进，对 17 个投资额在 5000 万元以上的政府重大投资项目进行全过程、常态化的跟踪监督。做出"八五"普法决议，督促落实"谁执法谁普法"责任制。探索开展对人大选任干部任后监督，听取 7 名述职对象口头述职，书面审议 27 名述职对象的述职报告。对 5 名"两官"开展履职评议，促进法检两院全面加强自身建设、依法履职尽责。开展全国学前教育普及普惠县创建、居家养老工作情况视察。全年县乡两级共票决产生民生实事项目 60 个。落实县乡生态环境报告制度，督促政府加快推进生态环境治理体系和治理能力现代化。

2022 年，按照"有件必备、有备必审、有错必纠"的要求审查规范性文件 17 件。首次听取和审议整治群众身边不正之风和腐败问题情况报告。对 13 名员额法官、检察官开展履职评议，实现全县"两官"履职评议全覆盖。推动全县"共享法庭"在全市率先实现乡镇、村社全覆盖。在全省县级层面率先做出《进一步加强新时代检察机关法律监督工作的决定》。聚焦打击治理电信网络诈骗犯罪工作，推动政府出台实施意见、压实各方责任。共接待群众信访 102 批 124 人次，推动问题解决 66 个，化解信访积案 28 件。

2023 年，锚定省委"3+10"重大工作、市委"10+2"重点工作、县委"1151"工作体系，紧扣事关发展大局的重点领域和关键环节开展监督。跟踪国家公园城市总体城市设计方案编制工作，以高质量规划体系引领经济社会高质量发展。开展茶产业发展、"两新"产业园建设情况专题询问。听取县人民法院关于企业破产案件审理情况报告，开展"高效监督护航、优化营商环境"视察。发挥预算国资监督系统作用。在全市率先出台关于贯彻落实人大财经监督与审计监督贯通协同工作机制。加强政府投资项目监督。首次向社会公开项目监督工作方案，常态化开展项目实施情况视察调研和监督检查。开展国有资产管理情况监督，提高国企创新力、竞争力、贡献力。持续跟踪教育、医疗、养老、社保等社会事业发展，创新构建"综合＋专项"的生态环境监督机制。关注打击治理电信网络诈骗犯罪工作。发挥"共富督"应用作用，联合省际边界地区人大全力助推 365 共富协作区建设。做深做细"深挖'两有'富矿、加速开化崛起"专题调研，获《人民代表报》和浙皖两省人大的高度点赞，省人大常委会副主任刘忻批示肯定。

2024 年，县人大常委会听取和审议 2023 年生态环境状况和环境保护目标完成情况，县人大芹阳工委关于 2023 年度工作情况和 2024 年度工作计划，全县科技特派员工作开展情况的报告，人大选任干部述职情况，2024 年上半年全县经济社会发展情况和下半年政府工作，民生实事项目建设情况，行政事业国有资产管理情况，2023 年度国有资产管理情况，钱江源区域公用品牌打造情况，全县油茶产业发展情况，关于 2024 年政府投资项目计划执行情况和 2025 年政府投资项目初步编排情况，关于 2024 年政府投资项目计划编制情况，关于 2023 年财政决算和 2024 年上半年财政预算执行情况，关于 2023 年财政预算执行情况和其他财政收支审计情况。审议县政府关于 2024 年政府投资项目计划执行情况，2023 年度县级财政预算执行情况和其他财政收支情况审计查出问题整改情况，2024 年上半年国民经济和社会发展计划执行情况。关于 2024 年财政预算执行情况和 2025 年财政预算草案。视察长者助餐服务工作情况、"两新"产业园建设情况，以开化纸、卡游动漫等为重点的文化产业发展情况、政府投资项目建设、2024 年政府民生实事项目建设、重点建议办理、代表建议办理资金项目建设情况。围绕经开区要素保障情况开展特定问题调查，开展对全县城市治理工作情况专题询问。听取全县数字经济发展情况、全县"千万工程"工作情况、关于职业技能培训工作情况的报告，与省市县联动开展对禁止露天秸秆焚烧规定执行情况专项执法检查、科技进步"一法两条例"、非物质文化遗产"一法一条例"、出境入境管理法和《浙江省河长制规定》《衢州市围棋发展振兴条例》等系列执法检查。

第二节　议案建议督办

1986—2005 年，历届县人民代表大会会议共收到县人大代表提出并列为大会议案的 61 件，建议批评意见 2884 件。县人大常委会不断完善和规范督办制度，形成了交办、催办、联系、反馈、检查、审议等制度。2003 年，县第十三届人大常委会建立大会议案"四个一"督办制度。历届大会各次会议议案及代表提出的建议、批评和意见，各承办单位都依法办理，并书面答复代表。县人民政府向县人大常委会汇报办理结果，不满意件退回重新办理。

县十三届人大四次会议期间共收到代表议案 143 件，经大会秘书处研究，大会主席团审议，将"要求推行村庄风景林建设"和"加强城区停车场建设"等 4 件议案作为大会议案交县政府研究办理，其余 139 件改做建议、批评和意见，交政府有关单位、组织研究处理。2006 年 3 月 31 日及时召开交办会，对上述议案、建议、批评和意见进行交办。

2007 年，县十四届人大一次会议期间共收到代表议案建议 251 件。县人大常委会认真梳理分析，及时召开交办会，对议案建议办理工作提出明确的要求。至 2007 年 12 月，议案建议全部办理完毕并答复代表，部分议案建议得到较好解决和落实。

2008 年，县十四届人大二次会议期间共收到代表议案建议 257 件。县人大常委会根据大会主席团通过的处理意见，及时召开交办会，转交"一府两院"及有关部门办理。县人大常委会还建立了闭会期间的代表建议提出机制，为代表印制专门信封，及时将代表建议意见交有关部门办理。加强代表议案、建议的督办工作。县人大常委会针对代表议案、建议前期办理进度缓慢的情况，6 月份开展联合督查督办活动，督促有关部门和单位做好办理工作，加快办理进度，提高办理质量。组织办理工作"回头看"，查漏补缺、及时整改，较好地促进了一大批人民群众关注的热点、难点问题的解决。

2009 年，县十四届人大三次会议期间共收到代表建议 218 件。及时召开交办会议，并通过走访重点承办单位、深入基层现场检查、组织代表评议办理工作等形式，加强对落实率和满意率的检查督促。常委会专题审议了县政府关于县十四届人大三次会议代表建议办理工作情况。在县政府的努力下，建议办理工作责任明确，重点突出，措施有力，办理质量普遍提高，代表建议办复率达 100%，解决或基本解决的 A 类件 117 件占 53.7%，正在解决或已列入计划解决的 B 类件

51 件占 23.4%，因政策和客观条件等原因不能解决或待条件成熟后解决的 C 类件 50 件占 22.9%，切实解决了一批涉及全县改革、发展、稳定和广大人民群众关心的热点难点问题。

2010 年，县十四届人大四次会议期间共收到代表建议 208 件。为做好人大代表建议的督办工作，提高办理质量，县人大常委会制定《开化县人大代表建议办理工作考核办法》，并严格按考核办法进行督查考核，对办理工作不到位、代表不满意的建议，责成有关部门重新办理，努力提高代表满意率。在县人大常委会及承办单位的共同努力下，208 件代表建议中解决或基本解决的有 101 件，占 48.6%。11 月，县人大常委会听取和审议了县政府关于县十四届人大四次会议建议办理情况的报告，针对部分重点建议办理结果不尽如人意的情况，及时发送审议意见，要求县政府对重点建议办理开展一次"回头看"，认真分析，重新办理。

2011 年，县十四届人大五次会议期间共收到代表建议 183 件。县人大常委会及时进行分类，确定重点建议，明确办理单位，5 月 18 日召开交办会议。11 月，县人大常委会听取和审议县政府关于县十四届人大五次会议建议办理情况的报告，要求县政府及相关部门要继续重视、加强领导、加大督查、改进作风、创新思路，对由于条件所限一时难以办到的，要创造条件，努力去办；对由于各方面限制而无法办理的也要想方设法，尽力尝试和做好解释说明工作，积极争取代表理解与配合。

2012 年，县十五届人大一次会议期间共收到代表议案建议 264 件。县人大常委会及时召开交办会，并首次将议案建议办理工作纳入县级机关部门年度工作综合争先考核内容。8 月，主任会议专题听取和审议县政府关于十五届人大一次会议代表议案及重点建议办理情况的报告，10 月下旬至 11 月中旬，结合办理工作"回头看"，对代表建议办理工作进行考核，做到承办单位全考核、领衔代表全走访、办理结果全复查。县人大常委会专题听取和审议了县政府关于代表议案建议办理情况的报告。在县人大常委会的有力督办下，一批事关民生以及群众反映强烈的热点难点问题得到解决。

2013 年，县十五届人大二次会议期间共收到代表议案建议 215 件。县人大常委会采取召开交办会、组织跟踪检查、专题听取办理情况汇报、加大考核力度等措施，加强代表建议交办、审核、答复、反馈等各个环节工作，对确定的 5 件重点建议进行重点督办，务求办理工作取得实效。215 件建议均办理完毕并答复代表，其中所提问题已经解决或正在解决的有 182 件，占建议总数的 84.6%。

2014 年，县十五届人大三次会议期间共收到代表建议 212 件。县人大常委会把握代表建议交办、承办、会办、答复等环节，加大督办力度，注重办理实效。已解决和正在落实解决的有 179 件，占 84.5%，代表对建议办理结果满意率为 97.6%。对主任会议确定的 6 件重点建议实行重点督办，通过深入现场了解、组织代表座谈、听取办理情况汇报等方式，有效促进相关问题的解决落实。

2015 年，县十五届人大四次会议期间共收到代表建议 232 件。县人大常委会出台代表建议、批评和意见办理规定，对代表建议提出、交办、办理、督办各环节做出明确规定。创新重点建议督办机制，对 6 件重点建议列出交办单，明确办理内容，组织人大代表对重点建议办理情况进行实地视察，有效促进相关问题的解决。加强代表建议办中督查和办后复查，听取县政府关于代表建议办理情况的报告，严格执行建议办理考核制度，努力提高建议办理质量。232 件建议中已解决和正在落实解决的有 192 件，占 83%，代表对建议办理结果表示满意或基本满意的占 98.7%。

2016 年，县十五届人大五次会议期间共收到代表建议 201 件。县人大常委会坚持将代表满意、群众认可作为办好建议的唯一标准，建立健全办理机制，改进办理方式，加大督办力度。将全面督办与重点督办相结合、电话督办和上门督办相结合、文件督办与通报督办相结合、随时督办与定期督办相结合，督促办理单位提高办理质量，加快办理进度。年初抓及时交办，梳理确定督办重点；年中抓限期办结，广泛征求代表意见；年末抓跟踪问效，深入开展"回头看"，有效加快办理进度，提高办复质量。全年办理的 201 件建议中，解决或基本解决的 A 类件有 88 件，占 43.8%；正在解决或已列入计划解决的 B 类件有 85 件，占 42.3%；因政策和客观条件等原因不能解决或待条件成熟后解决的 C 类件有 28 件，占 13.9%。全数收回代表意见反馈表 201 份，满意的 199 件，占 99%；基本满意的 2 件，占 1%。同时，还对本届期间 1124 件议案、建议办理情况进行了全面"回头看"，其中 171 件 B、C 类转为 A 类件，30 件 C 类件转为 B 类件。

2017 年，县十六届人大一次会议期间共收到代表建议 223 件。县人大常委会领导牵头督办重点建议，督促县政府开展建议办理"回头看"。出台《人大代表建议办理专项资金管理办法（试行）》，设立 300 万元建议办理专项资金，重点解决了 9 个代表建议的项目资金需求。223 件建议中解决或基本解决的 A 类件有 91 件，占 40.81%；正在解决或已列入计划解决的 B 类件有 98 件，占 43.95%；因政策和客观条件等原因不能解决或待条件成熟后解决的 C 类件有 34 件，占 15.24%。收到代表意见反馈表 223 件，反馈表示满意的 218 件，占 97.76%；表示基本满意的 5 件，占 2.24%。

2018 年，县十六届人大二次会议期间共收到代表建议 252 件。县人大常委会健全代表议案建议质量提升机制，加强代表议案建议的撰写培训指导。优化代表建议办理机制，建立网上办理系统，实行在线评价打分，提升办理效率。修订《人大代表建议办理专项资金管理办法》，对 27 件民生效益突出的项目共安排了 290 万元资金补助，并加强监督，提高使用效益。强化代表建议跟踪督办，督促 19 件低分建议重新答复办理，A 类件新增 43 件，同比提升 11.57%。252 件建议中已解决或基本解决的 132 件，已列入计划解决的 79 件，暂时不能解决的 41 件。代表反馈表示满意的 251 件，基本满意的 1 件，实现办成率和满意率双提升。

2019 年，县十六届人大三次会议期间共收到代表建议 242 件。县人大常委会用好建议办理信息系统，及时向承办单位通报有关情况，促进答复的规范性、时效性进一步增强。构建多层次、全方位建议督办机制。完善代表建议办理专项资金管理办法，建立项目内容调整机制，明确建议领衔代表及相关乡镇、部门工作职责，形成齐抓共管合力。县十六届人大三次会议上代表提出的 242 件建议和在闭会期间代表提出的 1 件建议，均在法定期限内办理完毕。从办理情况来看，解决或基本解决的 A 类件有 115 件，占 47.33%；正在解决或已列入计划解决的 B 类件有 94 件，占 38.68%；因政策和客观条件等原因不能解决或待条件成熟后解决的 C 类件有 33 件，占 13.99%。从代表反馈结果来看，满意的 237 件，占 97.94%；基本满意的 5 件，占 2.06%。

2020 年，县十六届人大四次会议期间共收到代表建议 196 件。县人大常委会组织代表开展会前视察、调研，精心指导代表撰写议案建议，落实乡镇人大、人大工委室、大会议案组“三轮”审核把关机制，提升议案建议质量。创新人民代表大会会前预交办机制，印发办理工作制度文件汇编，定期通报工作进展情况，实行答复文件“一问一答”制，推动首次答复规范率的提升。开发办理“回头看”跟踪系统，调整考核机制导向，推动承办单位转变办理理念，提升问题解决率，成功转化往年未解决建议 40 件。规范代表建议办理专项资金管理和使用，全年共安排项目 24 个，办好一批群众身边的“关键小事”。

2021 年，县十六届人大五次会议期间共收到代表议案建议 188 件。县人大常委会完善议案建议办理工作考核办法，落实县人大常委会领导督办重点建议机制，创新实施人民代表大会会前预交办机制。安排 300 万元建议办理专项资金，帮助解决部门难以立项但群众急需落地的项目资金需求，全年安排实施项目 16 个，提高问题解决率和代表满意度。重视未解决建议转化工作，推动办理工作从“答复型”向“落实型”转变，188 件代表议案建议中解决或基本解决 95 件，代表满意率达 99.47%。

2022 年，县十七届人大一次会议期间共收到代表建议 259 件。县人大常委会围绕“联、商、督、促、智”五大功能，推动业务全方位下沉、活动全过程开展、履职全覆盖进站。县四套班子主要领导率先垂范，带动国家机关负责人接续进站开展活动近 800 人次，确保党和国家在决策、执行、监督落实各个环节都能听到来自人民的声音。组织代表紧扣"1151"工作体系落地落实，精准掌握群众身边的"关键小事"，及时提交履职应用转办处理，努力做到件件有着落、事事有回音。共参与活动 1.5 万余人次，走访联系群众 2.1 万余人次，收集意见建议 2.9 万余条。构建建议收集、交办、处理、反馈、监督、评价闭环链条，完善代表议案建议撰写、答复、解决全过程质量提升机制，听取和审议议案建议办理情况报告并开展视察，对 259 件建议开展全程督办，安排建议办理专项资金项目 30 个，实现办成率和满意度双提升。

2023 年，县十七届人大二次会议期间共收到代表建议 234 件。县人大常委会积极构建代表议案建议撰写、答复、解决全过程质量提升机制，迭代升级议案建议办理系统，创新县人大常委会领导、工委室对口督办模式，按照"1113"时间节点开展全程跟踪，听取和审议议案建议办理情况报告并开展视察，充分发挥建议办理专项资金作用，234 件代表建议均在法定期限内完成办结，A 类件同比上升 5.56%、满意率达 100%，解决率和满意率创历史新高。市八届人大三次会议开化代表团提交的 2 件议案被列为大会议案，实现历史性突破。

2024 年，县十七届人大三次会议期间共收到代表议案建议 234 件。县人大常委会坚持抓源头引导，着力提升代表议案建议质量，充分发挥代表联络站点平台作用，有计划地组织代表进站开展活动，引导代表深入基层、深入群众，厚植议案建议民意基础。向代表推送议案建议推荐选题目录，引导代表议案建议更加紧贴于全县工作大局。加强代表议案建议会前预审，力求每件议案建议文本规范、内容具体、建议可行。县政府主要领导高度重视议案建议办理工作，首次在县长办公会上专题研究建议办理工作。开展代表议案建议办理工作"回头看"，全面了解各承办单位建议答复后工作落实情况。首次开展代表满意度"二次评价"，由代表工委直接征求代表对建议办理情况的实际满意度，督促承办单位更加用心办理代表建议。234 件议案建议中解决或基本解决的 A 类件有 125 件，占 53.42%；正在解决或已列入计划解决的 B 类件有 86 件，占 36.75%；因政策和客观条件等原因不能解决或待条件成熟后解决的 C 类件有 23 件，占 9.83%。A 类件占比比去年下降 8.12 个百分点，C 类件占比比去年上升 5.13 个百分点。从代表反馈情况来看，满意件 209 件，占 89.32%；基本满意件 25 件，占 10.68%。

第三节　代表工作

1987年7月，县第九届人大常委会第一次会议制定《县人大常委会关于加强与县人民代表联系和开展代表小组活动的暂行办法》。1990年5月，县第十届人大常委会第一次会议做出《关于加强同人民代表和群众联系的决定》。1991年9月，县第十届人大常委会第十次会议审议通过《开化县人民代表大会代表工作暂行规定》。

从1987年起，县人大常委会按选区将代表编成若干小组，各小组设小组长，负责召集和组织代表开展活动；常委会组成人员分工联系和走访代表，定期寄送《会刊》《人民政权报》《衢州人大工作》《浙江人大》等学习资料。同时，还邀请县人大代表列席县人大常委会会议，参加专题调查、视察、执法检查与评议工作。

2002年，县第十二届人大常委会第三十二次会议制定《开化县乡镇人大主席团工作制度化、规范化建设的若干意见》。乡镇召开人民代表大会，县人大常委会均派员指导。县人民代表大会会议邀请乡镇人大专职主席、副主席、人大工作联络员列席会议，县人大常委会会议也邀请部分乡镇人大专职主席、副主席、人大工作联络员列席。适时召开乡镇人大工作会议和座谈会，组织乡镇人大专职主席、副主席、人大工作联络员参加省市人大常委会举办的培训班学习，组织赴外地考察学习。

2004年9月，县第十三届人大常委会第十一次会议制定《县人大代表辞职的暂行办法》，建立代表辞职制度。11月，县第十三届人大常委会第十二次会议通过《关于乡镇人大代表列席县人大常委会会议的暂行办法》。

2006年，县人大常委会建立健全代表活动网络和制度，坚持县人大常委会组成人员分片联系代表、邀请代表列席常委会会议、年底走访代表等做法，加强与代表的联系。采取组织代表会前视察、检查工作，邀请代表参加执法检查，组织代表开展评议工作等形式，不断丰富代表活动内容。全年邀请35名县人大代表、28名乡镇人大代表列席县人大常委会会议，组织部分人大代表开展视察和执法检查6次。认真做好县乡两级人大换届选举工作，依法选举产生县第十四届人大代表207名，其中妇女代表26名，非中共党员代表38名，代表结构基本合理，代表素质有新的提高。

2007年，县人大常委会制定《关于加强和改进代表工作的意见》。建立20个县人大代表小组，健全代表活动网络。加强代表学习培训工作。开展纪念代表法颁布实施 15 周年活动，组织代表参加代表法知识竞赛。坚持县人大常委会组成人员分片联系代表制度，指导代表小组开展活动。设立了短信群呼系统，坚持年终集中走访和日常分散走访座谈相结合等形式，密切与代表的联系，畅通代表反映意见的渠道。全年处理来信 84 件，接待来访 272 人次，督促解决了一些群众反映的问题。

2008 年，县人大常委会开展代表履职知识、履职技能培训。充分发挥代表在闭会期间的作用，加强代表小组工作。县人大常委会及时安排人员参加代表小组活动，强化指导，不断推进代表小组活动的规范化、制度化。各代表小组按照年度工作计划的安排，开展好各项代表活动，组织县乡人大代表向地震灾区捐款 27 万余元。建议县政府制定出台县人大代表列席政府常务会议制度，为代表知情知政创造条件。县十四届人大二次会议以来，共有 56 名人大代表列席县人大常委会会议，124 名代表参加了县人大常委会组织的视察和执法检查活动。

2009 年，围绕县政府工作重点和群众关心的热点，组织代表开展视察、调研、评议、执法检查等活动，让代表通过多种渠道了解全县重点工作和各项事业的进展情况，切实为代表参与管理国家事务创造良好的条件。认真组织代表参加省、市人大常委会纪念地方人大设立常委会 30 周年活动。把人大代表和人民群众的来信来访作为与代表沟通、了解社情民意、密切与人民群众联系的重要渠道，热情、耐心地对来访者做好政策解释、沟通疏导和法律宣传工作，积极督促解决实际问题，共受理来信 121 件，接待来访 235 人次。年内，县人大常委会根据代表法的规定，许可对 2 名触犯法律的代表依法予以采取强制措施，维护法律严肃性。

2010 年，重视发挥代表主体作用，创新工作方式，改进代表工作方法，丰富闭会期间代表活动，全力做好保障代表履行职务的各项工作。认真落实保障代表的知情权，定期向代表寄发相关刊物和"一府两院"工作报告。丰富代表闭会期间活动，坚持邀请代表列席县人大常委会会议、视察、调研等活动，分批组织县人大代表连续对县人民法院刑事审判庭、民事审判庭、派出法庭开庭审理的案件进行观摩和评议。坚持县人大常委会领导和各工委办联系代表制度，加强对代表小组活动的指导，通过召开代表座谈会、走访代表等形式，听取代表意见和要求，充分发挥代表在了解民情、反映民意、汇集民智，推进经济转型升级，促进社会和谐稳定等方面的重要作用，为代表依法履行职务创造良好条件。

2011 年，在市六届人大一次会议召开前，县人大常委会开展代表会前培训会。在市人民代表大会期间，做好代表服务工作。年内，召开乡镇人大工作研讨会，围绕加强和创新社会管理开展专题研讨。年终开展走访代表活动。高度重视群众来信来访工作，全年受理来信 101 件，来访 207 人次。

2012年，建立代表活动网络，将新一届204名县人大代表划分为18个小组，指导代表小组有序开展活动。年内共有代表80多人次参加了县人大常委会组织的各项活动。指导8个乡镇首次在年中召开人民代表大会，12个乡镇开展县、乡人大代表的补选工作。召开全县乡镇人大工作座谈会，交流经验，指导工作，促进乡镇人大主席团工作的制度化、规范化。健全信访工作制度，规范接待行为和办理程序，调整充实信访工作领导小组成员，及时督促解决群众的合理信访诉求。全年共受理群众来信75件，来访93批125人次，督办重点信访2件。

2013年，坚持县人大常委会重大工作向代表通报，年度监督议题由代表圈选，组织代表参加县人大常委会活动、旁听法院庭审、开展满意不满意单位测评等活动，拓宽代表履职渠道。组织县乡人大代表广泛开展"关心母亲河溪，查找水污染源，恪尽代表职责"活动和乡镇交接断面水质情况集中调研，全县1000余名代表参加活动，查找出污染源76个。以乡镇人大主席团为单位，组织辖区内代表围绕"两园"创建开展大讨论、献计献策活动。开展省代表履职平台推广应用工作，完成1118名县乡两级人大代表履职服务平台注册登录工作。建立代表向选民述职评议制度，出台衢州市首个代表述职办法，要求代表每年必须向选民进行书面或口头述职，接受选民评议。指导召开乡镇人民代表大会、开展主席团活动、做好县乡人大代表补选等工作，全年参加乡镇人大主席团活动62次。

2014年，探索加强县人大常委会与代表、代表与人民群众"双联系"工作方式，建立县人大常委会组成人员联系代表制度，出台代表联系群众工作办法。按照"全覆盖、制度化、常活动"的要求，在全县各乡镇和芹阳办事处建立15个代表联络站，并确定每月21日为代表接待日。组织实施"建设国家公园·人大代表在行动"代表履职主题活动，开展宣传引导、调研献策、视察监督、争当表率四大专项行动，引导各级代表积极参与监管一条河溪、绿化一片环境、开展一次暗访、捐献一日工资等履职活动。全年参加乡镇人大各项活动80多次，开展集中走访代表3次，补选县乡人大代表32人。

2015年，在实现代表联络站乡镇（办事处）全覆盖的基础上，组织各级代表进站接待群众，就转型升级"十大组合拳"落实情况及基层群众办事审批难事项等主题开展活动。推进网上代表联络站建设，开展芹阳办事处网上代表联络站试点工作。提高代表对县人大常委会活动的参与度，邀请县人大代表参加县人大常委会组织的视察、调研、评议、执法检查等活动97人次。依法行使人事任免权，依法任免国家机关工作人员45人次，补选县人大代表5名、市人大代表2名。出台《关于进一步加强和改进乡镇人大工作的指导意见》，实现各乡镇每年举行2次人民代表大会的目标。指导乡镇人大积极服务"五水共治"、转型升级等中心工作，全年参加乡镇人大各项活动 130 多人次。全年受理群众来信 42 件，来访 80 余人次。

2016 年，15 个代表联络站每月组织代表接待选民。以召开代表座谈会、给代表寄发会刊、推广网上代表履职平台等方式，进一步拓宽代表知情知政和反映问题的渠道。每次视察、调研、评议、执法检查等活动，都安排一定数量的代表参加，并组织代表旁听法院庭审、开展满意不满意单位测评等活动。发挥代表联络站组织、协调、监督作用，动员代表在"代表在行动""十大组合拳行动"和"五四三"集中攻坚等活动中，认真履职，主动作为。广大代表还根据省人大统一部署，开展"人大代表监督已治理的河"主题活动，对身边已治理的河流、河段开展监督检查，及时发现问题并作反馈。

2017 年，深化"线上＋线下"代表联络站建设，在全市率先实现网上代表联络站全覆盖。探索建立村级"人大代表联系选民工作室"，解决代表联系选民"最后一公里"问题。利用微信以及代表履职服务平台，发布重大事项和相关内容。组织代表开展"助推'三年'活动、人大代表在行动"系列主题活动。全县近千名省市县乡四级代表，参与联系一批重点项目、监督一批重点工作、收集一批社情民意、进行一次调研献策、参与一系列奉献助推等"五个一"活动。建立"一塘一代表""一场一代表"网格化监督治水网络，组织开展"全域提升III类水、人大代表在行动"主题活动。

2018 年，加快推进代表联络站室规范化建设，高标准建成代表联络站室 34 个，探索建立流动代表联络室和"行权督政室"，构建"横向到边、纵向到底"的代表联系选民网络。精心组织省市县三级领导代表进联络站参加主题活动，创新"民情快递单"等问题交办模式，提升办理实效。优化代表学习平台，拓宽知情知政渠道，组织部分县人大代表赴全国人大培训基地学习，增强代表履职本领。健全"双联系"制度，每位代表至少联系 10 位选民，实现联系工作常态化。加强代表履职管理，推进信息化登记考核，开展代表述职，激发代表的履职动力。邀请代表参加县人大常委会、工作评议和视察调研，扩大代表参与县人大常委会工作的广度和深度。完善"一塘一代表""一场一代表"网格化监督治水网络，安排 188 名代表常态化巡查 117 个治水点，已累计巡查 4537 次、处理问题 115 个，助力全域水质提升。鼓励代表利用监督治水系统反映问题，提出意见，提升代表活动实效。试点推广代表联系重点项目、农趣庭院、"一户多宅"整治等制度，发动和组织代表投身"最多跑一次"改革、乡村振兴、小城镇环境综合整治等重点工作，发挥代表的监督、示范和引领作用。

2019 年，出台县人大代表活动经费管理使用意见，加强经费保障，规范使用程序，更好地保障代表依法履职。拓宽县人大代表培训渠道，组织代表赴全国人大培训基地、湖南大学等地接受高层次履职培训，增强培训的针对性、实效性。将乡镇人大代表培训纳入全县干部教育培训计划，完成首批 100 名乡镇人大代表培训，并计划逐步实现全覆盖。建强代表履职阵地。加快推进代表联络站、室规范化建设，对 49 个代表联络站、室进行全面督查，有效提升规范化水平。组织代表依托阵地联系服务群众，大力推广流动代表联络室模式，共组织代表参加活动 2585 人次，接待群众 1715 人次，解决问题 744 个，其中流动式接待群众 95 人次，上门接待群众 370 人次，解决问题 123 个。深化代表治水监督，177 名代表累计开展巡查 6411 人次，解决问题 80 个，履职频率居全市前列。发动全县各级代表开展助力农房整治风貌提升主题活动，组织签订承诺书 840 份，232 位代表带头拆除自家附房 254 宗 7842 平方米，发动群众拆除附房 4556 宗 12 万余平方米；组织开展集中监督视察 159 次，提出意见建议 369 条，督促解决问题 227 个。

2020 年，提高无固定工资收入代表活动补助标准。强化代表履职管理，修订代表辞去职务办法，实施代表履职量化考评，推广信息化履职登记制度，深化县乡人大代表向选民述职工作，构建"1+4"代表管理监督制度体系。开通代表履职监督热线，加大代表履职信息公开力度，拓宽群众监督代表履职渠道。强化代表警示教育，建立轻微问题联合约谈纠正机制，促使代表珍惜政治荣誉、认真履职尽责、展示良好形象。加大代表的典型事例宣传，把更多的版面、时段、镜头留给代表，营造"你追我赶"的履职氛围。

2021 年，深化"两站一平台"建设，高标准建设提升代表联络站室 61 个，创新推广"一网三联"、流动代表联络站、议事茶亭等平台，为代表构建"横向到边、纵向到底"的履职阵地。组织代表旁听法院庭审、参与学校招生监督等活动，探索形成专业代表全程参与监督议题、行业代表组团破难等履职新模式。策划开展代表助推"三年"活动、信息化监督治水、"我为群众办实事"等主题活动，发挥代表的监督作用。依法做好县乡人大代表换届选举工作，依法选出县人大代表 220 名，乡镇人大代表 850 名。

2022 年，统筹制定县乡人大代表学习培训计划，联合培训机构、县委党校等培训各级代表 555 人次。深化"线上＋线下"代表联络站建设，打造功能完备、管理规范、覆盖城乡、贴近群众的基层单元。按照实用、管用、好用的原则，谋划建设县级代表联络中心站，对 15 个联络站、56 个联络点和议事茶亭等特色阵地进行迭代升级。以"百姓少跑路"为导向，加快推进基层联络站下楼出院，在便民服务大厅设置代表接待岗，在企业、村社等增设代表联络点。持续丰富"一网三联"的"1+3+X"品牌内涵，安排全县 1069 名各级代表入网履职。推出代表联系产业发展、项目攻坚、富民增收、文明创建、矛盾化解等自选动作，更好接地气、察民情、聚民智、惠民生。

2023 年，统筹制定县乡人大代表学习培训计划，系统化培训 100 余人次。高标准打造代表联络站、点，创新推出流动代表联络站、"代表茶座"等特色阵地，加快与共享法庭、检察服务 e 站等条线阵地联动融合，形成"1+15+N"的阵地布局。推进"三茶统筹"，创设"代表茶座"，出台代表议事、茶话民生等工作机制。充分发挥联、商、督、促、智功能，业务全方位下沉、活动全过程开展、履职全覆盖进站，丰富和拓展全过程人民民主在"好地方"的生动实践。组织代表积极参加人大代表助力"三个一号工程"代表主题活动，收集意见建议 1781 条，代表提出闭会建议 105 件。围绕全国文明城市创建，组织代表开展"随手拍一拍　城市更文明"主题活动，1000 余名各级人大代表广泛参与到活动中。代表工作相关做法获省人大常委会党组书记、副主任陈金彪，市人大常委会主任吴国升批示。

2024 年，组织各级人大代表积极参加代表"双岗建功"及"两去两回"争当两员代表主题活动，县乡两级因地制宜制定"双岗建功"主题活动方案 16 个，形成工作清单 96 项，谋划调研课题 30 余个。4 件事关开化发展的代表建议提交全国人民代表大会，徐锦庚、屠红燕代表在两会期间为开化发声助力。"茶话民生"工作在全省代表工作座谈会上作书面交流，入选全省人大代表工作示例，相关做法多次被《人民代表报》刊登，"议事茶亭"做法在中央电视新闻频道《朝闻天下》栏目播出。圆满承办全市人大代表工作座谈会，县乡两级多项工作在会上作交流，充分展现开化人大工作成效。全国人大代表浙江中心组第四小组到开化开展视察活动，高度点赞开化基层人大工作成效。成功举办全县代表工作座谈会、"与人民同行"系列活动，顺利召开"365"共富协作座谈会，签订三省七县市人大倡议书，进一步凝聚交界县市人大共同助力发展共识。

第四节　视察调研

1986—2005 年，县人大常委会派员参加皖浙赣三省七县市人大常委会联席会议 21 次，参加浙西南十县市人大常委会联席会议 35 次。

2006 年，县人大常委会共组织视察调查和执法检查活动 6 次。4 月，县人大常委会组织执法检查组。组织部分县人大代表视察全县水利工程建设情况、生态县建设和环境保护法执法情况、全县食用菌生产情况、交通建设情况和全县中医药工作情况。

2007 年，县人大常委会对环境保护法、科技进步法、食品药品法律法规等开展执法检查，提出具体的整改意见，督促政府及有关部门认真予以整改。先后就春季绿化造林、土地整理、水利工程建设、华埠经济强镇建设、省级文明县城创建、"教育创强"、交通重点工程建设等开展视察，推进各项工作。

2008 年，组织视察 6 次，开展执法检查 3 次。组织人大代表视察公安、村庄风景林和"百里生态景观带"建设、血吸虫病防治、道路交通安全管理、矿山开采、新农村建设情况，提出针对性的审议意见。同年，先后对道路交通安全法、劳动合同法和宗教事务条例贯彻实施情况开展执法检查。

2009 年，组织视察 5 次，开展执法检查 2 次。视察重点项目建设、清水鱼产业发展、交通建设、"十小"整规工作、为民办实事项目实施情况。还先后对农业法和消防法贯彻实施情况开展执法检。

2010 年，组织视察 3 次，开展执法检查 1 次。视察了工业平台建设、清水鱼产业发展、粮食种植示范基地建设情况，提出审议意见。对全县贯彻执行《中华人民共和国水污染防治法》《浙江省水污染防治条例》进行执法检查，明确部门职责，形成水污染防治合力。

2011 年，组织视察 5 次，开展执法检查 1 次。视察了省特扶项目建设情况，全县彩化工程和毛竹、油茶低改基地建设情况，全县水毁工程的修复工作，全县教育改革与发展情况。对贯彻落实省人大常委会《关于加强检察机关法律监督工作的决定》情况进行检查。指出县人民检察院作为法律监督机关，要敢于监督、善于监督。

2012 年，组织视察 4 次，开展执法检查 1 次。视察了农村垃圾处理工作和采砂制砂管理工作、全县"特扶"项目及重点工程建设情况、2012 年度县政府投资项目、县政府 2012 年为民办实事工程。对贯彻执行食品安全"一法两规"情况进行执法检查，督促政府进一步提高监管保障水平。

2013 年，组织视察 4 次，开展执法检查 1 次。视察了社区矫正工作、工业功能区建设情况、全县违法建设整治情况、全县电力事业发展情况。对贯彻执行饮用水水源保护相关法律法规情况进行执法检查，确保相关法律法规的贯彻实施。

2014 年，组织开展视察、执法检查 5 次。视察了国家公园建设、乡村"八个一"创建情况、全县交通事业发展情况。对饮用水水源保护和食品安全相关法律法规审议意见落实情况进行跟踪监督。

2015 年，开展视察 4 次。视察了工业产业转型升级、园林城市创建情况、"智慧环保"建设以及乡村休闲旅游、重点项目建设、重点建议办理等工作。

2016 年，开展视察 4 次。视察了全县专业市场建设与发展情况，全县交通工作情况，常山港华埠段治理工程水利项目实施情况，风情小镇和 3A 级景区村创建、重点项目建设、重点建议办理等情况。

2017 年，开展视察检查 6 次。就"三位一体"综合试点改革项目实施情况、民生实事项目建设情况、小城镇环境综合整治情况、工业项目闲置土地利用情况、重点建议办理、重点项目建设等情况开展视察。

2018 年，开展视察检查 4 次。就现代农业产业发展情况、乡村旅游发展情况、城乡生活垃圾转运体系建设与布局情况、重点项目建设、2018 年政府民生实事项目建设、重点建议办理、代表建议办理资金项目建设等情况开展视察。

2019 年，开展视察检查 4 次。就消除集体经济薄弱村工作情况、省基础教育重点县提升情况、小城镇环境综合整治常态管理工作情况、重点项目建设情况、2019 年政府民生实事项目建设情况、重点建议办理情况、代表建议办理资金项目建设情况等开展视察。

2020 年，组织视察 5 次。就医共体建设、农房管控风貌提升工作、应急避难点建设、"四好农村路"建设、政府投资项目建设、政府民生实事项目建设、重点建议办理等情况开展视察。

2021 年，组织视察 5 次。就全国学前教育普及普惠县创建工作、林下经济发展、农村居家养老工作、产业园建设等情况开展视察。

2022 年，组织视察 5 次。就小流域水土流失综合治理、促进民营养老机构健康发展、"共享法庭"建设等情况开展视察。

2023 年，组织视察 5 次，开展执法检查 1 次。就"非农化、非粮化"整治、水环境质量提升、退役军人事务工作、民宿经济发展等情况开展视察；对《中华人民共和国反电信网络诈骗法》宣传贯彻情况开展执法检查。

2024 年，组织视察 4 次，开展执法检查 1 次。就长者助餐服务工作、"两新"产业园建设，开化纸、卡游动漫等为重点的文化产业发展、政府投资项目建设、2024 年政府民生实事项目建设、重点建议办理、代表建议办理专项资金项目建设等情况开展视察；对禁止露天秸秆焚烧规定执行情况开展执法检查。

第五节　对外交流

开化县人大常委会自成立以来，充分发挥人大对外交往的特点和优势，坚持"走出去"和"迎进来"相结合，持续增强友好合作的主动性、针对性、有效性，围绕人大统筹开展监督、决定、任免和代表工作，不断密切人大常委会之间、工委室之间、乡镇人大之间和各级代表之间的对口交流，促进了全县人大工作的与时俱进、创新发展。一方面通过组织代表培训及活动、监督议题学习、重大课题调研等方式赴先进地区考察交流，在更多领域增进友谊、深化合作、促进发展。特别是 1986 年 11 月，首届三省交界县人大常委会联席会议在开化县召开，开启了省际边界地区人大合作共赢新篇章，并在此后每年组织参加省际边界县联席会议延续至今，目前联席会议规模已经壮大至四省十二县，充分把地缘毗邻、文化互补的地理区位优势转化为互联互惠、共享共赢的经济发展优势，取得了丰硕的对外交流成果。另一方面，积极接待各级人大调研考察活动，在经济、政治、文化、社会、生态文明和人大工作等方面强化学习沟通交流，推动了人大工作的高质量发展。1988 年 6 月，全国人大常委会民族事务委员会副主任委员李学智、省人大常委会主任陈安羽先后到开化视察，开启了上级人大调研指导开化的序幕。

特别是近年来，随着数字技术的快速发展、交通网络的不断完善，常委会紧跟时代步伐、顺应实践发展，不断拓展人大对外交往交流的广度和深度，重点围绕提升人大开展刚性监督、强化工作创新、践行全过程人民民主理念等方面，拓展途径、丰富内涵、创新方式，善借他山之石、巧琢己身之玉，向好的学、跟强的比、与快的赛，更好推动人大工作变革重塑、裂变跃升。一是交流的载体有创新。如推出基层单元建设"一月一交流，一季一比拼，一年一擂台"机制，扎实开展"5433"组团展示活动，邀请省市人大相关领导和县委领导担任评委，全市各县（市、区）人大分管领导现场观摩，通过展示、交流、点评，进一步激励县乡人大和各级代表比学赶超、争先进位。二是交流的内涵有拓展。如积极响应县委号召，推出"1+4×4+6"的工作体系，将深度对接 6 个县市人大、助力共同富裕作为履职重点，联合省际边界地区人大全力助推 365 共富协作区建设，完善县人大常委会领导对口联系、乡镇人大沟通会商、各级代表联动互动机制，召开恳谈会，发出倡议书，签署备忘录，邀请全国人大常委会办公厅等相关领导见证助力，凝聚省际边界地区人大携手奔富强大合力。三是交流的成效有突破。尤其注重理论研究和宣传推广，相关实践创新、理论创新、制度创新成果频频登上中央电视台、中国人大网、《人民代表报》和浙江人大信息专刊、各级各类微信公众号，多篇理论成果获外省人大全文转发，打响了在全市全省乃至全国具有影响力和开化辨识度的人大工作品牌。

第四章　人民代表大会代表选举

中华人民共和国的一切权利属于人民，人民按照法律规定选举产生自己的代表，组成人民代表大会行使国家权力。人民代表为国家权力机关组成人员，代表人民的利益和意志，行使管理国家事务的权力，履行人民当家作主的职责。开化县人大代表选举工作始终贯彻加强领导、发扬民主、依法办事的原则，每届代表选举均设立选举机构，精心部署安排，先进行试点，然后在全县铺开，历次选举均在规定时间内完成。

第一节　县、乡镇人民代表大会代表选举

1953 年 5 月至 1954 年 4 月，首次实行普选。以后每次普选均成立县选举委员会，按选举法规定，选出县、乡两级人民代表大会的代表。乡（公社）、镇人民代表的选举，历届均采取直接选举方式，代表由本乡（公社）、镇选民直接选出。县人民代表的选举，第一届至第六届均采取间接选举方式产生，即由乡（公社）、镇人民代表大会选出县人民代表。自 1980 年第七届起，县人民代表采取直接选举产生。代表候选人采取 1 人提名、3 人以上附议，经过三上三下、三榜定案的办法，由选区选民直接选举县人民代表。

1987 年 3 月，县、乡镇两级人民代表大会代表选举工作在汶山乡试点的基础上在全县铺开，选举产生开化县第九届人民代表大会代表 245 人，乡镇第九届人民代表大会代表 1515 人。

1990 年 3 月，县、乡镇人两级人民代表大会代表换届选举工作在城东乡试点的基础上在全县铺开，选举产生县第十届人民代表大会代表 265 人，乡镇第十届人民代表大会代表 1847 人。

1993 年，选举产生开化县第十一届人民代表大会代表 267 人，乡镇第十一

届人民代表大会代表 1605 人。

1996 年，乡镇人大代表选举工作在星口乡试点的基础上在全县铺开，选举产生乡镇第十二届人民代表大会代表 1291 人。

1998 年，选举产生开化县第十二届人民代表大会代表 198 人。

1999 年，选举产生乡镇第十三届人民代表大会代表 1281 人。

2002 年，选举产生乡镇第十四届人民代表大会代表 1282 人。

2003 年，选举产生开化县第十三届人民代表大会代表 205 人。

2007 年，选举产生开化县第十四届人民代表大会代表 207 名；选举产生乡镇第十五届人民代表大会代表 1205 名。

2012 年，选举产生开化县第十五届人民代表大会代表 204 名；选举产生乡镇第十六届人民代表大会代表 1132 名。

2017 年，选举产生开化县第十六届人民代表大会代表 197 名；选举产生乡镇第十七届人民代表大会代表 772 名。

2022 年，选举产生开化县第十七届人民代表大会代表 220 名；选举产生乡镇第十八届人民代表大会代表 850 名。

第二节　县、乡镇人民代表大会代表结构

在县、乡镇人民代表大会代表换届选举中，县人大常委会及县选举委员会对代表结构，包括各界组成、文化、年龄、性别结构、中共党员比例等，都提出具体要求，最后以选举结果为准。

县人大代表具有广泛的代表性，各方面代表占一定比例。县第五届人民代表大会代表 269 人，其中：工人代表 22 人，占 8.2%；农民代表 137 人，占 51%；干部代表 53 人，占 19.7%；文教、卫生、科技代表 40 人，占 14.9%；工商界代表 8 人，占 2.9%；其他代表 9 人，占 3.3%。县第八届人民代表大会代表 269 人，其中工人代表 35 人，占 13.01%；农民代表 87 人，占 32.34%；干部代表 75 人，占 27.88%；知识分子代表 48 人，占 17.84%；爱国民主人士代表 21 人，占 7.81%；解放军代表 3 人，占 1.12%。

在当选的 220 名县第十七届人大代表中，文化程度研究生及以上 16 名，占 7.27%；大学本科 67 名，占 30.45%；大专及高职文化程度的 57 名，占 25.91%；中专、职高及高中文化程度的 37 名，占 16.82%；初中及以下的 43 名，占 19.55%。当选代表中，18 至 35 周岁的 22 名，占 10.00%；36 至 55 周岁的 170 名，

占 77.27%；56 周岁以上的 28 名，占 12.73%。当选代表中，一线工人农民 115 名，占 52.27%；专业技术人员 35 名，占 15.91%；党政干部 51 名，占 23.18%；企业负责人 16 名，占 7.27%；其他劳动者 2 名，占 0.91%；解放军代表 1 名，占 0.45%；中共党员 168 名，占 76.36%；非中共党员 52 名（其中民主党派人士 13 名），占 23.64%；妇女代表 69 名，占 31.36%；连任代表 82 名，占 37.27%。

在县历届人大代表中，知识分子比例逐年增加，代表的政治理论水平、履职尽责能力和专业素质均有所提高。乡镇人大代表的文化程度也不断提高。

第三节　历届开化县人民代表大会代表

开化县第一届人民代表大会代表

（139名）

王永来	徐芝愍	汪秀云	郑世泉	唐衍玲	丁太喜	龚壮甫	夏应午	程根海
张有丹	余　娜	徐明雪	周　浓	徐老李	夏雨林	汪樟连	赵书芬	黄慕萱
汪樟渭	胡凤秀	许根生	吾木水	邱福松	郑生女	徐槐洋	江小古	任培珍
徐连香	留达林	徐庆样	张根林	吴松昌	赵连璧	胡全授	张兆梅	唐　萍
周樟余	江剑萍	周敦仙	钱琴芳	戴德海	赵禄喜	周国良	周连昌	舒金根
钱自荣	陈小苟	郑文明	丁瀛洲	黄尚弟	胡玉怀	汪花苟	徐顺香	李伯森
余兆奎	舒美裕	陈树根	邹友兰	陈正如	苏乃局	刘兴隆	戴少姬	黄敬义
程泗美	吴爱珠	姜海林	徐士姣	季荣祥	薛万祥	黄土林	邹茶香	林小苟
陈狗崽	王小苟	吴根林	邱连寿	余和尚	余民兴	邱光球	徐　声	程春福
方章午	余大吉	夏秀花	张砚生	傅志宝	汪传义	吴宝养	余祖志	张朝山
王家倬	王宝瑞	常寿柏	魏廷秀	华生龙	柴海田	姚志武	刘其温	余旺兴
朱渭富	郑明怀	程绍金	廖财树	程恒章	郑和荣	郑春馥	郑金荣	郑贵姬
严　序	汪荣和	张水姬	朱樟春	汪善进	陈才古	汪桂女	余水龙	张潘崽
周林田	胡观清	余生力	张升香	余书昌	余荣兴	姚志丹	徐作霖	徐明渭
王金田	郑春女	徐树荣	郑樟云	毛云德	方宝德	方爱女	陈荣禄	王龙标
余书坤	余方泉	胡三香	陆贤能					

开化县第二届人民代表大会代表

（161名）

魏廷秀	赵连璧	夏应午	崔睦林	刘雪华	黄维垣	杨殿同	徐　声	钱春泉
林小苟	何　若	邵德贵	周　浓	王家倬	姚梅芬	戴德海	丁瀛洲	龚壮甫
汪智泉	余　钧	赵禄喜	汪贵荣	孙咏棠	廖家其	徐金龙	李桂荣	徐凤花
赵书芬	朱生富	程绍金	汪桂女	凌梅先	郑樟云	徐庆祥	叶光林	王水良
余子厚	张有丹	万仁永	江剑萍	吴舍妹	左海龙	柯云姣	余玉定	吴爱珠
黄高金	汪元根	赵桂花	汪范仇	余大吉	汪金兰	汪传义	吴保荣	许祯荣
张顺庄	黄尚弟	罗炎标	许矮子	何英凤	俞荣娣	夏瑞征	张德超	史云香
舒金根	余扬奎	钱琴芳	陈小苟	张大愚	张水姬	江仁标	胡常生	黄敬尧
邹友兰	陈孝清	张连标	余顺女	程顺宝	占成书	余纪林	邱富丹	方达云
刘源海	邱连寿	曾炳忠	姚金女	宋樟荣	汪荣和	余旺兴	郑春馥	吾木水
周国良	颜小米	方吟采	方明钧	吴坤生	夏水富	郑爱香	张根树	徐月凤
陈孝士	叶光荣	严传章	余章云	李志善	徐根海	张炳祥	余国均	周镇夷
陈雨亭	田秀文	姜子望	郑国兴	汪品高	程石虎	洪生祥	钱小兔	苏孟水
郑雨根	叶炳森	余生兰	金晓萍	唐琬林	刘德荣	王福池	姜生龙	余初香
余荣法	徐树根	汪汉熙	李龙海	余开一	许志恒	吴忠平	郑祖薇	方宏光
黄銮英	余达才	叶钜坤	蔡金洪	蒋增庆	孙汉庭	何德发	余桂丹	詹焕高

因资料不完整，尚缺17名代表名单。

开化县第三届人民代表大会代表

（169名）

宋樟荣	江剑萍	戴德海	徐正诗	邵德贵	周国良	叶炳森	葛德仁	余汉虎
王观凤	陈友钗	戴秀女	叶水生	汪柏春	方有祥	徐顺和	陆老三	李樟标
郑爱香	张根树	钱琴芳	徐老堂	方吟采	应宝祯	王宪恩	赵连璧	方明钧
夏瑞征	陈忠信	魏月华	陈梅香	陈宣兴	赖德根	黄敬尧	黄敬谅	陈孝士
邹友兰	徐月凤	蓝灯灶	方　维	余国均	刘樟炎	鄢爱女	张德超	赵禄喜
傅采莲	陈小苟	陈金龙	黄尚弟	舒金根	陈金耀	俞荣娣	余扬奎	胡炳炎
罗炎标	吴木林	何英凤	张顺范	徐云和	王家倬	胡桂发	柯云姣	黄高金
严传章	张辉美	杜树根	徐香兰	徐坤泉	黄菊园	夏水富	谢义卿	魏廷秀

叶桂云	姚志午	郑锦荣	汪荣和	郑桂姬	余 钧	郑春馥	朱生富	房兴贵
汪桂女	朱谓标	余子焕	唐 萍	张炳祥	余旺兴	张金凤	郑树生	余春阳
吴坤生	王天生	余春龙	赵书芬	汪智泉	严 序	余绍南	余书根	胡广清
徐树法	张春香	江未和	董天平	崔振华	徐作霖	钱春泉	钱永生	汪春芝
余连松	张连标	陈雨亭	柴锦堂	郑华姣	周玉诚	杨殿同	郑少华	方鸣凡
余田花	郑生女	余宗宝	江舍和	陈黄莲	王小龙	苏景一	徐元根	王水良
程荣兰	张研生	周镇夷	曾炳忠	程鹤生	夏爱琴	方军福	林小苟	王祖耕
李志善	邱光球	陆雪姣	范老满	余书云	颜小米	朱玉成	廖香花	俞仲炎
傅阳根	余章云	何玉仙	赵华章	张兆梅	叶光荣	姜子望	汪传义	吴杏香
林田发	颜纯荣	田秀文	刘雪华	郑樟云	柴水女	徐樟春	黄维垣	周礼发
李桂荣	徐凤花	方金富	姚梅芬	周仁武	徐根海	郜云香		

开化县第四届人民代表大会代表名单

（233名）

戴德海	徐正诗	郑爱玉	钱琴芳	王观凤	张德超	叶炳森	陈友钗	余 钧
余汉虎	徐其寿	赵连璧	齐燕鹏	芦海姣	余翠女	吴永增	吾古古	徐顺和
徐云南	徐老堂	郑爱香	朱贵龙	余丙维	余家吉	夏芝媛	徐云和	周镇夷
李樟标	余九女	方正福	童宝兴	王 刚	张兆梅	王延奎	黄维垣	余三龙
方法香	留厚森	姚约珠	吴忠平	郑伯鑫	夏和春	吴菊花	汪承厚	宋海生
张先贵	吴志福	占根标	郑樟云	柴水女	徐树荣	谷妇女	徐万树	朱文生
张 茂	骆凤女	江剑萍	徐 声	夏瑞征	许桢荣	黄尚弟	陈樟明	陈金龙
赵禄喜	余达才	舒金根	刘彩富	郑宝娣	俞荣娣	郑良成	王宪恩	周宝山
郑庭梅	罗炎标	胡勇林	樊良木	王寿水	陈德友	王凤梅	江荷云	陈钟明
林荣春	梁勇山	黄敬谅	余国均	汪裕春	王学成	姜美女	胡桂岩	乐星吉
张忠财	鄢爱女	蓝灯灶	郑启武	何宗高	余东元	徐茶花	柯云姣	冯毛毛
黄高金	王观林	许子忠	涂坤寿	刘云奎	程祥生	程菊芳	张早莲	严传章
李和尚	赖德根	童花香	陈忠信	魏月华	林小苟	余令林	胡文香	程庆澜
姚宏亮	田秀文	徐灶辉	程林富	余桂娥	姜海棠	姜子望	吴保养	林田发
王辉土	叶富姣	张砚生	郑明根	黄根海	廖香花	周仁武	康延明	汪贵荣
余甫林	邱观求	杨宝兰	罗善午	王家倬	王天生	俞春生	程明贵	程浩松
刘德茂	程坤英	崔睦林	范桂花	汪荣和	杨采菊	汪其祥	鲁诗龙	朱承素
夏朴元	魏廷秀	张春娥	朱生富	张海苏	汪培兴	程老候	洪兰兰	周章法

陈海棠	张金凤	华炳森	朱华阳	吴绿漪	钱玉兰	余旺兴	余处林	邹仙云
邹奎祥	邹顺洪	郑康华	汪桂女	郑照斌	郑锦荣	郑春馥	郑桂姬	张生兴
胡元星	余炳龙	夏和福	陈雨亭	汪培星	张生女	余连生	朱绍威	汪春兰
余湖北	刘延荣	徐明渭	汪华旺	姚章标	严　序	张春香	占咏琴	汪方山
汪章渭	邵德贵	方有祥	叶桂花	方证石	郑树松	刘先堂	余春龙	余金坤
余桂丹	汪菊丹	徐生龙	徐秀英	江舍和	郑光华	余水根	谢娜妮	余海旺
徐老三	陈莲莲	朱玉成	万仁永	吕法根	张海贵	郑生女	叶章龙	叶宝元
胡尚森	汪秀凤	杨殿同	丰观清	程和炎	张友丹	唐　萍	汪金海	

开化县第五届人民代表大会代表名单

（269名）

齐燕鹏	叶福全	郑爱香	郑荣根	戴秀女	徐正诗	方　兴	方恒美	张国英
周樟余	徐老堂	何德发	吾古古	汪海富	孙德元	张久奎	戴德海	张德超
余汉虎	洪爱玉	郑爱玉	洪顺志	叶炳森	李茂菊	王宪恩	程世贵	余炳榧
徐三仂	方金女	王家倬	夏芝媛	江剑萍	王　刚	丰德荣	汪光潮	鲍采仙
聂恒香	严候珍	童宝兴	龚潮修	吕法根	张海桂	叶冬福	叶元松	汪秀凤
方菊英	叶章女	巴　洪	刘奎良	田秀文	赵连璧	宋海生	郑樟云	柴水女
徐树荣	徐水金	徐国三	黄维垣	胡根田	留厚森	郑圣发	姚约珠	鲁水根
余国均	丰观星	汪金海	童宝苏	张友丹	程和炎	周镇夷	徐木桂	谷妇女
方根林	徐清泉	余　钧	董杭贞	许祯荣	陈国仕	汤金娣	郑保娣	王观林
夏瑞征	筱莲芳	赵禄喜	余达才	施月珍	章华根	舒金根	陈樟明	俞荣娣
王金寿	陈寿元	郑良成	罗炎标	胡勇林	管荷秀	应仙花	徐谷成	吴志福
刘延荣	黄敬谅	吴业平	李加贵	王凤梅	江荷云	林荣春	陈孝昌	王寿水
邵德贵	杨殿同	胡桂岩	汪修煌	蓝灯灶	张铭钟	方满顶	鄂爱女	颜惠岐
朱月花	程昌元	程观水	黄高金	何宗高	王渐聚	曹玉爱	柯云姣	王祯祥
刘天然	鲁礼根	徐秀英	艾　荣	汪洪香	刘根水	吴山海	周家根	康延明
刘云奎	程祥生	黄玉炬	戴金庭	邵茶园	汪承厚	姜赞献	魏月华	陈忠信
赖德根	童花香	张水花	黄维绪	涂坤寿	张先贵	程庆澜	林小苟	陈苟崽
项卸友	胡文香	乐金珠	魏廷秀	张兆梅	王辉土	李秀珍	赖春娟	程田姣
林田发	程林富	姜海棠	钱寅如	吴忠平	汪荣贵	余甫林	杨宝兰	毛蔚起
邹金泉	罗善武	蔡道芳	张砚生	郑明根	赖水洪	蓝美兰	周仁武	叶槐荣
王天生	程浩松	戴春生	方灶发	邹美女	邹女苏	朱玉成	夏朴元	汪荣和

叶桂云	杨采菊	姜绍诗	鲁诗龙	郑荣兴	方有祥	陈旭初	胡八月	江忠云
郭信德	张鸿	陈海棠	余财兴	余云槐	张金凤	胡银花	朱华阳	吕开江
朱生富	占桂女	陈银丹	程德元	占海标	傅钟鹏	陈雨亭	张云古	汪品高
郑桂姬	张舍媛	胡元星	郑锦荣	夏和福	郑春馥	郑成田	余处林	梁勇山
汪歪宜	邹奎祥	汪桂女	何士贤	何士鼎	余湖北	张生杏	余耕金	汪美花
汪富富	房兴贵	崔睦林	苏恒	张苏女	张馨香	王华旺	刘苍龙	徐善清
占咏琴	余海旺	方田海	徐茶花	柴甫凤	汪善高	颜纯荣	方章香	徐老三
杜月法	方富海	余志焕	吴志宏	江舍和	余未炳	郑光华	谢娜妮	叶连根
严序	吴石土	徐明渭	唐萍	赵世雄	刘先堂	叶桂花	江顺丹	

开化县第六届人民代表大会代表名单

（285名）

周樟余	方有祥	洪顺志	郑爱玉	洪爱玉	徐老堂	徐正诗	方兴	郑舍秋
张国英	葛德贤	戴德海	余汉虎	何德法	张久奎	叶炳森	王全云	叶福全
郑荣根	吾古古	孙德元	郑爱香	戴秀女	汪海富	魏廷秀	王家倬	程世贵
夏芝媛	方金女	徐三仂	汪泗古	陈宏	黄维垣	王刚	江光富	郑樟云
柴水女	徐树荣	徐国三	徐水金	余钧	董杭贞	徐木桂	徐清泉	谷妇女
方根林	江剑萍	章惠民	严候珍	宋海生	丰德荣	方金福	鲍彩仙	聂恒香
吴海松	巴洪	余树鸿	吕法根	张海桂	叶元松	汪秀凤	方菊英	叶章女
姜山根	刘奎良	郑银香	周镇夷	龚潮修	丰观星	张友丹	汪金海	程和炎
金宝苏	程金华	吕开虎	徐谷成	蓝灯灶	鄢爱女	徐雨贵	胡桂岩	张铭钟
颜惠岐	程观水	朱月花	方金娣	刘延荣	邵德贵	黄敬谅	陈宣忠	李加贵
王凤梅	林荣春	陈孝昌	王寿水	江荷云	王宪恩	涂坤寿	陈忠信	童花香
张水花	黄维绪	赖德根	章华根	夏瑞征	筱莲芳	陈小鸡	孙根土	赵禄喜
余达才	周崇华	汪章理	陈国仕	汤金娣	郑宝娣	王金寿	陈樟明	舒金根
钱小兔	俞荣娣	吴志福	汪修煌	陈章禄	管荷秀	余夏秀	罗炎标	胡勇林
应明汉	刘天然	鲁礼根	李根棠	王渐聚	柯云姣	何宗高	王祯祥	江云香
徐秀英	周家根	汪品高	童三花	吴泽桃	刘根水	吴海姣	康延明	王进亭
汪承厚	严洋根	刘云奎	程祥生	戴锦庭	黄玉炬	郑钱英	余雪花	张兆梅
钱寅如	吴忠平	舒有兴	李秀珍	赖春娟	程田姣	汪锦生	程林富	姜海棠
余樟标	宣金奎	魏乐民	程鹤松	方灶发	戴春生	姜少女	方仙女	张先贵
史培荣	程庆澜	童廷镜	项卸友	陈苟崽	胡文香	乐金珠	周仁武	吴桂鸿

张砚生　周明根　赖水洪　林金香　汪树坤　周洪庚　蔡道芳　汪贵荣　余甫林
邹金全　罗善武　杨宝兰　鲍洋香　王传傲　陈旭初　郑荣兴　郭信德　夏朴元
汪荣和　叶桂云　杨彩菊　余柏森　鲁诗龙　姜绍诗　汪桂娥　颜纯荣　朱华阳
陈鸿福　余旺兴　余云槐　葛福强　张金凤　胡银花　梁勇山　傅钟鹏　徐作霖
何小立荣　汪歪宜　汪桂女　何士鼎　汪节兰　杨殿同　郑春馥　汪祚尧
郑桂姬　胡金秀　张舍媛　胡元星　郑锦荣　郑威田　陈雨亭　方生坤　程观炎
占桂女　陈银丹　叶福成　张运古　占海标　周礼法　张　鸿　余湖北　朱久树
张生杏　汪美花　汪富富　鲁水根　余国均　叶培财　留厚森　郑圣法　徐定荣
郑由莲　吴志宏　余志焕　徐老三　方富海　杜月发　方章香　严　序　叶连根
谢娜妮　江舍和　郑光华　余未炳　唐　萍　余海旺　汪善元　汪忠荣　徐茶花
柴甫凤　占咏琴　吕开江　苏　恒　余春秀　张馨香　王华旺　刘苍龙　徐善清
赵世雄　林少先　吴石土　刘先唐　徐明渭　叶桂花　江顺丹

开化县第七届人民代表大会代表名单

（256名）

方春水　占菊香　丁伯顺　刘云奎　夏钟英　余土根　朱久成　方小英　刘山水
方银花　鲍金荣　余书龙　占定生　黄家松　周锡恩　江林军　刘土根　柴传森
汪四古　周礼法　程德忠　方梅花　陈维森　鲍忠根　郑爱香　郑祖薇　吴金莲
吴娜娜　占章书　徐约高　方金女　方石牛　郑丰龙　徐樟贤　吾春生　洪新强
张荣跃　张茂富　江光富　夏和福　张志平　张文式　丁柏茂　林文治　汪三莲
胡银贵　郑启帆　叶华松　刘银花　魏乐民　吕林生　王军宝　李甘霖　余贻福
徐谷成　周春凤　李龙海　叶爱珍　钱小羊　钱根源　方来福　陆惠良　陈雪根
熊金荣　邵承存　鲍良你　吴植林　周星三　郑荣根　徐三羊　徐花梅　余楚芳
汪胜池　叶德洪　赵华章　朱美红　陈政文　邱小伏　程谷生　朱继良　陈老苟
杨土佑　周渭林　许志根　吴承西　张庆宪　姜大生　王济美　汪祯祥　程国璋
王国保　何宗高　张秀英　胡祖胜　王　喜　沈静波　江申甫　洪祥福　徐柳然
吴祖林　陈忠信　许天牛　柯秋娣　陈孝照　曾庆德　江荷云　徐锡清　赖忠海
邓菊仙　童章洪　朱希拱　陈兴龙　孙彩莲　杨后发　黄敬福　汪贵荣　张舍凤
程培基　汪柏恒　姜正基　何荣华　滕明茂　万德龙　吴水松　李灯盏　吴宝祥
江益松　汪灶裕　李有根　张家燕　姜陆珠　吴文吉　方定一　傅长龙　张章登
余令林　方小梅　姜土根　费慧珍　陈大成　程炳贤　吴文汉　邹土发　邹女苏
邹兰花　程绍先　邹联炳　黄岳一　汪庚汉　余莲姣　毛和乐　方兴坤　汪顺田

姜良金	姜宗富	占越峰	陆雪姣	华生龙	姚小志渊	邱朝发	刘荣生
汪裕金	郑荷兰	方桂凤	汪培山	童方其	汪诗根	程富英	汪祖林	张惠兴
汪树根	占志通	沈正行	余小赦	方渭清	张行栋	张杏女	朱 兴	邵子文
张兆梅	胡有飞	汪全祥	汪桂女	廖财树	占魁武	叶连根	宋樟荣	余礼全
王灵甫	占顺龙	程道遐	徐土君	程昌六	郑春丹	刘金古	汪书丙	徐舍八
江定莹	余树兴	余书旺	胡春田	江舍和	吴舍和	方 华	方水林	汪宝成
徐秀英	徐秀莲	郑洪海	徐金良	刘宏涛	谢娜妮	余书清	余沛生	余宝富
刘宏廉	徐茶花	余田标	汪金坤	程平平	陈奕万	章华凤	汪启合	黄维垣
苏景一	毛珍莲	邹炳通	余树宏	汤亚红	章国建	周圣富	姚志丹	江菊云
孙海林	葛冬火	周林田	胡德洽	刘雪华	徐正诗	陈小春	高秉生	刘 进
王自才	杨多怀	吴海松	斯大孝	方秋华	杨开怀	赵书芬	周章法	张凤翔
毛怡军	张 毅	陈金江	戴德海	徐瑞生				

补选代表：陈文强

开化县第八届人民代表大会代表名单

（269名）

丁柏仙	马建胜	王水仙	王廷法	方小英	方国荣	方金古	方桂清	占家敬
占智水	叶杉龙	叶良海	叶国成	朱兴富	朱朝发	刘 华	刘荣生	江芳根
江芳清	李宝元	杨影萍	吴徽洲	余 波	余德堂	邹根花	汪启合	汪梅女
汪姣莲	张红莲	张志平	张家云	陆云玉	陈雨林	周林田	周星三	周祝良
郑凤凤	郑未要	郑祖薇	赵跃明	胡银贵	胡淑萍	邰庆云	徐根富	徐新顺
黄相林	蒋忠海	程贵德	傅顺根	赖石来	鲍忠根	王兴华	王青莲	王根香
王锦熙	刘雪华	江方公	江申甫	李海林	吴邦英	吴植林	余月凤	余楚芳
应百贤	应年会	汪景星	张连培	陈思谦	陈荣花	陈荣根	陈祥水	陈强龙
陈德良	范福寿	林文葛	林升喜	林贞桐	周太和	周晓贤	练妹花	赵华章
胡炳汉	胡荣法	钟德海	俞文尧	姜大生	姜水阳	骆凤女	夏国正	顾根发
徐五望	徐凤珠	徐奇峰	徐秀英	徐柏承	徐柳然	郭有利	黄德清	程水花
程国璋	程渭山	韩文昌	童山东	曾庆德	赖忠海	赖细花	丁金水	王红英
申屠桂士	江机云	李甘霖	吴文汉	余日锦	余水标	余莲姣	余洪熙	
邹土发	汪义新	汪元海	汪礼生	汪金古	汪金旺	汪春女	陆惠良	陈大成
罗大明	胡晓萍	姜土根	姜永细	姜陆珠	姜爱娟	洪桂生	徐升尧	唐水珍
诸素珍	黄永德	斯大孝	程平平	程绍先	程炳贤	廖岩锦	廖金土	颜纯荣

戴春生　万兴全　王茂才　方水根　方渭清　方榴仙　朱文　朱佑和　华生龙
华雄英　许亚玲　许柏顺　李厚红　杨时开　吴传槐　余小赦　余身仁　汪华
汪宝安　汪定群　汪祖林　汪培岳　汪德福　宋樟荣　张小凤仙　张田英
张幸福　张舍兰　张宜有　陈金兰　郑兴槐　胡吉林　姜礼观　姜财顺　姚祝青
诸葛荣贵　黄维垣　程昌六　程道遐　傅爱琴　谢孟良　蔡树阳　万仁永
丰观锋　丰榧富　朱长青　朱芳华　刘含章　刘宏涛　刘金古　杨菊花　吴冬古
吴启坤　吴舍和　余牡丹　余宗平　余沛生　余根坤　余雅萍　余献林　陈五登
周章法　郑素云　徐立坤　徐谷成　徐秀丹　徐荷花　徐瑞园　章马献　王志正
王宏娅　牛虎群　毛珍莲　毛鸿发　毛戴兵　方早梅　吕德仁　刘昌洪　苏景一
李秀花　李高峰　何秀英　张本相　周圣富　郑专禨　胡明辉　饶乾洪　夏柏林
顾荣水　徐芳　傅加卫　楼正浩　潘敏　王保明　王森林　方秋华　方锦坤
朱希拱　朱慧芝　李龙海　李壮华　李秀玲　杨盛林　杨善情　杨维雄　吴水松
吴柏林　吴奕贵　沈才土　沈正行　张锋　张凤翔　张守平　林玉钗　陈少春
陈志恕　周天相　周礼发　周光霖　周侠卿　赵景山　留晓红　程智慧　楼亚芳
潘达祖　戴德海

开化县第九届人民代表大会代表名单

（245名）

马建胜　汪姣莲　程宣华　邱朝星　江平富　陆云玉　方金古　刘水英　刘根生
余永根　徐先田　汪友丹　徐未烈　姚宏正　叶友开　陆水贞　陈钟　周林田
潘国平　余桂棠　陈雨林　叶田花　张志平　方新红　方梅花　陈五更　胡志富
邹根花　朱朝发　张松年　卢来贵　周星三　傅樟古　江正元　方光范　徐月媛
江土福　吴柏林　徐三丹　徐根富　陈志芳　鲍祥新　徐国三　徐土林　朱钦文
吴邦英　王青莲　余广宇　叶渭土　郑炳富　余菊花　季舍介　王贤镜　余楚芳
吴樟寿　王甘荣　胡小云　汪金海　黄应龙　范顺花　洪顺桃　徐厚成　郭崇富
吴月仙　叶松茂　赵华章　沈秋香　邱模全　陈兴土　汪殿英　郑功明　宋义富
操家和　汪盛林　李先伦　陈金成　汪志钦　王帮波　徐奇峰　徐秀英　张金福
王兴华　徐渭生　程根凤　夏国正　方流盛　杨善情　张秀英　王学南　杨爱仙
吴雨根　叶宝珠　姜永根　陈章录　姜龙溪　杨红娟　滕山东　汪传松　程渭山
余春善　余建福　汪元海　江奕松　叶德洪　周水源　余日锦　陈新发　姚惠林
吴云仙　廖岩锦　叶天升　江菊媛　陆一仁　丁金水　罗大明　戴春生　曹庆渭
程金生　邹水根　李甘霖　余东来　余连珠　过土林　余莲姣　毛茂发　洪桂生

吴芳林	汪义新	徐建立	徐秀丹	方光忠	刘含章	蔡秀珠	余根坤	陈艳华
郑元林	朱兴富	方春嫒	陈五登	刘宏涛	徐茶花	余承荣	汪五毛	吴冬古
余忠林	方兆春	刘宏标	张文兰	丰水丹	余仕松	周章法	陈勇智	王茂才
张义仁	朱元女	姚宏遽	李厚红	朱文	方水根	邱丁招	方榴仙	汪达然
汪传忠	程宗全	汪大娜宜	余小赦	汪启合	傅文春	陈金兰	毛生良	
郑春丹	徐金山	余杏阳	张银根	方秋华	邹恭主	汪宝安	游痴古	赖石来
汪爱香	张能田	万兴全	姜良金	詹叙喜	汪祖林	汪炳红	张桂生	徐焕荣
苏景一	占明安	毛启淦	谢建平	杭功玲	许月明	周圣富	潘锦玉	余小妹
余浪溪	夏柏林	章锦恒	郑自励	汤雪华	郑开桥	姚祝青	方水荣	王广恩
孙土根	王庭槐	吴根桃	王新华	胡祖泉	毛鸿发	詹土升	楼亚方	蒋忠海
薛志龙	邵景霖	龚关本	严元渡	席樱武	周侠卿	章建中	李龙海	郑春香
方庚初	胡云英	黄德贡	黄国解	赵景山	杨弘	邵瑞基	王森林	童献南
周天相	朱希拱	钱根源	余永华	王月娟	童章富	骆抗茵	池永宏	郑荣华
汪生和	黄士冲	金阿牛						

开化县第十届人民代表大会代表名单

（265名）

马建胜	徐恩祥	徐水源	夏志顺	季一清	刘土林	汪友丹	毛金钱	徐传义
王森林	方金古	邵子文	方喜娥	徐庆丰	郑何生	傅章古	陆小英	郑丰龙
王兴华	程亚卿	徐金禄	段水凤	叶龙法	方国成	鲍忠根	留松莲	叶华松
邹根花	占伯水	方贵树	杨卫然	钱立新	陈五更	周火根	吾正棠	林桂凤
方海丹	江建英	周林田	谢桂清	郑月微	江正元	王水仙	余土根	胡志富
徐先日	张生棠	吴柏林	蒋忠海	吴植林	赵华章	林升喜	程根凤	陈水木
徐锡清	鄢爱女	胡万富	徐谷成	杨作根	汪金林	张伟义	甘北佬	戴经松
宋义富	徐渭生	胡凤兰	邱模全	胡淑琴	邓菊仙	叶渭土	谢诏水	杨善情
林贞桐	徐福珠	陈友钗	徐凤珠	胡荣法	叶百根	陈仙芝	张秀英	詹叙喜
姜大生	陈祥水	江南	郑钱英	余楚芳	吴德女	邹德根	叶坚本	徐沙清
江万贵	余书豪	赵景山	童宗其	姜水阳	汪宝成	余德堂	罗金平	李先法
郑荷莲	占樟凤	刘丰忠	曹庆渭	余建新	余绪述	余莲姣	罗云仙	余春善
周庆生	余桂桃	叶宝珠	张家燕	方国华	程家谊	姜永辉	江奕松	方秋华
陆一仁	方淦成	程渭山	刘斯林	吴小富	陈章录	王春波	李永忠	姜世晓
汪森祥	程炳兴	杨红娟	甘玉仙	凌桂君	汪旺荣	钟德生	邱根尧	姜宝祥

程文龙	邹美女	邵振元	张坤山	余大丰	张能田	张义仁	唐连英	葛其上
胡珍珠	鲁礼龙	邱正南	张星阳	万兴全	谢孟良	郑广清	徐金山	余忠林
姚志尧	郑开献	占奎武	汪德忠	姚水芬	王茂才	李军荣	程珠焕	汪生和
余小赦	何诗礼	楼守歧	徐卫华	傅文春	邹恭主	余松成	张春仙	余志遽
程道遐	张桂生	郑以银	郑春丹	沈正行	汪启合	蔡秀珠	徐洪才	丰春丹
徐林兴	吴祖才	汪树娜	余书忠	余富松	张幸福	方杏花	吴舍和	徐秀丹
郑和生	徐辉民	刘宏标	余仕忠	陈立德	钱国女	汪建民	汪书德	徐永贵
胡泉林	方罗昌	余根坤	周章法	程水富	吴兴起	刘金华	王新华	徐妙娟
周家根	余浪溪	占天彪	朱久亮	陈自源	吴根桃	毛启淦	方金梅	徐华生
方其元	夏柏林	周玉成	夏丽英	程作舫	叶志清	许月明	郑开桥	张本相
许柏顺	姚祝青	陈艳华	陈小兔	王仁东	施善根	刘树林	郑春香	余永华
潘根木	余景辉	朱云儿	周天相	余胜祥	詹宏书	黄德贡	叶乾坤	王建强
余樟水	胡云英	陈茹翠	邵景霖	汤　华	陈忠源	钟芬秀	程航琛	郑渭清
余发洪	姚宏亮	汪子伶	席樱武	陈　钟	周兆瑛	庄建国	邵瑞基	郑荣华
潘海华	吕有木	李秀玲						

备注：因资料不全，尚缺一名代表（计经委代表）

开化县第十一届人民代表大会代表名单

（266名）

邱志华	余云仙	徐传义	徐金山	童和平	吴祖才	陆云玉	徐柏华	鲍忠根
林桂凤	胡　勇	余土根	余樟土	严樟生	徐道仁	凌巧云	吴锦铭	陆一仁
陆友姣	毛云香	方建华	江建英	何诗咏	汪权龙	余水根	郑国庆	周火根
郑凤凤	刘土林	江光周	郑清和	毛金钱	詹星义	吴柏林	段水凤	郑丰龙
徐国兴	方先云	徐永英	王兴华	叶龙法	叶成生	李冬古	姚宏亮	潘　敏
王水仙	王初田	方金古	方国成	邹根花	邵子文	杨志标	陈坤麒	程亚卿
吴植林	陈水木	詹元荣	吕华生	刘金英	刘新春	应秀女	姜云福	吴木根
吴桂花	余楚芳	蔡晓春	汪吉林	黄金英	叶坚本	邵宝荣	赖相平	夏玉英
谢东法	邓菊仙	华荣富	张和忠	余德堂	张卫兵	应海瑜	林升喜	戴明法
方苏朝	陈兆荣	鄢爱女	汪义新	汪金林	陈金珠	杨国华	陈思定	陈　钟
陈先芝	郑功明	戴劲松	方来福	陈文钗	邱模全	谢绍水	林文葛	黄兰笑
童宗琪	杨善情	季青峰	方流盛	易姣莲	方秋华	余发满	胡道清	余献策
张家燕	方国华	方镜明	吴云仙	余连松	张春仙	柴维荣	张水英	张大林

吴建华	方树康	黄建龙	葛锦华	楼炳年	吴小富	曹庆渭	程绍先	程炳兴
叶树青	余莲珠	吴芬女	汪生荣	姜志宏	姜彩玉	廖岩锦	余细奎	汪宗炎
姜永起	江奕松	陈兴龙	张星阳	程土发	余建福	汪金珠	张义仁	张本相
张舍兰	张树桃	谢孟良	余小马	汪培忠	徐芳勤	余平平	张正国	葛春香
朱德兴	郑长芬	王茂才	傅文春	严华丹	沈正行	张生荣	万兴全	严和法
张行树	张桂生	汪祖林	汪德忠	程珠焕	邱正南	应社田	李世海	徐桂兰
张春娥	郑以银	姚志尧	何诗礼	汪德成	郑国荣	邹恭厚	姜良金	方光范
詹克龙	季一清	余根坤	余绍根	蔡秀珠	丰榍富	余升标	吴方古	徐建立
徐辉民	叶福生	郑元林	陈金德	徐水坤	徐永贵	余开发	方杏花	余菊芳
张伟义	应铁飞	余献行	叶根田	余雁寒	余献标	余小赦	余未厚	
吴八月香	詹伯水	王庭槐	江火土	余诗根	方　华	朱久亮	孙　赤	
赵　勇	方江南	许月明	刘金华	郑开桥	诸葛庆	许柏成	汪莉萍	程作舫
汤雪华	周小安	方高仓	余献雄	翁志军	毛天星	毛珍莲	吴根桃	徐华生
叶　浪	陈小马	宋义富	毛启淦	周琼兰	刘雪峰	叶荣祥	庄建国	叶米良
陈秀仙	詹永明	向金姣	徐和土	童长元	杨盛林	严元渡	余克邦	汪建萍
曾生田	朱云儿	黄德贡	胡云英	陈樟熊	程航琛	杨盛荣	王兆福	方　刚
郭建南	王仁东	余永华	叶乾坤	章小宇	陈忠源	胡明辉		

开化县第十二届人民代表大会代表名单

（198 名）

余宜水	陆小英	毛金钱	江水洪	丁华定	郑水清	方黎明	居亚平	吾雪文
徐海廷	余土根	程小仙	莫青云	徐传义	诸葛庆	吴樟桃	胡春苏	潘　敏
方金古	杨金然	张云龙	王建平	程绍良	邵子文	傅兴祥	许贵成	宋义富
郑丰龙	徐国女	汪田光	詹志升	江塘女	余献雄	方大龙	郑凤凤	徐贻成
方渭生	江建英	徐立坤	吴植林	金海燕	詹元荣	毛鸿根	刘金英	姜云福
余桂凤	汪小尧	陈建良	郑初一	夏水平	周庆生	胡余庆	方小莲	杨国华
肖渭根	方来福	吕彩銮	陈思定	张金福	官甫山	吴爱成	张本相	李瑞云
汪盛林	陈兆荣	吴水松	邹建祥	严郑雅丹	王日升	方流盛	余德堂	
徐宗仁	戴建英	王田梅	汪长金	周世和	邓仕海	余坑坑	刘水林	汪德忠
曾香莲	孙金林	赖良忠	丁生英	余其福	范秀女	姜宝祥	方顺如	汪权龙
汪生荣	邹水根	徐德淦	程渭坤	吴文吉	陈　钟	杨维忠	张大林	吴金生
项吉吉	刘建军	曹庆渭	范家兴	钟槐春	卢新宏	朱岭侬	汪顺田	王茂才

方爱琴	张义仁	周福云	鲁会女	张大佑	张春仙	姚有恒	张行树	郑红女
程珠焕	方光范	何志霞	姚素贞	李达松	余诗根	边成汉	陈金顺	陈樟熊
毛香女	汪宝成	严舍英	洪顺财	叶根田	张德成	王建国	徐良新	徐林云
余书旺	徐纯海	徐建立	王集海	程志美	余献彪	洪永贵	丰观峰	余水丹
余舍标	汪冬梅	徐辉民	程宗全	吴小富	徐红花	徐水坤	楼炳年	王一平
王庭槐	俞建芳	方　刚	金　波	朱新建	余立新	方江南	许月明	周小安
程作舫	齐忠义	汪礼旭	王　苏	叶　浪	陈小马	徐华生	谭精忠	丁柏林
方榴仙	张舍英	詹宏书	吴海良	汪晓君	胡全民	黄敬伦	杨盛林	严元渡
童卫萍	朱菊英	孙笑明	陈顺元	余跃华	汪建萍	汪春发	丁一民	刘慧玲
余卫星	程航琛	方镜明	汪安波	郭建南	王秋媛	过金大	童茂根	毛建庆
陈采根								

补选代表：

朱志泉	马东泉	徐鸣华	张伟刚	詹叙喜	洪根龙	郑金茂	郭国钧	张志勇

开化县第十三届人民代表大会代表名单

（205名）

余永福	丁柏林	许金仙	张　贞	郭国钧	刘慧玲	吴启福	汪玉清	郑娅明
张志勇	李晓源	朱方龙	余跃华	李德兴	余雪琴	邹金炎	汪宇祥	方　刚
方坤平	方晓明	吴　浩	吴维新	金　波	沈建平	杨秋红	汪樟红	陆华静
陈德水	周　哲	周青云	胡全民	徐华生	谢雷军	张贵仔	王建国	方黎明
叶有根	江水洪	江根渭	孙海源	李华蓉	吾新昌	吴国庆	余永庚	汪达槐
陆世古	张新忠	郑水清	胡　勇	姚有明	钱凤珠	徐文雅	徐乐平	徐海平
黄寿世	程佳良	张恒仁	叶志廷	刘海塘	吴樟桃	何铁文	张华标	郑素珍
潘　敏	严和法	许贵成	张伟刚	傅兴祥	方金东	方庚初	叶渭土	郑家兵
徐姣妹	程金土	邓兴平	张金华	郑良东	姚建英	方国富	江三古	洪根龙
蒋如福	方流盛	丁金生	万爱军	毛建庆	毛培生	许文兵	许彩莲	吴汉平
余永松	余金华	周旭红	郑初一	姜云福	姜法友	徐芳琴	徐鸣华	余荣贵
齐伟民	汪盛林	张金福	郑依君	高风仙	傅林生	徐云林	王小平	方小莲
杨国华	杨建新	肖渭根	胡余庆	颜宜荣	程水珍	王田梅	郑慧胜	赖承富
左伟南	丁维耀	吴水松	何宜明	徐素雅	郑慧红	杨章海	张春仙	谢忠源
程渭坤	余建顺	汪德忠	陈有明	项彩进	徐　农	蒋建英	董元忠	丁生英
华寿忠	吴海元	余其福	汪成铭	汪强荣	陈兴华	胡智宏	徐德淦	郑清和

张树根　罗福林　詹叙喜　傅梦来　方镜明　邹诒君　范家兴　程绍先　傅贵福
朱传喜　马东泉　王金女　方爱琴　叶有忠　朱晓明　杨开荣　余志强　张纯富
林成平　姚宏耀　程明祥　郑利文　汪炳福　宋义富　程粮顺　汪宗衡　丰金英
汪建华　陈樟熊　徐方荣　邹承法　朱德正　汪奎发　张　健　徐海廷　朱佑斌
朱传宝　余寿泉　郑丰禄　汪荣贵　王一亮　吴卫国　余连根　汪有军　徐纯海
金太平　余书忠　余苏平　詹金女　郑金茂　马建雄　吴八月香　余舍标
程小汉　汪树娜　陈兴龙　徐辉民　葛宏雷　余诗根　郑良庭　戴荣华

补选代表：

胡炳泉　杨苏萍　项武荣　方　明　汪土荣　陈哲贤　汪秋喜　程立衡　寿伟康
金　明　王建华

县十三届人大一次会议以后，雷军、马东泉、王建国、吴卫国、朱方龙、寿伟康等 6 名代表因工作需要调离本县，代表资格终止；叶渭土、邓兴平、杨建新、程水珍、郑清和、丰金英、金太平、程小汉等 8 名代表因工作调动辞去代表职务；颜宜荣代表因事辞去代表职务；吴维新代表被罢免代表职务。

开化县第十四届人民代表大会代表名单

（207名）

傅建平　汪玉清　田　伟　丁柏林　许金仙　汪秋喜　俞美云　刘慧玲　余发熙
汪焰红　骆少华　楼红良　邱加林　毛玉明　汪叶明　汪建萍　彭　彤　廖继军
汪华峰　郑发根　许国根　金　波　徐新琴　余文彪　吴启寿　周青云　魏　涛
江　芹　龚曙晨　陆华静　程作舫　江雪松　余　辉　陈德水　徐三洋　毛培生
金树平　郑秀萍　万爱军　汪殿军　徐增宏　余永松　应旭敏　王金良　郑初一
郑富炳　叶百根　周明军　詹金女　江文水　吴宝新　吴雨富　徐素雅　郑利文
倪振财　陈重明　王建华　朱益娟　徐志堂　胡余庆　申屠桂土　范骏清
詹叙喜　张金华　陈德林　徐宗明　陈祥林　汪盛林　余东方　琚建军　傅林生
方　明　官甫山　徐文功　杨章海　宋义富　高明生　徐根水　童小女　刘水林
邹燕辉　余华明　汪奎元　余建顺　项彩进　何英群　罗福林　吴水松　汪贵宏
董元忠　汪林兴　徐建华　傅林绍　滕祥智　华寿忠　吴海元　姚志金　徐崇茂
徐德淦　傅梦来　余诗根　曹樟南　叶树荣　曹庆渭　陈哲贤　刘宏涛　叶友根
陆世古　徐乐平　张新忠　王成良　吴国庆　肖渭根　余永庚　方黎明　黄寿世
江　宏　严雪春　郑慧红　叶月英　程　芬　赖立平　邵伟民　郑水清　姚有明
江　涛　程树宝　许孙明　孙海源　胡炳泉　罗　烨　郑文龙　葛宏雷　叶建安

徐渭忠	潘　敏	吴启水	余根标	姚志云	叶绍东	朱小庆	方流盛	徐国军
陈桂明	余土坤	许贵成	杨国云	徐先平	许金土	钟善林	蒋菊娜	郑家谷
詹黎钟	郑良东	郑　瑛	张德平	陈宝川	徐春富	徐月清	陈爱英	朱小明
朱礼宜	叶友忠	余利民	金　明	朱德凤	汪　军	洪哲春	朱久云	汪有军
郑成彬	邱正新	汪礼成	汪建华	汪朝新	徐接槐	程先仁	程粮顺	汪德有
黄耀奎	方忠明	张春仙	郑良贵	何立法	罗贤友	徐敏峰	朱传宝	汪　晖
余成礼	徐先田	王建华	余佑红	徐战胜	王一亮	余根龙	徐　文	姜法友
徐辉民	余美英	余承芳	余冬梅	余苏平	余章雄	方先荣	陈兴龙	李凤英
程志民								

补选代表：

周伟斌	程水珍	吴俊生	毛建民	李四古	余能德	余家忠	徐成树	汪昌祥
曾飞鹏	毛建国	白　宇	柯耀根					

县十四届人大一次会议以后，田伟、王建华、徐建华、吴俊生、黄耀奎等5名代表因工作需要调离本县，蒋菊娜代表因病去世，代表资格终止；王金良、汪晖、葛宏雷、汪焰红、朱小明、叶百根、徐战胜、程志民、陈哲贤、程先仁等10名代表辞去代表职务。

开化县第十五届人民代表大会代表名单

（204名）

谢美雄	方黎明	王成良	叶友根	刘福林	江水洪	许华德	严雪春	余永庚
吾志忠	肖渭根	陆世古	郑利文	姜干安	徐乐平	徐贤云	程来华	程竹贵
吴水华	占　菁	叶青平	刘颖萍	刘慧玲	孙向宇	许孙明	张金燕	汪奎元
邵伟明	郑　瑛	江　澎	金　波	骆少华	徐新琴	曾　珏	方善坤	叶小明
叶志廷	叶建安	叶绍东	余红敏	吴照生	杨高祥	汪　芬	陈五登	郑玉兰
郑明根	姚志云	徐昌黎	程育全	詹渭钱	郑瑞锋	郑永泉	方晓庭	许贵成
余土坤	杨国云	徐琴云	徐先平	张士荣	汪星芳	范水德	祝菊红	徐谷林
蒋义良	谢霞仙	鲍金飞	郑未坤	陈宝川	徐明雄	徐春富	李四古	方健忠
王建华	童小鹏	王豫元	叶水土	何宜新	余日财	余永松	应旭敏	应建潮
张　云	汪长金	汪奎福	陈兴龙	陈德水	郑初一	郑富炳	查德荣	项志龙
徐增宏	高月宏	童福华	童德茂	詹金女	汪春凤	朱贞才	苏振西	苏敦旭
陈德林	范骏清	郑发根	胡余清	徐宗明	詹承仕	陈祥林	方廷发	华寿军
方　明	罗来荣	徐樟顺	黄先友	黄良进	傅林生	徐文功	方的荣	毛祖有

何万彬	余华军	余华明	程 强	张伟刚	姜兴旺	项彩进	程绍林	高明生
童小女	王水花	叶灶成	方茂盛	吴加兵	余能德	吴晓东	汪成铭	汪克文
郑立华	姜再才	程佳波	余永山	刘有生	李顺中	罗福林	詹叙喜	余家忠
汪土旺	汪渭贤	陈正荣	柯耀根	程永龙	程绍先	詹顺根	徐成树	刘兴宝
华金高	朱久云	朱燕华	江根华	余求贵	余晓燕	吴晓明	汪培雄	汪裕勤
邱朝贵	郑兆军	郑建新	姚文军	徐志林	黄永祥	谢剑锋	汪昌祥	汪佑坤
汪德刚	琚建军	詹志新	方秀坤	余秀东	余思昌	邹恭建	徐海廷	廖小平
汪培山	朱传宝	汪德忠	胡文秀	黄高松	邹月苏	丁文胜	余根祥	汪根和
姜方云	姜法友	胡万成	徐文将	徐承军	徐选军	曾建福	柴红根	方先荣
余月仙	余忠表	余贤茂	余新华	张春仙	郑建平			

补选代表（31 名）：

汪长林	方 铭	严颂华	朱久峰	朱建忠	沈建平	余建华	鲍秀英	徐登富
蒋国强	齐正兰	吴利敏	徐 农	方忠明	胡炳泉	傅青军	汪美香	张孝萍
陈婉丽	余永建	方 烨	章 薇	邓仕海	李德兴	王宏涛	程卫新	项瑞良
李 昱	姜立忠	方金菊	徐 浩					

县十五届人大一次会议以后，程强、江澎、方健忠、琚建军、叶青平、徐农、鲍秀英、蒋国强、吴水华等 9 名代表调离本县，代表资格终止；郑立华、汪奎福、方明、方茂盛、郑瑞锋、余能德、童小鹏、姜方云、吴晓明、王建华、余建华、严颂华、余红敏、朱建忠、郑未坤、郑瑛、朱久峰、姜法友、曾建福、齐正兰、余永山、汪培山、刘兴宝、詹金女等 24 名代表因工作需要辞去代表职务。汪德忠代表因病去世，代表资格自然终止。

开化县第十六届人民代表大会代表名单

（197名）

王成良	孔黎明	占 菁	叶友根	朱建忠	华 璐	刘享平	刘颖萍	李华蓉
杨开荣	吾志忠	余永庚	汪元武	汪先清	汪拥华	沈建平	宋 俊	张孝萍
邵宝林	郑发根	赵长女	徐乐平	徐再军	徐苏芳	徐步方	徐明雄	徐益民
程根华	童炜鑫	谢向蓉	谢美雄	潘 影	丁文胜	王高平	刘光欣	李四古
吴升龙	吴的兰	何宜新	余日财	余永建	邹金富	应旭敏	应建潮	汪启明
张 云	陈吉清	陈婉丽	陈德水	周海燕	项瑞良	饶梅君	高月宏	程四发
童国良	童顺兵	童福华	童德茂	熊成莲	戴康武	冯水林	苏敦旭	苏敦梅
李进勉	余仁来	郑立华	胡余清	洪国军	徐海廷	魏吉财	李琳香	邹爱军

汪培刚	张卫民	林小晖	罗来荣	周晓清	徐城生	程富生	王解忠	方利明
叶小羊	叶卫林	叶友洪	叶志廷	叶建安	李昱	余小云	郑玉兰	姚强
徐卫军	徐文武	徐庆长	徐志林	詹里增	方红燕	杨国云	吴利敏	余土坤
张新龙	金树立	江旭升	张士荣	张武军	徐先平	黄高松	曹蓉	谢霞仙
詹星银	鲍雨根	邓仕海	刘有生	刘建和	刘振法	李建军	杨卫东	吴生尧
吴照生	余清土	张伟刚	金树明	黄有生	黄应初	程金笔	戴建英	魏国华
丁大辉	余凤女	余国祥	汪文淦	汪克文	汪国富	姜立忠	姜和军	揭建洪
程泉伟	江春花	余家忠	余富兴	汪渭贤	邵晓航	程世高	程永龙	王宏涛
方忠明	朱传宝	朱晓菊	华寿军	江小军	江根华	严秋花	余寿杏	汪红星
汪国平	汪美香	汪培忠	张行怀	郑守增	郑保华	胡文武	姚文军	姚海平
柴家涛	徐梅红	黄永祥	程家裕	曾珏	王亚令	汪天发	张兴塘	周红梁
徐俊伟	何会	邹舍良	邹善庆	汪永峰	汪宇祥	汪松生	郑文俊	马建雄
余根祥	汪志军	汪丽姣	汪霄霞	陆永和	陈忠	胡万成	姚群芳	丰建国
方云锋	方水娟	方先云	江永龙	余尧正	余贤茂	余忠表	刘宏	

补选代表（57名）：

鲁霞光	方明	陈琦	姚宏义	汪土荣	王晓英	陈体法	夏增龙	汪文阶
江妍	张玉山	吕建	朱佑斌	华寿忠	何日根	余速	汪蔚翔	周奕
徐元锋	徐革平	程利德	樊勇军	叶卫剑	吴杰	余敬松	余新兵	张月桥
张鸿斌	严峻	张志宏	徐顺桃	诸葛祥	王勇	汪黎云	郑利洪	郑凯
胡亮	黄向娟	程晓兵	毛献明	吴照生	陈哲贤	江穗涛	严雪峰	余建华
张日元	周诚刚	鲁俊	谢美雄	齐忠伟	严俊	邹志岗	汪昌红	胡廷
袁小荣	徐许新	童顺尧						

县十六届人大一次会议以后，童炜鑫、刘宏、李昱、邵晓航、余尧正、项瑞良、周红梁、朱建忠、周晓清、鲁霞光、何日根等11名代表调离本行政区域，代表资格终止。吴照生、汪美香、沈建平、谢美雄、金树明、王成良、方利明、方明、汪启明、张武军、陆永和、陈婉丽、陈琦、郑立华、徐城生、曾珏、丁文胜、王解忠、方忠明、邓仕海、江小军、江永龙、李四古、余仁来、汪培刚、陈忠、郑发根、夏增龙、徐文武、徐先平、徐俊伟、程四发、叶卫剑、程根华、杨开荣、江妍、吴利敏、吴杰、余忠表、汪克文、陈体法、罗来荣、姚宏义、柴家涛、徐志林、徐革平、黄向娟、揭建洪、樊勇军等49名代表辞去代表职务被接受。余家忠、汪永峰代表因故去世，代表资格自然终止。

开化县第十七届人民代表大会代表名单

（220名）

丁礼文	丰雪梅	王秋芹	毛献明	方卫清	方立军	方 葛	方智平	方焰飞
叶为诺	冯 军	吕中英	华美娟	刘享平	江光华	江穗涛	许法明	杨卫东
邱慧萍	余瑶远	汪拥华	汪昌红	汪洪君	汪智勇	张鸿斌	陆小良	邵涌峰
邵淑华	林 欢	郑 力	郑东红	郑丽荣	郑慧康	徐公成	徐再军	徐苏芳
徐步方	徐益民	程向红	谢向蓉	詹里增	缪书锦	王宏涛	王晓英	方城志
刘光欣	许义凤	李剑峰	李豫婷	吴耀红	余日财	余满江	汪建法	张 云
张成法	陆 燕	陈丽娟	陈德水	郑 婷	饶梅君	姜芬芳	夏盛民	徐雨录
徐颖辉	郭 菲	蒋清全	程晓兵	程 敏	童顺尧	童德茂	熊成莲	操京山
戴小亮	戴康武	李进勉	邹志岗	邹丽慧	汪小法	胡余清	胡 亮	洪国军
黄宝虎	童樟民	谢有珍	王 勇	邹爱军	汪松生	陆振华	陈 荣	林小晖
金 梅	程小贤	程富生	方中苏	叶小羊	叶珊珊	叶程程	刘晓妹	齐忠伟
余小云	张飞宇	张志宏	郑文娟	胡月根	姚 强	夏 晨	徐建平	曹 蓉
程 丽	戴国平	方红燕	严 俊	严雪峰	邹好婷	宋建顺	张新龙	丁海青
江旭升	许敬华	严 峻	李云土	谷 声	郑家兵	徐谷林	徐家军	谢土英
毛竹亮	卢顺根	叶 菊	刘振法	江卫琴	余建华	汪飞翔	汪联合	沈利明
张伟刚	张孝萍	周 奕	胡 廷	钟祥六	钱清芳	黄友生	鲁家萍	童时祥
廖明兴	丁大辉	方山荣	刘凤仙	苏良剑	余文兴	余国祥	余细花	汪克女
汪国富	汪奎福	徐崇宝	程仕城	江春花	李水良	邱治土	汪文阶	张学明
范家兴	程永龙	程祥泉	朱传宝	朱晓菊	米二妹	寿 婵	严秋花	杜海侠
余业兴	余宏峰	汪红星	汪志朝	汪贤芳	汪黎云	汪燕军	张日元	张行怀
周诚刚	周森朝	郑 华	郑 凯	姚宏杰	钱忠仙	梁增强	程家裕	鲁爱竹
王亚令	余新兵	汪年发	姜福良	袁小荣	何 会	余永建	余秀东	余 波
邹成洪	詹巧琴	詹燕洪	方志海	方梅燕	吴 超	余根祥	余新明	汪志军
胡万成	姚云霞	诸葛祥	程卫新	丰建国	方法亮	许阳元	李堂花	余丰明
余贤茂	余敬松	郑胜军	邰黎明					

补选代表（32名）：

方卫东	叶拥军	李建军	吴晓明	汪蔚翔	郑坤华	郑瑞锋	徐许新	葛宏培
童小鹏	廖继军	占 磊	叶君霞	庄红林	苏 联	余尧正	余志仁	邹丰升
张祯华	陈 谊	段为斌	徐凯云	徐法洪	徐 健	徐 骏	郭剑身	蒋 勇

程庆庆　程志琴　严颂华　张日元　陈利华

县十七届人大一次会议以来，截至2024年11月，郑胜军、汪洪君、李剑锋、袁小荣、毛献明、郜黎明、方焰飞等7名代表因工作需要调离本县，代表资格终止；曹蓉、李豫婷、刘享平、周诚刚、程晓兵、胡亮、胡月根、张日元、余新兵、周奕、胡廷、余波、江穗涛、余业兴、汪文阶、汪松生、汪黎云、诸葛祥、谢向蓉、吴晓明、王晓英、严俊、吴超、徐凯云、詹里增、廖继军、华美娟等27名代表因工作调动辞去代表职务。

第四节　出席全国、省、市人民代表大会代表

全国人民代表大会开化代表名单

第六届全国人民代表大会代表
朱希拱

第八届全国人民代表大会代表
周天相

第十三届全国人民代表大会代表
郑裕财

浙江省人民代表大会开化代表名单

浙江省第一届人民代表大会代表
魏廷秀、林小苟、陈观沧

浙江省第二届人民代表大会代表
魏廷秀、林小苟、戴德海

浙江省第三届人民代表大会代表
魏廷秀、林小苟、戴德海、何祖诒

（浙江省第四届人民代表大会未举行）

浙江省第五届人民代表大会代表
刘荣生、沈正行、方来福、汪西炳、王樟莲

浙江省第六届人民代表大会代表
汪启合、汪祖高、沈正行、吴承西、陈少春、姜江南

浙江省第七届人民代表大会代表
汪启合、王庭槐、胡云英

浙江省第八届人民代表大会代表

宋义富、王　苏、徐樟宣、潘　敏、俞成钟

浙江省第九届人民代表大会代表

宋义富、朱云儿、廖月仙、马东泉

浙江省第十届人民代表大会代表

徐鸣华、朱云儿

浙江省第十一届人民代表大会代表

肖渭根、姜的燕

浙江省第十二届人民代表大会代表

方健忠、鲍秀英、姜的燕

浙江省第十三届人民代表大会代表

张伟刚、许　婷

浙江省第十四届人民代表大会代表

毛献明、陈德水、毛彩珠、陈利华

衢州市人民代表大会开化代表团名单

衢州市第一届人民代表大会开化代表团名单（56 名）

斯大孝	夏和福	寿胜年	王正扬	刘关根	吴金花	傅秀祥	潘文质	雷马根
朱慧芝	楼守岐	陈茶花	廖新文	汪启合	周天相	吴奕贵	王建华	邵景霖
华寿军	郑凤莲	邱根尧	王庭法	占土升	潘达祖	邵开兴	吕德郎	徐永芬
童献南	金菊花	陆云玉	江日亮	徐小珍	戴旭明	李厚红	周士敏	吴琦珍
胡炳盛	方高仓	许彩莲	陈蘧蘧	廖兴源	余功明	朱新珍	陈祥水	戴　谦
郑小萍	余连姣	周贤永	方禾稔	吴立庸	王启复	叶　剑	朱　文	张水华
邵月香	何秀英							

衢州市第二届人民代表大会开化代表团名单（56 人）

王先芝	王克波	毛戴兵	方水根	方其元	方秋华	史雅轩	朱新珍	成华生
刘金萍	汤伯峰	吴文军	吴若萍	吴金花	何诗咏	余功明	余林兴	汪书德
汪寿桃	汪启合	汪建萍	汪莲珠	张　明	张公达	张月华	张家燕	陆云玉
季一清	金家福	周天相	周圣富	周贤永	郑全贵	郑荣华	郑娅明	郑晓萍
郎明鲁	赵世雄	贾正正	徐永芬	徐丽亚	徐丽娟	徐桂兰	徐梅仙	徐增宏
郭仁仕	黄国解	黄德富	曹香玉	饶伟明	童胜理	曾土金	谢孟良	鄢祖开
楼守岐	潘水美							

1993 年 4 月 29 日，县第十一届人大常委会第一次会议补选柴维荣、宋义富、

刘新春为衢州市第二届人大代表。

衢州市第三届人民代表大会开化代表团名单（55人）

丁　艺	王庭槐	方高仓	方唐尼	方榴仙	叶永珍	叶树青	史雅轩	冯开谨
朱云儿	朱杭林	汤志瑜	许柏根	孙菊芳	杨猛武	苏新祥	李仙娥	吴长贤
吴文军	吴月仙	吴铁沙	余华德	余寿兵	余清涛	汪土雄	汪宇祥	汪安波
汪克坂	汪树娜	汪莲珠	汪　群	汪樟红	宋义富	张达洋	张伟刚	陈哲贤
陈　鸿	邵子文	郑红女	郑娅明	赵莉英	钟利民	俞成钟	姜长淮	柴伊玲
徐日光	徐海廷	徐增宏	傅秀祥	鲁礼龙	鲁志宏	童和平	占红莲	蔡晓春
戴美英								

1999年1月28，县第十二届人大常委会第六次会议补选崔戴飞、陈　钟为衢州市第三届人大代表。

衢州市第四届人民代表大会开化代表团名单（41人）

吴小富	丁　艺	冯开谨	宋义富	王建国	曹　萌	华寿军	刘建新	汪建萍
徐　瑛	郑娅明	傅章经	姜长淮	汪名六	程育全	叶　浪	吴文军	杨秋红
严元渡	邵月刚	吴胜登	俞建芳	程作舫	郑樟林	俞成钟	王文观	汪宇祥
汪晓敏	汪荣贵	马东泉	江塘女	余金华	杨国华	吴月仙	郑求星	赖龙一
赖良忠	张长班	周再素	顾海英	朱志泉				

2001年2月21日，县第十二届人大常委会第二十二次会议补选徐鸣华为衢州市第四届人大代表。

衢州市第五届人民代表大会开化代表团名单（45人）

吴长贤	丁　艺	李庆尧	肖渭根	宋义富	马建雄	方雪梅	李德兴	余　雷
郑娅明	姚宏平	严和法	马东泉	叶玉堂	叶三祥	沈建平	余金华	吴胜登
毛建民	徐海廷	周世和	孙金林	方新建	余永松	陈德水	杨国华	居亚平
胡方增	章　俊	姜立忠	杨开荣	汪荣贵	金　明	张春仙	汪奎法	张长班
郑初一	郑素珍	赖金泉	赖洁玉	胡智宏	黄小民	顾海英	吴晓平	汪名六

衢州市第六届人民代表大会开化代表团名单（49人）

赵建林	鲍秀英	张伟刚	沈建平	胡炳泉	陈勇平	罗永成	居亚平	柴伊玲
肖渭根	章　俊	谷　峰	方雪梅	徐增宏	李凤英	蓝　萦	邱正新	柴　雄
夏菊清	李四古	严生明	余永松	余书平	黄小民	金新溪	郑慧红	金　波
赖立平	周　翠	徐　霞	郑金芝	曹　蓉	戴学军	谢剑锋	赖洁玉	余佑红
杨国华	占勇军	汪亚莉	琚建军	翁永发	张春仙	郑初一	邰勇军	吴国伟
陈晓东	叶友根	吴金翠	程　芬					

开化县第十五届人大常委会第四次会议决定接受金明、徐须实辞去衢州市第

六届人民代表大会代表职务的请求，补选张伟刚、夏菊清、谢剑锋为衢州市第六届人民代表大会代表。

衢州市第七届人民代表大会开化代表团名单（46 名）

丁如瑞　方进林　方雪梅　方塘军　占勇军　汤飞帆　李　昱　李四古　李兰英
杨国华　吴小栋　吴国伟　余女英　余书平　余北安　余永松　余永建　余易宏
余岳峰　汪家良　张伟刚　陈晓东　邵孜辉　邵晓航　杭璐璐　金　波　郑初一
郑金芝　郑建芬　郑裕财　居亚平　项瑞良　柯　兰　姜立忠　夏菊莲　夏菊清
徐　芳　徐雄强　曹　蓉　章建平　童丽华　童炜鑫　童建中　谢剑锋　赖炎辉
魏新璋

开化县第十六届人大常委会第十六次议决定接受谢剑锋、李昱辞去衢州市第七届人民代表大会代表职务的请求，补选王盛洪、樊勇军为衢州市第七届人民代表大会代表。

衢州市第八届人民代表大会开化代表团名单（47 名）

丁如瑞　尤　婷　毛献明　方　义　方进林　方健忠　方辉韩　叶志廷　华国民
危辉星　严雪峰　李　巧　李水良　李兰英　李奇斌　吴芝兰　吴金娟　何海彬
余志军　余建华　汪　舜　汪有仙　汪奎福　汪家宝　张雄富　陆少讳　杭璐璐
周玲娟　郑小龙　郑初一　郑金芝　郑河江　郑建芬　郑建忠　郑瑞兵　居亚平
邰凤君　姜旻慧　夏菊清　夏盛民　徐　芳　黄宏健　程晓兵　程新平　童丽华
詹里增　戴红燕

衢州市第八届人民代表大会第一次会议后，因何海彬、危辉星、郑瑞兵调离本行政区域，郑小龙、夏菊清、毛献明、郑河江、程晓兵、詹里增辞去代表职务被接受，代表资格终止。先后补选杨永红、吴松平、余龙华、洪学军、陈利华、方建英、占磊、苏联、徐文为衢州市第八届人民代表大会代表。

第五章 乡镇人民代表大会

乡镇人民代表大会是中国最基层的国家权力机关，在扩大基层民主，建设社会主义法治国家中占有重要地位。1954年至1958年，开化县各乡镇人民代表大会依法定期举行会议。1958年，全县农村普遍建立人民公社，实行政社合一体制，乡镇人民代表大会改称人民公社社员代表大会。1966年至1979年，受"文化大革命"的影响，人民公社社员代表大会停止活动。1980年11月，恢复公社人民代表大会制度。1983年9月，全县重新建立乡镇，建立乡镇人民代表大会和乡镇人民政府。

第一节 乡镇人民代表大会会议

1954年，全县乡镇实行人民代表大会制度，选举产生乡镇人民政府（人民委员会）成员、县人大代表。"文化大革命"期间，全县区、公社政权组织遭受冲击，被迫停止。1980年11月至1981年7月，全县各公社（镇）恢复人民代表大会制度，选举产生了公社管理委员会和镇人民政府领导班子。1983年9月，根据国务院和省政府有关指示精神，实行政社分设，恢复乡人民政府名称。1987年5月，全县共建立5个区公所、10个镇和21个乡人民政府。

1989年11月，区镇乡班子进行调整，5个区配备了人大工作联络员。1990年3月，31个乡镇相继召开人民代表大会，进行换届选举，选举产生新一届乡镇人民政府，并根据有关法律规定，选举产生了乡镇人大主席团常务主席。1992年5月，根据省委统一部署，实行撤区扩镇并乡工作。撤销5个区，合并9个乡。全县行政区划为10个镇、12个乡。1995年4月，县委、县政府决定：建立金村、青阳、底本、芳林4个管理委员会和党委，并在换届选举后，恢复乡级建制。1996年1月，全县各乡镇依法换届选举，选举产生新一届乡镇人民政府，选举产生乡镇人大主席团主席或副主席（专职），使乡镇人大主席团工作得到加强。全县行政区划为 10 个镇和 16 个乡。2005 年，撤销霞山乡、芳林乡、黄谷乡、底本乡、星口乡、封家镇、青阳乡、菖蒲乡建制，调整后，全县行政区划为 9 个镇和 9 个乡。2014 年 5 月，撤销县城关镇、华埠镇、金村乡建制，组建新的华埠镇；撤销塘坞乡，整体并入马金镇；撤销张湾乡，整体并入池淮镇。全县行政区划为 8 个镇和 6 个乡。2014 年 7 月，涉及区划调整的乡镇依法进行选举。

1989 年 12 月 20 日，开化县第九届人大常委会第十八次会议通过，任命：夏志顺为县城区人大工作联络员；吴植林为华埠区人大工作联络员；张家燕为虹桥区人大工作联络员；吴舍和为村头区人大工作联络员；汪生和为马金区人大工作联络员。

1992 年 5 月，县委决定：徐传义任县城关镇人大工作联络员；吴植林任华埠镇人大工作联络员；张家燕任池淮镇人大工作联络员；谢孟良任马金镇人大工作联络员；徐建立任村头镇人大工作联络员；周火根任菖蒲乡人大工作联络员；余德堂任星口乡人大工作联络员；余小赦任黄谷乡人大工作联络员；张行树任齐溪镇人大工作联络员。

1992 年 5 月，根据省委统一部署，实行撤区扩镇并乡。撤销城关、华埠、虹桥、村头、马金 5 个区。

1990 年 3 月全县各乡镇第十届人民代表大会第一次会议选举情况

乡镇	人大主席	人大副主席	乡（镇）长	副乡（镇）长
城关镇	徐传义		汪荣贵	叶土炎、冯开明、徐成云
城东乡	陈五更		徐根富	吴启群、余建平
林山乡	郑丰龙		朱兴富	江土银、郑清和、程小汉
音坑乡	方金古		陈雨林	姚宏平、刘文虎、方顺良
中村乡	邵子文		张兴生	郑　锋、姜立忠
菖蒲乡	徐先田		郭家洪	郑金茂、罗　烨
金村乡	周火根		汪礼生	邱耿理、徐文功
汶山乡	郑和平		操家和	詹金女、郑良中
华埠镇	姜大生		叶渭土	应海香、应社田、刘甲鸿
东坑镇	林升喜		汪宝成	陈兆荣、王邦波、徐云林
桐村镇	徐锡清		郑功明	方国富、施增福、黄应喜
封家镇	方流盛		吴金海	许柏喜、徐坤洪
星口乡	胡荣法		方三彬	项武荣、谢美雄
青阳乡	姜水阳		过土林	陈祥林、周兴虎

续表

乡镇	人大主席	人大副主席	乡（镇）长	副乡（镇）长
龙山底乡	余德堂		程新年	郑依君、颜青林
坝头镇	周庆生		陈新发	姜河涛、程坤生
篁岸乡	刘丰忠		郭文正	余家忠、方树康
毛坦镇	汪诗根		廖岩锦	曹米成
张湾乡	汪森祥		汪金古	何青炎、余少荣
长虹乡	李永忠		邓仕海	方树海、程渭坤
马金镇	谢孟良		陈勇智	汪承兴、叶建华
徐塘乡	余小敉		朱传喜	汪培山、叶建华
西坑镇	张义宏		余松成	严和法、张　健、江金美
何田乡	徐金山		汪多明	严久兴、余西林、程灶生
塘坞乡	徐正华		余忠林	汪仁剑、沈秀法
霞山乡	姜良金		徐焕荣	朱芳溪、胡厚康
村头镇	余富松		张浪民	徐良豪、李贵廷、方善坤
大溪边乡	程水富		毛樟有	余献龙、余启善
黄谷乡	郑全贵		刘宏标	余承芳、余贤富
芳林乡	刘宏涛		徐宏才	毛金田、余成坤
底本乡	张幸福		汪启田	叶根田、何英群

1993年3月全县各乡镇第十一届人民代表大会第一次会议选举情况

乡镇	人大主席	人大副主席	乡（镇）长	副乡（镇）长
城关镇	徐传义		童和平	徐根富、詹金女、徐先忠、王建华
林山乡	郑丰龙		郑清和	程小汉、郑金茂、应发潮
音坑乡	方金古		陈雨林	江土银、刘文虎、毛樟有
中村乡	邵子文		叶土炎	余惠兰、姜立忠、陈桂明
菖蒲乡	周火根		郭家洪	罗　烨、汪百齐、汪宏慧
华埠镇	吴植林		蔡晓春	杨建新、杨　起、刘甲鸿、程新年
杨林镇	林升喜		陈兆荣	王邦波、颜昌根、詹正荣
桐村镇	方来福		郑功明	方国富、施增福、黄应喜
封家镇	方流盛		张浪民	郑依君、应丽芳、方宗保
星口乡	余德堂		郭文正	项武荣、夏妙芳、谢美雄
池淮镇	张家燕		方镜明	姜河涛、操家和、夏金根
苏庄镇	余细奎		曹米成	傅贵福、陈灶西

续表

乡镇	人大主席	人大副主席	乡（镇）长	副乡（镇）长
张湾乡	张大林		方树康	何青炎、李正忠、刘土庚
长虹乡	叶树青		程渭坤	方树海、叶增产、邹国荣
马金镇	谢孟良		余小马	朱传喜、汪启田、陈爱英
齐溪镇	张行树		姜礼文	姚宏平、汪培山、陆贤相
何田乡	方光范		姜良金	葛宏雷、余西村
塘坞乡	胡顺苟		严和法	徐金槐、汪美香、汪东平
霞山乡	郑以银		应社田	叶建华、汪生元、程先仁
村头镇	徐建立		丰榷富	徐洪才、丰观峰
大溪边乡	汪宇祥		叶根田	余献龙、丰金英
黄谷乡	余小赦			汪彩丹

注：1993 年 3 月黄谷乡政府乡长选举因故未成功。

1996 年 1 月全县各乡镇第十二届人民代表大会第一次会议选举情况

乡镇	人大主席	人大副主席	乡（镇）长	副乡（镇）长
城关镇	徐传义		徐海廷	王建华、詹金女、汪礼生
林山乡	郑丰龙		方国富	左伟南、应发潮
音坑乡	方金古		曹米成	江土银
中村乡	邵子文		姜立忠	郑良忠、方志红
菖蒲乡	徐贻成		罗 烨	张友良、余贤富
金村乡	徐立坤	陈顺元	汪晓敏	朱朝发、郑 锋
华埠镇	吴植林		吴维新	徐志玉、程新年、刘甲鸿
杨林镇	张金福	詹正荣	陈兆荣	过土林、黄应喜
桐村镇	方来福		杨建新	张承苏、施增福
封家镇	方流盛		张浪民	严吉林、郑依君
星口乡	余德堂		郭文正	陈新发、谢美雄
青阳乡	毛鸿根	陈祥林	方金全	项武荣、徐坤宏
池淮镇	孙金林	夏金根	邓仕海	施国雄、操家和、姜河涛
苏庄镇	程渭坤		邹水根	余家忠、姜永辉
张湾乡	张大林		郑清和	
长虹乡	钟槐春	方树海	叶树青	叶增产、邹国荣
马金镇	周福云	郑以银	方树康	陈爱英、汪启田、徐先田
齐溪镇	张行树		张恒仁	姚宏平、章康林

续表

乡镇	人大主席	人大副主席	乡（镇）长	副乡（镇）长
何田乡	方光范		葛宏雷	刘德贵、张　健
塘坞乡	叶根田	余绍纳	朱佑斌	胡志光、徐金槐
霞山乡	汪宝成	郑开歌	张叶林	唐行民、叶建华
村头镇	徐建立		邱俊峰	余开朗、徐洪才、余根和
大溪边乡	洪永贵	汪清标	徐良豪	丰金英、汪东军
黄谷乡	丰观峰		郑金茂	郑未坤、程晓龙
芳林乡	程宗全	余书松	汪美香	余献龙、徐根水
底本乡	吴小富	汪生元	周晓林	刘文虎、程小汉

注：1996年1月，张湾乡政府副乡长选举未成功。

1999年1月全县各乡镇第十三届人民代表大会第一次会议选举情况

乡镇	人大主席	人大副主席	乡（镇）长	副乡（镇）长
城关镇	徐海廷	张贵仔	汪晓敏	汪礼生、胡荣法、何英群
林山乡	丁维耀	郑丰龙	方国富	左伟南、余先平
音坑乡	曹米成	方金古	吴仙女	徐先忠、陈　中
中村乡	姜立忠	汪辉古	严和法	方志红、朱建忠
菖蒲乡	邓兴平	吴启群	姚水富	张友良、占正威
金村乡	王建华	陈顺元	叶渭土	郭家洪、朱朝发
华埠镇	杨国云	方流盛	吴维新	程新年、刘甲鸿、余洪富
杨林镇	陈兆荣	詹正荣	郑依君	周兴虎、黄应喜
桐村镇	吴明田	方来福	杨建新	过土林、吴晓明、施增福
封家镇	应社田	毛樟有	张浪民	谢美雄、严吉林
星口乡	郭文正	余德堂	陈新发	姜河涛、应发潮
青阳乡	方金全	陈祥林	程水珍	项武荣、徐坤宏
池淮镇	苏新祥	程渭坤	邓仕海	操家和、施国雄、冯开明
苏庄镇	邹水根	傅梦来	傅贵福	姜永辉、余永山、邹国荣
张湾乡	郑清和	夏金根	程志民	陈灶西、李金才
长虹乡	钟槐春	方树海	郑求星	叶增产、徐玉书
马金镇	汪宇祥	郑以银	郑新尧	徐先田、徐成树、余贤平
齐溪镇	姜礼文	邹承法	郑利文	章康林、朱久仁
何田乡	汪权龙	汪生元	葛宏雷	张　健、刘德贵
塘坞乡	叶根田	余绍纳	朱佑斌	余宏刚、柴家涛

续表

乡镇	人大主席	人大副主席	乡（镇）长	副乡（镇）长
霞山乡	张叶林	郑开歌	丰金英	叶建华、郑章明
村头镇	马建雄	汪荣贵	姚宏平	徐洪才、周国洪
大溪边乡	金太平		邹燕辉	汪东军、汪江萍
黄谷乡	郑金茂	余承芳	罗烨	郑未坤、郑晓龙
芳林乡	汪美香	余书松	程小汉	余献龙、余书平
底本乡	周晓林	张恒仁	邱伟明	江土银、余国红

注：大溪边乡人民代表大会因故延期至 1999 年 2 月召开。

2002 年 1 月全县各乡镇第十四届人民代表大会第一次会议选举情况

乡镇	人大主席	人大副主席	乡（镇）长	副乡（镇）长
城关镇	李华蓉	张贵仔	邹燕辉	汪礼生、胡荣法、刘甲鸿、郑永红
林山乡	叶渭土	方金东	胡炳泉	徐先平、汪长林
音坑乡	李维平	张恒仁	郑素珍	方善坤、余建华、王解忠
中村乡	严和法	徐先忠	余玉堂	朱建忠、江土银
菖蒲乡	邓兴平	吴启群	姚水富	汪百齐、汪爱梅
金村乡	方国富	徐美花	郑良中	毛金田、汪国有
华埠镇	方流盛		余金华	吕一锋、吴晓明、余洪富
杨林镇	郑依君	余荣贵	张俊平	黄应喜、黄铮、洪年生
桐村镇	杨建新	徐云林	何英群	徐良豪、周兴虎、施增福
封家镇	丁维耀	左伟南	徐三洋	谢美雄、毛樟有
星口乡	邹水根	过土林	郑慧红	姜河涛、应发潮
青阳乡	程水珍	陈祥林	项武荣	彭春林、徐坤宏
池淮镇	程渭坤		徐农	操家和、冯开明、方永昌
苏庄镇	薛伟	董元忠	汪土荣	邹国荣、李爱华、余贤新
张湾乡	郑清和	陈先德	汪土荣	陈灶西、李金才、俞玉梅
长虹乡	傅贵福	傅梦来	应爱水	邹月苏、邓长来
马金镇	朱传喜		杨开荣	余松成、徐成树、汪灶海
齐溪镇	江涌	颜清林	郑利文	刘德贵、江志贞
何田乡	汪权龙	邹承法	张健	胡志光、詹志新
塘坞乡	朱佑斌	汪培山	胡根成	柴家涛、汪培刚
霞山乡	丰金英	汪宗衡	程先仁	唐行明、汪方忠
村头镇	汪荣贵		汪有军	方永福、余纯龙、周国洪

续表

乡镇	人大主席	人大副主席	乡（镇）长	副乡（镇）长
大溪边乡	金太平	余承芳	程立衡	汪江萍、余敬松
黄谷乡	郑金茂	王甘霖	程志民	柴红根、郑土忠
芳林乡	程小汉	程晓龙	汪奎福	余献龙、朱久仁
底本乡	葛宏雷	郑全贵	卢志奇	余书平、余国宏

注：华埠、池淮、马金、村头四镇人大设专职主席，其他乡镇人大设专职副主席。

2007 年 1 月全县各乡镇第十五届人民代表大会第一次会议选举情况

乡镇	人大主席	人大副主席	乡（镇）长	副乡（镇）长
城关镇	刘宏涛		胡炳泉	曾建福、刘甲鸿、方正平、姜红慧
音坑乡	罗烨		毛双华	王解忠、余国红、朱志英
中村乡	陈桂明	程晓龙	苏振西	朱晨号、汪方忠
林山乡	徐三益	徐先平	郑瑛	俞明龙、汪爱梅、宋国军
苏庄镇	董元忠		曾飞鹏	李爱华、吴利敏、程三仙
长虹乡	陈哲贤	傅梦来	叶世莲	邓长平、邹月苏
池淮镇	徐文功		徐根水	何万彬、方永昌、应发潮
塘坞乡	徐敏峰	汪培山	何立盛	柴家涛、汪培刚
何田乡	方忠明	王甘霖	吴晓明	朱国庆、詹志新
华埠镇	徐三洋		金树平	谢美雄、方卫东、吴根良、徐根旺
杨林镇	方明	陈祥林	祁洪利	彭春林、黄铮、赖承明
桐村镇	徐志堂		应爱水	徐良豪、周兴虎、谢忠华
齐溪镇	程先仁	颜清林	徐革平	杨进、方金菊
张湾乡	何英群	余永山	朱建忠	李金才、余仁来
金村乡	张德平	余贤福	郑良中	毛金田、汪百齐
马金镇	陈爱英		汪有军	余松成、徐成树、余宏刚、林宇霞
村头镇	徐先田		徐文	方铭、朱久仁、余献龙
大溪边乡	程志民	余承芳	汪东军	柴红根、余敬松、郑土忠

2012 年 1 月全县各乡镇第十六届人民代表大会第一次会议选举情况

乡镇	人大主席	人大副主席	乡（镇）长	副乡（镇）长
城关镇	谢美雄		刘福林	胡志光、余土全、汪国有、姜　刚
音坑乡	方善坤		余红敏	余国红、朱志英、叶卫剑
中村乡	何立盛	郑永泉	胡小斌	张志宏、汪方忠
林山乡	徐先平		郑瑞锋	汪国俊、汪爱梅、宋国军
苏庄镇	余能德		朱久峰	吴利敏、郑东红、汪富英
长虹乡	余家忠		汪伟萍	詹新土、余志萍
池淮镇	徐文功		何万彬	方永昌、周维红、程义华、刘敬星
塘坞乡	汪江萍	汪培山	陈　琦	徐顺桃、吴海明
何田乡	方忠明	詹志新	汪林旺	朱国庆、徐艺仙
华埠镇	李四古		汪奎福	方卫东、方汉春、徐根旺、程松富
杨林镇	方　明	陈祥林	严颂华	彭春林、李金才、程泉伟
桐村镇	汪春凤		齐正兰	胡朝云、周兴虎、傅淑梅
齐溪镇	汪昌祥		吴根良	姜厚星、方金菊
张湾乡	毛双华	余永山	张孝萍	汪良义、陈智俭
金村乡		郑未坤	江旗峰	毛金田、汪百齐
马金镇	徐成树		吴晓明	方勇军、朱佑军、徐元锋、柴家涛
村头镇	邹月苏		曾建福	段修喜、叶卫平、郑国胜
大溪边乡	曾飞鹏	柴红根	朱晨号	余敬松、叶金宏

2017 年 1 月全县各乡镇第十七届人民代表大会第一次会议选举情况

乡镇	人大主席	人大副主席	乡（镇）长	副乡（镇）长
华埠镇	李四古	王　沁、李金才	汪启明	杨伟光、余　速、洪金亮、童小鹏
桐村镇	余仁来		程利德	留建兴、姜　悦、童振、方　舟
杨林镇	汪培刚		徐城生	童毅军、林谋峰、汪法能、姚门英
音坑乡	王解忠	朱志英	詹里增	郑东红、郑奉阳、黄贤杰、胡　炜
马金镇	柴家涛	郑未坤、郑永泉	曾　珏	余凤岐、汪有宏、姜友生、戴文龙
大溪边乡	江永龙		姜美鸿	傅建国、徐法洪、鲍庆涛
何田乡	汪松生		姜厚星	诸葛建军、洪勇芳
齐溪镇	徐俊伟		徐元锋	叶卫平、詹　鸿、李报卫
村头镇	陈　忠	余永山	周　奕	孙卫民、许　颖、汪胜杰

续表

乡镇	人大主席	人大副主席	乡（镇）长	副乡（镇）长
长虹乡	余家忠		汪志鹏	余军民、邱志涛、韩月华
苏庄镇	程泉伟		揭建洪	叶金宏、徐芝仙、陈葵生、汪振杰
池淮镇	金树明	詹志新、方素敏	徐向荣	夏增龙、余小康、李　霞、孙军平
林山乡	徐先平		曹　蓉	严　峻、余志萍、陆　剑、鄢　彬
中村乡	吴利敏		徐　浩	汪富英、童晓爱

2021 年 12 月全县各乡镇第十八届人民代表大会第一次会议选举情况

乡镇	人大主席	人大副主席	乡（镇）长	副乡（镇）长
华埠镇	程晓兵	王　沁	汪志鹏	裘　晟、叶　飞、汪伟国、林谋峰、吴龙龙
桐村镇	胡　亮		徐祝安	朱红芳、鲍庆涛、张　胜、傅晓春
杨林镇	汪松生		应梨群	程　瑾、姚门英、江　恺、姜利军
音坑乡	张志宏	周志华	汪　涛	胡　炜、沈茂仲、余　毅、方继高
马金镇	周诚刚	姜友生	叶卫剑	黄小军、汪胜海、傅　巍、罗　洁、徐　臻
大溪边乡	余敬松		方景峰	连　升、余忠祥、宋宇超
何田乡	余　波		陈　谊	华　星、余荣俊、汪新华
齐溪镇	余新兵		徐顺桃	李报卫、汪志渊、方开锋
村头镇	诸葛祥		林　华	孙　悦、李　璟、洪勇芳、程礼泽
长虹乡	汪文阶		许　颖	汪法能、周志峰、余郑惠斯
苏庄镇	苏良剑		郑利洪	许孝平、汪振杰、郑　超、许　亮
池淮镇	胡　廷	洪有娟	吴　杰	郭剑身、童　佳、傅中华、李　刚、郑　凌、江利泉
林山乡	严　峻		余成根	程立军、舒　楠、方　路、姜焰青
中村乡	严　俊		徐芳芳	段岳平、余　昀、郑小勇

第二节　乡镇人民代表大会主席团

乡镇人民代表大会主席团由本级人民代表大会会议在代表中选举产生，名额7人至11人。主席团主持本级人民代表大会会议，在会议期间行使职权。1989年下半年以来，有30个乡镇配备乡镇人大主席团常务主席，5个区配备人大工作联络员。1996年起，乡镇人民代表大会设主席、副主席，任期与大会任期相同；在大会闭会期间，负责组织代表学习，宣传宪法、法律和法规，联系代表和在本乡镇的上级人民代表大会代表，组织执法检查、视察、调查，督促议案和建议批评意见办理，反映代表和选民对本级人民政府工作的意见，做好召集本级人民代表大会下次会议的准备工作。

第三节　全过程人民民主基层单元建设

开化县人大代表联络中心站

2023 年 8 月建成，位于华埠镇兴华街。站内分为接待区、展示区、会议区、共富产品展区等区域，融合基层人大立法联系点、共享法庭、检察服务 e 站、代表书屋等功能，与华埠镇人大代表联络站共建共享，总面积 260 余平方米。2022年，设立"代表茶座"，创建"茶话民生"品牌。以"一张图""五步走""五张单"为总体框架，代表、群众走进一扇门、同围一张桌、共饮一壶茶，以茶为媒

开展民情民意收集、协商、交办、督办、反馈全流程闭环处理，推动解决了一批党委政府想干、人民群众期盼的大事小情，成为开化人大标志性创新举措。"茶话民生"相关做法获省人大常委会党组书记、副主任陈金彪批示肯定，在全省代表工作座谈会上做书面交流，列入全省代表工作示例。

华埠镇人大代表联络站

2023 年 8 月建成，位于华埠镇兴华街，总面积 260 余平米。联络站聚焦"联商督促智"五大核心功能。按照"六有"建设标准，设站长 1 名，副站长 1 名，专职工作人员 1 名，省、市、县、镇四级进站代表 113 名，其中省人大代表 2 名、市人大代表 7 名、县人大代表 32 名、镇人大代表 77 名。设有展示、学习、办公、接待等 4 个功能区块。立足发挥"宣传站""民意窗""连心桥""监督岗""大课堂"五大功能定位，扎实推进联络站深度融合标准化建设。以打造"古埠新语"品牌为抓手，构建 3 个"+"工作体系，建立一个镇级联络站，园区、青阳、封家、金星 4 个片区联络点和华埠法庭等若干个专业联络点、38 个村社联络岗。建好

用好基层立法联系点、监察服务 e 站、共享法庭等阵地，基层立法联系点多次获省、市人大法制委员会通报表扬。推行代表履职"1+3+X"：每名代表联系一个城乡网格、三类重点群体和若干个重点项目、重点工作。推行考核评价"1+2+X"：构建包含一个履职评议办法、两

类考核群体（主席团成员、人大代表）、若干个专项考核办法的综合考核评价体系。

桐村镇人大代表联络站

位于集镇中心街道，依照县人大"九有"标准，于 2023 年 8 月完成迭代升级。设 3 个人大代表联络点及 1 个助企服务阵地。融合共享法庭、检察服务 e 站、代表茶座等功能模块，实现代表信息、工作制度、主要职责、年度计划、接待安排、履职成果、赛马比拼上墙，服务全镇 64 名人大代表日常履职。聚焦基层单元"联商督促智"五大核心功能，围绕桐花小镇"闽南"文化，打造"桐话闽情"基层单元特色品牌，通过"一月一例会、一月一赛马，一议一清单、一事一闭环"，

推动"代表主动提、两委主动办""人大靠前站、政府靠前干"。获评衢州市五星级基层单元建设先进单位，门村村人大代表联络点获评县人大基层单元建设创新奖，"组团赛马""请你来选督"工作纳入全县人大工作机制体系建设，一批好经验、好做法在全市人大基层单元建设现场会上做交流发言。

杨林镇人大代表联络站

位于东坑口村邻里中心，面积 120 平方米。有市人大代表 2 名、县人大代表 9 名、镇人大代表 51 名。针对群众反映问题解决不及时、服务意识不够高等问题，创新群众点单、人大接单、政府办单、代表评单的"民情快递单"工作机制。实

施民生实事"望闻问切"工作法，大兴调查研究之风，常态化开展"家访夜话"行动，邀请人大代表、选民群众、政府有关负责人到联络站开展"茶话民生"活动，"切"准经济发展"瓶颈"。搭建"365 边际协作"平台，会同德兴市新岗山镇、畈大乡人大建立"会议联席、治理联动、监督联合、民情联络、代表联谊、发展联商"机制，推动实现"生态共护、边界共治、产业共富、家园共建、区域共赢"。获评市"四化五提升"代表联络站建设先进单位、市"五星级"基层单元建设先进单位。

芹阳办事处人大代表联络站

设在岞滩社区党群服务中心，创建于 2022 年，按照"1+4+X"组织架构设立 1 个办事处本级代表联络站，高坑坞、金村、桃溪、芹南社区 4 个代表联络点。设站长、副站长各 1 名，专职工作人员 1 名，驻点省人大代表 1 名，市人大代表 9 名，县人大代表 43 名，议事员 93 名。站内设有展示、学习、办公、接待四大功能区块，融合基层人大立法联系点、监察服务 e 站、代表书屋等，占地面积 100 平方米。创建"芹意站"工作品牌，按照"154"工作体系，建好一个代表履职平台，完善代表联络站"宣传站、民意窗、连心桥、监督岗、大课堂"的五大功能，实现响应"民声"、广集"民意"、汇聚"民智"、服务于民的"四民"目标。"芹意站"的"154"工作体系，得到县人大代表和群众的一致好评，打通了联系群众的"最后一公里"，2023 年获县人大基层单元建设创新奖。

音坑乡人大代表联络站

位于集镇中心位置，建于 2022 年 10 月，面积 160 平方米，共 2 层：一层为展示区，二层为办公区和接待区。设站长 1 名、副站长 1 名、联络员 1 名，有市人大代表 2 名、县人大代表 14 名、乡人大代表 60 名。代表接待日为每月 21 日。持续推进联络站标准化示范化建设，擦亮"收音站"品牌：（1）"三进"收音。以"一站四点八廊"为基本单元，结合廊亭叙事、围炉夜话等特色做法，每周二

乡人大主席进联络站、联村团队进联络点、县乡代表进议事长廊，全量归集民情档案。（2）"三平台"回音。围绕"强音大讲堂""铿锵发布""'音'为有你·代表有约"平台开展活动，建立点兵点将机制，每月在联络站研判解决关键小事、民生工程、急难愁盼等事项。（3）"三亮三比"强音。每季度开展"亮身份比业绩、亮标准比作风、亮承诺比奉献"活动，向选民述职，提升代表履职能力。

中村乡人大代表联络站

位于中村乡集镇中心地段，毗邻乡政府，2018 年 6 月建成，面积 180 多平方米。融合珠山书苑道洽翰墨馆。设置接待、会议、茶室、书画等功能区块，形成具有中村特色的人大代表联络站。有市、县、乡三级进站人大代表 57 名，其中市人大代表 1 名、县人大代表 6 名、乡人大代表 50 名。设站长 1 名、副站长 1 名、联络员 1 名。打造"梅聆乡音"联络站品牌和"360"工作体系，以"360"工作法为抓手，激发人大代表履职新动能，着力推进践行全过程人民民主基层单元建设。2023 年，对站内硬件设施及标识标牌进行再提升。被市人大常委会评为五星级基层单元建设先进单位，获县人大常委会颁发的基层单元创新奖。

林山乡人大代表联络站

2023 年 10 月建成，位于詹村村办公楼。有进站人大代表 70 名，其中市人大代表 2 名、县人大代表 11 名、乡人大代表 57 名。站内划分为接待区、展示区、会议区等区域，融合共享法庭、检察服务 e 站等功能。立足实际，提出"林山枝叶情，代表我先行"基层单元品牌，在原有"坐堂会诊"基础上，升级推出"三随人大代表联络站"模式，构建随身随时随地的代表服务新阵地，将代表议事的场所，设置在田间地头、村民家中、茶园、桥下空间、凉亭等群众方便参与的地方。持续开展"随身听""随地联""随地诊"活动，回应解决一批群众关心关注的"急难愁盼"问题，《开化县林山乡人大：打造全过程人民民主山区实践样板》被省、市、县人大网刊发。

池淮镇人大代表联络站

2023 年 7 月建成，坐落于池淮镇星新社区核心地段，占地 334 平方米，按照"共治、共建、共享"理念，站内与南孔书屋、百姓健身房、代表茶室有机结合，站外与长者食堂、残疾人之家、社工站、退役军人服务站、星趣公园等生活场景融合，做到"门常开、人常来、事常办"。联络站内划分为接待区、展示区、会议区、阅读区、健身区、代表茶座等区域。联络站在潭头、篁岸分设两个联络点。

有进站人大代表 87 人，其中市人大代表 3 人、县人大代表 19 人、镇人大代表 65 人。联络站以"池处有约"为人大工作品牌，以"务实有效"为追求目标，推行"1515"工作体系，通过"联、商、督、促、智"五大跑道，助推"15 项"重点工作落地见效。先后获得衢州市"四化五提升"

代表联络站建设先进单位和衢州市五星级基层单元建设先进单位等荣誉称号。

苏庄镇人大代表联络站

位于苏庄镇高川路 36 号，进驻市、县、镇三级人大代表 75 人，其中市人大代表 1 人、县人大代表 13 人、镇人大代表 61 人。有溪西、唐头、茗富 3 个联络点。站内融合共享法庭、检察服务 e 站等，实现"多元一体共建"模式。设立"舒心议站"特色品牌基层单元，以"民情呼声请进站、难事烦事好商量"为宗旨，打造"1+11+39"三级架构，明确四项机制，实现五大场景，将全过程人民民主触角延伸到农村礼堂祠堂、田间地

头。在联络站旁设立"代表茶座"，以茶为媒开展民情民意收集、协商、交办、督办、反馈全流程闭环处理，打造亲民惠民"茶空间"，推动解决了一批党委政府想干、人民群众期盼的大事小情。通过"茶话民生"解决了僵尸电瓶车停放、干群合力推动征地签约等难题，相关经验做法获《人民代表报》宣传报道，擦亮了"舒心议站"品牌。

长虹乡人大代表联络站

2023 年 11 月建成，位于芳村村 144 号，面积 80 平方米，设虹桥、芳村、霞川 3 个联络点和多个村级接待岗，形成"1+3+X"全覆盖站点模式。有驻站人大代表 59

人，其中市人大代表 2 人、县人大代表 7 人、乡人大代表 50人。站内设"春花工作室"，配备茶桌、书柜等设施，并融合共享法庭、检察服务 e 站等功能。将"七彩星语"作为特色品牌，围绕革命红、星空蓝、龙顶绿、

菜花黄、状元墨、碧家青、王陵紫"七个看点"，组建 7 支人大队伍，通过"两码"线上征集、联络站"坐堂接待"，实地调研"访情取意"，安排代表先后前往暗夜星空、星宿高田、湖羊养殖基地、"碧家青"清水鱼养殖基地等，通过问诊把脉、建言献策，助力重点项目顺利落地。有多篇文章被省级和市级网站录用报道，市人大代表方进林履职照片在《人民代表报》上发表，提升了联络站品牌影响力。

马金镇人大代表联络

2023 年 11 月建成，位于包山书院内。站内划分为接待区、代表茶室、会议区、代表讲堂等区域，融合检察服务 e 站、包山书院等功能，总面积 180 余平方米，全镇各级 91 名人大代表进驻代表联络站。结合"茶话民生"工作、地方文化特点，"金溪相伴，包山听语"工作品牌应运而生。形成"五步五单"工作体系，通过代表茶室开展民情民意收集、协商、交办、督办、反馈全流程闭环处理，高效解

决了一批群众期盼的大事小情。随着"茶话民生"工作的开展以及"五步五单"工作体系的执行，2024 年以来，搜集处理民情民意 257 例，发出交办单 48 张，召开研商会议 6 场，收回民情民意反馈单 48 份，推动解决了光伏整治推进慢、住房办证难、路段管护难等一大批群众身边的"急难愁盼"问题。

村头镇人大代表联络站

位于村头镇云山路 112 号，进驻人大代表 69 名，其中市人大代表 2 名、县

人大代表 10 名、镇人大代表 57 名。设古竹、礼田 2 个联络点和 19 个接待岗。站内融合共享法庭、检察服务 e 站，实现共建共享。打造"代表茶室"空间，收集民情民意。结合长者祠、赵抃"清廉"文化，打造"廉（连）心广场""民声角、亲清谈"，

为群众提供集普法宣传、反映民意、民主议事、调解纠纷于一体的民主场所。围绕"家"的概念，以"话家里家常，解民情民意"为主轴，打造"家音有约"基层单元品牌，构建以一杯家茶听民情、一页家书记民意、一件家事解民忧、一份家令办民事、一声家音暖民心为主体的"五个一"工作体系。"家音有约"基层单元品牌在县人大基层单元建设擂台赛中获创新奖，《打响"家音有约"基层单元品牌》在省、市、县人大网上刊发。

浙皖边际人大代表联络站（齐溪镇人大代表联络站）

齐溪镇与安徽省休宁县龙田乡、岭南乡相邻，两地三镇（乡）交流频繁，有着良好的合作基础。浙皖边际人大代表联络站（齐溪镇人大代表联络站）秉持"共建共享共商共融"理念，由齐溪镇人大牵头建设，是浙皖两地三镇（乡）150 名人大代表跨界交流和履职活动的中心。探索跨界融合治理新模式，不断深化生态共护、家园共建、纠纷共治、发展共商、区域共赢"五共"协作机制，创建"四联五共"协作体系，打响"源来有你"边际人大跨界协作工作品牌，深化拓展人大代表联络站"联商督促智"五大功能，打造边界融合、功能拓展、触角延伸、特色鲜明、更富成效的全过程人民民主基层单元，在维护和促进边界安宁、文化共融、产业发展和共同富裕等方面发挥作用。

何田乡人大代表联络站

2023 年 1 月建成，位于乡综合文化站。一楼以接待为主，三楼分为接待区、展示区、会议区、代表书屋等区域，融合共享法庭、检察服务 e 站等功能，与乡综合文化站共建共享，总面积 200 余平方米，全乡各级 59 名人大代表进驻联络站。自 2022 年起，为更好地践行全过程人民民主，县人大常委会指导何田乡人大结合清水鱼特色文化，探索构建"鱼你共富"民呼我为机制，推进"鱼你有约""鱼

你同行""鱼你对账"三大子行动。"鱼你共富"民呼我为机制，在促进何田乡清水鱼产业发展的过程中发挥积极作用。通过鱼塘议事解决了一系列问题，清水鱼养殖存活率由原来的 67% 提高到 85%，单口塘增收 600 元；助推发展鱼旅融合模式，年均吸引游客 2 万余人次，提供就业岗位 30 余个。

大溪边乡人大代表联络站

位于墩南村 54 号，有驻站人大代表 64 人，其中市人大代表 2 人、县人大代表 7 人、乡人大代表 55 人。设大溪边、上安和黄谷 3 个联络点。融合共享法庭、检察服务 e 站等功能。把乡音绕"梁"作为人大工作"一乡一品"特色品牌，以发展红高粱产业为主抓手，推行"七个一"工作模式，收集民情民意，提升红高粱产品附加值。围绕红高粱、中草药、林下经济等共富产业，发挥代表专业优

势和平台资源，以"小平台"实现助农增收"大效益"。组建"高粱红共富带"人大代表联席会议，围绕"产业共促、生态共护、平安共享"边际合作模式，推动"高粱红共富带"地区的发展。与毗邻的淳安县汾口镇、枫树岭镇开展交流合作，完善双边人大联席会议机制，深化交流模式，规范协作机制，丰富互助内容。

第六章　重要成果

第一节　重要决议决定

开化县人民代表大会及其常委会运用决议决定的形式，决定县域内政治、经济、教育、科学、文化、卫生、环境和资源保护等方面工作的重大事项。这些决议决定，对于动员全县人民围绕各个历史时期的奋斗目标，推动全县经济建设和社会发展具有不可替代的作用。

以下列示主要决议决定名录，选载部分决议决定。

1954年7月15日，开化县第一届人民代表大会第一次会议做出《关于同意提案审查委员会提案审查报告的决议》。

1982年8月29日，开化县第七届人民代表大会第二次会议做出《关于开展重大国策教育的决议》；通过《开化县村镇建房用地管理办法》《开化县保护森林资源发展林业生产的规定》。

1985年7月26日，开化县第八届人民代表大会常务委员会第七次会议做出《关于加强法制宣传、普及法律常识的决议》。

1985年12月20日，开化县第八届人民代表大会常务委员会第九次会议做出《关于打击严重经济犯罪活动保证经济体制改革顺利进行的决议》《关于防治污染保护环境的决议》。

1987年3月4日，开化县第八届人民代表大会常务委员会第十七次会议做出《关于切实加强土地管理的决议》《关于建立县人民法院执行庭的决定》。

1989年3月31日，开化县第九届人民代表大会第三次会议做出《关于进一步搞好封山育林的决定》《关于加强公路河道管理和建设的决定》。

1990年9月19日，开化县第十届人民代表大会常务委员会第四次会议做出《关于批准全县实施九年制义务教育规划的决议》《关于批准全县荒山绿化总体规划的决议》。

1998 年 3 月 22 日，开化县第十二届人民代表大会第一次会议做出《关于依法治县的决议》。

2000 年 1 月 18 日，开化县第十二届人民代表大会常务委员会第十三次会议做出《关于实施〈开化县生态示范区建设规划〉的决议》。

2004 年 7 月 14 日，开化县第十三届人民代表大会常务委员会第十次会议做出《关于建设"平安开化"促进社会和谐稳定的决议》。

2008 年 11 月 28 日，开化县第十四届人民代表大会常务委员会第十三次会议做出《关于设立开化县"生态日"的决定》。

2011 年 4 月 20 日，开化县第十四届人民代表大会常务委员会第三十一次会议做出《关于做好农村垃圾处理工作的决议》《关于加强河道采砂制砂管理的决议》。

2012 年 4 月 12 日，开化县第十五届人民代表大会常务委员会第一次会议做出《关于全面整治城乡违法建设的决议》。

2013 年 5 月 28 日，开化县第十五届人民代表大会常务委员会第八次会议做出《关于批准〈开化县生态文明县建设规划〉的决议》。

2014 年 3 月 28 日，开化县第十五届人民代表大会常务委员会第十五次会议做出《关于建设国家东部公园的决定》《关于开化县行政区划调整的决议》。

2017 年 1 月 23 日，开化县第十五届人民代表大会常务委员会第三十八次会议做出《关于在县人民代表大会上实行政府为民办实事项目代表票决制的决定》。

2017 年 11 月 24 日，开化县第十六届人民代表大会常务委员会第六次会议做出《关于批准开化县人民政府〈关于小桥头片区（棚户区、城中村）改造建设计划的议案〉的决议》。

2019 年 5 月 31 日，开化县第十六届人民代表大会常务委员会第二十次会议做出《关于高质量建设新材料新装备产业园的决定》。

2020 年 8 月 19 日，开化县第十六届人民代表大会常务委员会第三十三次会议做出《关于深入学习贯彻习近平总书记考察浙江重要讲话精神　全力加快建设展示习近平生态文明思想示范窗口的决定》。

2020 年 9 月 27 日，开化县第十六届人民代表大会常务委员会第三十四次会议做出《关于设立"开化诚信日"推进社会信用体系建设的决定》《关于授予徐冠巨等 3 人"开化县荣誉市民"称号的决定》。

2021 年 8 月 13 日，开化县第十六届人民代表大会常务委员会第四十三次会议做出《关于促进和保障高质量发展建设共同富裕先行地的决定》。

2022 年 8 月 29 日，开化县第十七届人民代表大会常务委员会第六次会议做出《关于加强全县财政管理运行的决议》。

2023年9月27日，开化县第十七届人民代表大会常务委员会第十五次会议做出《关于废止〈开化县人大常委会关于设立开化县"生态日"的决定〉的决定》。

2024年3月27日，开化县第十七届人民代表大会常务委员会第二十二次会议做出《关于加强经济工作监督的决定》。

附：决议决定选载

关于同意提案审查委员会提案审查报告的决议

（1954年7月15日开化县第一届人民代表大会第一次会议通过）

开化县第一届人民代表大会第一次会议提案审查委员会认真审查并处理了317件提案，我们认为，根据第一个五年建设计划的方针及需要与可能的原则，又掌握地方服务整体、服从国家重点工业建设和本着上级政府各项政策规定及分别轻重缓急的原则来进行处理是完全正确的，我们完全同意大会提案审查委员会审查结果的报告及报告中所提出的处理意见，并保证按此原则执行。

开化县村镇建房用地管理办法

（1982年8月29日开化县第七届人民代表大会第二次会议通过）

根据国务院发布的《村镇建房用地管理条例》和省人大常委会颁布的《浙江省关于国家建设征用土地和农村社队建设用地管理办法（试行）》等文件精神，结合我县实际情况，为了防止村镇建房乱占滥用耕地，保障农业生产用地，特制定开化县村镇建房用地管理办法。

一、村镇建房必须统一规划

村镇建房没有规划，必然造成盲目建设，越建越乱。因此，村镇建房必须统一规划。规划应本着节约用地，有利生产，方便生活，合乎卫生，因地制宜，适当集中的原则，由生产队、大队统一制定规划方案，经社员大会讨论通过，报镇、社批准，并报县农业局、县基建局备案。规划确定后，任何单位或个人都不得擅自改变。确需修改，应报原批准机关同意。村镇建房规划可以先粗后细，先搞粗线条的总体规划，首先解决合理布局，控制用地的问题。这个规划要在一九八三年底前基本完成。凡没有规划的大队、生产队，不论集体和个人建房一律不予审批。

农村社队建设用地，不调整农业税、粮食购销指标和其他副产品的派购任务。

二、村镇建房要尽量节约用地

珍惜和合理利用每寸土地，是我们的国策。我县人口多，耕地少，村镇建房更要尽量节约用地。凡是能利用荒地的，就不得占用耕地；凡是能利用山坡地、瘠薄地的，就不得占用平地、好地；凡是能对原有村镇进行合理改造的，就应充分利用原有宅基地和空闲地。为了节约建房用地，农村要提倡盖二、三层的楼房，不盖平房；城镇机关、商店、学校、居民住宅等建设，更要提倡高层建筑，向空间发展，尽量减少用地面积。

三、审批社员建房用地原则

社员建房用地限额，包括原有住房面积，每人 20—25 平方米，小户（3 口以下）75 平方米，中户（4—5 口）110 平方米，大户（6 口以上）125 平方米。现在住房面积每人平均在 20 平方米以下，建房资金和材料基本落实的，可以审批。虽未达到标准，但目前子女年幼，住房条件尚好的，应当暂缓报批。对非农业户的建房用地要从严掌握。有以下情况的，不予审批：1. 已达到住房标准的；2. 有房屋出租或有余房的；3. 不实行计划生育超生的子女。

四、社员和社、队企事业建房用地审批手续

社员建房在统一规划的基础上，提倡由大队、生产队按照规划统一组织建房。对于暂时没有条件统一建房的大队、生产队，社员建房用地由本人书面申请，生产队社员大会讨论通过，经大队、镇、社审核，以大队为单位集中报县农业局审批。

社、队企事业单位申请建设用地，经社员大会或社员代表大会讨论通过，按照用地数量的审批权限和依据，上报土地管理部门审批。

五、征用土地审批手续

需要征用耕地的单位，由镇、社审查。征用一亩以下的，报县农业局批准；二亩以下的，由县人民政府批准；二亩以上的，报地区行政公署批准；三亩以上的，报省人民政府批准。征用非耕地，四亩以下，由县农业局审查，县人民政府批准；六亩以下，报地区行政公署批准；六亩以上，报省人民政府批准。

城镇建房，按照统一规划布局，经镇人民政府审核，报县基建局批准，然后按规定办理土地征用手续。

城关镇的国庆、星群，华埠镇的华阳、华西、孔桥等五个大队的菜田、菜地，应严格控制，一般不得征用。如确因国家建设需要征用，除按规定向被征地单位缴付土地补偿费外，每亩应向国家缴付菜地建设费一万元。

申请征用建设用地，必须同时送交以下依据：

1. 批准建设的文件和用地平面图。

2. 土地补偿协议书。

3. 有污染的建设项目，需附环保部门同意定点的意见。

六、征用土地各项补偿费的标准

征用生产队的土地，必须按照兼顾国家利益、集体利益和社员个人利益的原则，予以经济补偿，但不准高价和变相高价买卖土地。补偿费按征用前四年实际产量和国家规定的价格计算，由征用单位一次补清。土地补偿费只能用作开垦土地，发展农工副业生产及扩大再生产，不得移作他用。征用无收益的土地，不予补偿。青苗补偿费，按"有苗补偿，无苗不补"的原则处理。生产队自接到批准征用通知之日起，不得在征用土地上抢种，抢种的作物，不予补偿。

被征用土地的单位，要服从国家建设需要，在做了合理补偿后，要按期拨出被征用的土地，不得提出政策规定以外的不合理要求。

征用土地的单位，除缴土地补偿费外，每亩应向国家缴付造地费一千元。菜地建设费和造地费缴县土地管理部门，用于菜地建设和造田造地，不得移作他用。

七、土地的所有权和使用权

农村人民公社、生产大队、生产队的土地，分别归公社、大队、生产队集体所有。集体分配给社员的宅基地、自留地、自留山和承包的耕地，社员只有使用权，没有所有权。不准出租，不准买卖，不准转让，不准在承包地和自留地上擅自建房、葬坟、开矿、起土。

八、社员建房用木材审批手续

社员建房用木材，要纳入采伐计划，生产队、大队统一采伐，围量出售，现款结算。严禁个人上山砍伐，违者予以没收或罚款。用材标准按批准建房面积每平方米零点零七立方米计算，最高不超过零点一立方米。

九、村镇建房用地情况要进行一次检查和清理

各区、镇、公社、大队，都要按县委、县政府《关于严肃处理侵占耕地建房和加强村镇建房用地管理问题的决定》，对一九七九年一月二日以来村镇建房用地等情况进行一次检查和清理；县农业局及有关部门，要负责配合区、镇、社搞好这一工作；在检查和清理中，对于不征先用，少征多用，征而不用，特别是强占耕地建房，买卖、出租建房用地等事件，要予以严肃处理，坚决刹住乱占滥用耕地的歪风。

十、奖励与处罚

1. 认真贯彻、模范遵守国务院《村镇建房用地管理条例》和本管理办法有突出贡献的单位和个人，应给予表扬和物质奖励。改造旧村腾出的宅基地为耕地的，每亩由县土地管理部门奖励一百元，并从有收入第一年起，免征农业税及粮

食征购任务五年。

2. 对出卖、出租和转让建房用地的，要限期收回土地归集体，没收其所得的全部款项，并再处以罚款。对买卖土地，牟取暴利的为首分子，要同时追究法律责任。

3. 凡是未经批准擅自占用土地建房，其中符合建房条件和村镇规划要求的，根据情节轻重给予赔偿经济损失或罚款处理后，补办审批手续；不符合的，限期拆房腾地，将原地退回集体。情节严重者，要追究行政和法律责任。

4. 建房用地批准后，半年不动工者，应将土地退回集体，一年不建成使用者，无特殊情况的，应赔偿经济损失。

5. 社队干部、国家工作人员违反本管理办法，或在审批建房和用地方面利用职权，营私舞弊，行贿受贿，要追究行政责任和经济责任甚至法律责任。

6. 违反本管理办法，根据情节由镇、社、队给予赔偿、罚款、没收等经济处罚。情节严重拒不执行经济处罚的，可依法裁决，强制执行。需要给予行政处分的，按干部管理权限，由主管部门决定；需要追究法律责任的，由人民法院依法处理。

7. 对违反本管理办法，需要给予罚款处理的，其所罚金额的百分之八十归镇、社，百分之二十交县土地管理部门，主要用于土地基本建设，也可以少量用于奖励执行本管理办法有显著成效的单位和个人。

关于防治污染保护环境的决议

（1985年12月20日开化县第八届人民代表大会常务委员会第九次会议通过）

开化县第八届人民代表大会常务委员会第九次会议，听取了县城乡建设环境保护局、县防疫站关于环境、水质污染的情况汇报。会议认为，我县地处钱江源头，多年来，县委、县政府发动群众植树造林，并有计划地开发山区自然资源。环保、防疫等部门，在环境保护和防治污染、改善饮水条件等方面，做了大量工作，取得了一定成绩，多数地方山清水秀，环境质量较好。但是，近几年来，随着山区经济的发展、工业生产的兴起，部分地区的环境受污染，生态遭破坏，特别是华埠、县城等地，一些企事业单位排放出来的废水、废渣、废气、粉尘等有害物质，还有噪声，污染了河道和大气，破坏了农业生态，影响农作物生长，危害人民群众的身体健康，人民群众很有意见。如不立即治理，这种危害将继续加剧，后患无穷。这一严重问题，必须引起各级领导和企事业单位的高度重视。

会议认为，搞好环保工作的关键在于提高认识、加强领导。防治污染，保护环境，是我国的一项基本国策。要大力加强宣传教育，广泛深入宣传有关环境保护的法律、法规，提高广大干部群众，特别是各级领导干部的认识，纠正和克服"搞生产建设，环境污染不可避免""先办厂、后污染、再治理"等把环境保护同生产建设对立起来的错误思想，坚持经济效益与社会效益、环境效益相统一。各级政府和企业要把环保工作提到议事日程上来，切实加强领导，县级有关委、办、局、公司，各区、镇、乡要有一名领导分管环保工作。要健全县环保监测站，充实力量，落实资金，加强技术培训，确保环保工作的顺利开展。

会议指出，加强环保工作，要从人治走向法治。各级政府和企事业单位要严格执行《中华人民共和国环境保护法》和《中华人民共和国水污染防治法》的规定，今后新建工厂和乡镇企业，必须坚持"三同时"的原则，要把环保设备的建设，在设计时同时设计，在施工时同时施工，在投产时同时投产，严格控制新的污染发生。对老的污染治理，应秉持"谁污染谁治理"的原则，有关企事业单位要积极开展污染治理，凡已有治理污染设备的都要利用起来。对那些"三废"危害严重的企事业单位，除按国务院《征收排污费暂行办法》征收排污费外，要制定规划，分期分批进行治理，限期达到治理要求。如不加治理或限期达不到治理要求的，采取必要的措施。对危害特别严重的硫磺等厂矿，县政府要组织有关部门实地察看，区别情况，实行关、停、转。

会议要求，县人民政府要结合城乡建设的规划，制定环境治理的综合规划，抓住主要问题，分期分批组织实施。当前，要以马金溪为重点，采取切实可行的措施，运用各种手段，严格开展水污染的防治，以促进我县和下游地区工农业生产的发展，保护人民群众的身体健康。环保、卫生防疫等部门，要充分发挥协调、监督、检查的职能，大力开展环保知识宣传，严格把关，加强检查、监测和技术指导。

各区、镇、乡，各机关、团体、企事业单位都要协调一致，依靠群众，大家动手，保护环境，造福人民。

关于批准全县荒山绿化总体规划的决议

（1990年9月19日开化县第十届人民代表大会常务委员会第四次会议通过）

开化县第十届人民代表大会常务委员会第三次会议听取了县林业局局长王仁东受县人民政府委托所做的关于全县荒山绿化总体规划初步方案的汇报，会议认为这个总体规划初步方案内容具体，目标明确，措施可行，既符合我县的实际，又体现了上级提出的要求，同时建议做一些必要的修改和补充。这次会议经过再次讨论，决定批准这项规划，并做如下决议：

第一，要广泛深入持久地开展荒山绿化的宣传教育，提高全民对植树造林、绿化国土重要意义的认识。消灭荒山绿化全县，既是我县前所未有的，造福于子孙后代的伟大事业，又是一项有利于社会、经济、生态建设的巨大工程。通过各种宣传教育活动，讲清绿化荒山的重要性、必要性和艰巨性，进一步增强信心，从而使绿化全县的宏伟目标变为全县人民的自觉行动，发扬愚公移山、自力更生、艰苦奋斗的精神，投身于绿化荒山的伟大事业。

第二，按照"因山制宜，适地适树，造封并举，管育结合，消灭荒山，绿化全县"的方针，进行分类指导。把绿化荒山规划落到实处，对需要限期绿化的荒山，要采取不同的绿化方法，按规划期限分年度实施。各乡镇要从实际出发，将荒山绿化规划落实到村、到户、到山头，制定具体的实施计划和措施，加强检查督促，确保限期绿化任务的完成。同时要在稳定和完善林业生产责任制的基础上，开展多种形式造林，坚持国家、集体、农户一起上，特别是要巩固和发展乡村林场，积极提倡借山造社、联合造林，以加快荒山绿化的步伐。

第三，采取措施，切实解决资金、劳动力、技术等实际问题。首先要多方筹集资金，增加林业投入。除确保目前比较稳定的资金来源外，要进一步开辟新的资金渠道。完善林业经济扶持政策，管好、用好林业资金，有计划地向荒山绿化方面倾斜，向荒山绿化重点乡村倾斜。其次要依靠农村集体和农民及社会各方面，增加对林业的投入。要充分发动农民群众，健全劳动积累工制度，荒山绿化重点乡村应将劳动积累工大部分用于植树造林、绿化荒山。同时，要广泛动员机关、学校、群众团体，厂矿、企事业单位干部职工、城镇居民，通过兴办"绿化点"、建设"绿色工程"、营造"纪念林"等不同形式，深入开展全民义务植树运动。最后要进一步依靠林业科技，运用各种有效适用的林业生产先进技术，不断提高营林效益。

第四，要坚持以法治林，加强林政管理。实行以法治林，强化林政管理是保护和发展森林资源的重要措施，也是巩固绿化造林成果的重要保证。要进一步贯彻《森林法》，严格执行凭证限额采伐制度，建立和健全县、区、乡、村四级护林网络，坚决制止乱砍滥伐违法行为，严厉打击破坏森林的犯罪活动；同时要加强对山林纠纷的调处工作，确保林区的社会稳定。

第五，消灭荒山，绿化全县，关键在领导。要从上到下建立一个强有力的绿化荒山指挥体系，抓思想发动，抓规划落实，抓行动实施，抓检查督促。要把绿化荒山列入各区公所、乡镇人民政府和村民委员会、村合作社的任期目标，作为考核各级领导政绩的一项重要内容。各乡镇、村行政一把手要亲自蹲点示范，引导和教育广大干部群众，重视荒山绿化，发展林业生产。要层层签订限期绿化责任书，严格考核，讲求实效。要重视和加强村级组织建设，增强村级班子的战斗力，以确保实现绿化荒山的目标。

会议要求各级政府和广大人民群众，为实现"五年消灭荒山、十年绿化开化"的规划目标而艰苦奋斗，努力工作，做出应有的贡献。

关于依法治县的决议

（1998年3月22日开化县第十二届人民代表大会第一次会议通过）

开化县第十二届人民代表大会第一次会议认真审议了本次大会主席团关于提请审议依法治县的议案，决定批准这个议案，并做如下决议：

一、统一思想，充分认识依法治县的重要性

依法治县，就是全县广大人民群众在党的领导下，依照宪法和法律规定，通过各种途径和形式管理国家事务，管理经济和文化事业，管理社会事务，保证各项工作都依法进行，逐步实现全县政治生活、经济生活和社会生活的制度化、法律化。依法治县，是坚持和实行党中央提出的依法治国方略的具体实践，是我县发展社会主义市场经济的客观需要，是建立社会主义民主政治的根本保证，是社会文明进步的必然要求，是维护社会稳定、实现长治久安的重要保障。全县各级政府机关、群众团体、企事业单位和广大干部群众，要充分认识依法治县的重大意义，统一思想，统一行动，积极投身依法治县的伟大实践中，自觉坚持依法治县。

二、依法治县的指导思想和奋斗目标

根据中共开化县委《关于依法治县的决定》，我县依法治县工作的指导思想是：高举邓小平理论伟大旗帜，深入学习贯彻党的十五大精神，坚持党的基本路线，以贯彻宪法、法律和法规为主要内容，以增强全体人民特别是国家工作人员的法制观念、提高执法水平为重点，切实加强普法、执法、司法和法律监督等工作，抓基层、打基础、重实效，使依法治县工作有计划、有步骤、扎实有效地开展，以保障和促进我县两个文明建设顺利进行。

依法治县是社会主义法制建设的重要工作，也是一个长期的艰巨的历史发展进程。因此，必须根据每个时期法制建设的具体要求，结合我县民主法制建设的实际，确定依法治县的目标。

依法治县近期目标是：到20世纪末，使全体人民对国家法律法规常识有进一步了解，守法、用法的自觉性有进一步增强；机关、团体、企事业单位、基层组织依法办事的自觉性和水平明显提高；基本形成适应我县经济和社会发展的与法律、法规、规章配套的规范性文件体系，使全县的政治、经济和社会生活在主要的、基本的方面都有法可依、有章可循；逐步完善执法监督检查机制，基本实现执法监督检查的规范化、制度化，确保法律、法规的贯彻实施；法制工作机构和法制工作队伍基本适应我县法制建设的需要，执法队伍素质明显提高，社会形象显著改善，为实现依法治县的长远目标奠定良好基础。

依法治县的长远目标是：按照党和国家关于加强社会主义法制建设的总体要求，通过依法治县，使我县的政治、经济、文化和社会生活的各个方面，民主和专政的多个环节，都做到有法必依、执法必严、违法必究，在全社会树立法律权威，形成学法、守法、用法、护法的良好风气，使全县政治稳定，经济繁荣，社会进步，两个文明建设取得显著发展。

三、深入开展法制宣传教育，夯实依法治县基础

加强法制宣传教育，提高全社会的法制观念，是实行依法治县的基础性工作。全县县级机关各部门、各乡镇要采取切实措施，认真组织实施我县第三个五年法制宣传教育规划，并逐步使法制教育制度化。坚持法制宣传教育与依法治县相结合，与守法、用法、执法相结合，与经济和社会发展的实际相结合。通过法制宣传教育，推进依法治县，在依法治县中进一步深化法制宣传教育。各级领导干部要在学法、守法、执法中起表率作用，不断提高依法办事、依法管理的水平和能力。通过广泛深入的法制宣传教育，在全社会形成信仰法律、崇尚法制、依法办事的良好风尚，为依法治县奠定坚实基础。

四、突出依法治县重点，严格依法行政和公正司法

依法行政和公正司法是实行依法治县的核心内容，也是行政执法工作和司法工作的基本要求。县人民政府及其行政部门和各乡（镇）人民政府，必须严格按照法定的职权范围和程序行使管理职权，不断提高依法决策、依法行政的能力，更好地运用法律手段管理经济、文化和社会事务。县人民法院、县人民检察院要大力推进司法改革，从制度上保证司法机关依法独立行使审判权和检察权，确保公正司法。县、乡（镇）人民政府和县人民法院、县人民检察院都要加强执法队伍建设，分别建立健全行政执法责任制和冤案、错案责任追究制。国家机关工作人员要切实做到知法守法，文明执法，廉洁执法，秉公执法。

五、强化监督机制和力度，提高监督实效

加强监督工作是实行依法治县的重要环节。县人大常委会要把法律、法规实施的监督放在突出位置，依照宪法和法律赋予的职责，加强对"一府两院"的法律监督和工作监督，促进严格执法。要继续开展人大常委会任命干部述职评议和行政执法评议工作，加大监督力度，提高监督实效。各行政机关和司法机关要建立健全内部监督制约机制，坚决纠正滥用职权、徇私舞弊、执法犯法的现象，切实做到有法必依、执法必严、违法必究。要重视和加强人民群众的监督、舆论监督及其他方面的监督，确保依法治县工作健康推进。

六、切实加强领导，把依法治县落到实处

依法治县是一项宏大的社会系统工程，涉及政治生活和经济、文化生活的各个方面，全县各级国家机关、社会团体、企事业单位都要把依法治县作为一项长期的战略任务列入重要议事日程，切实加强领导。县、乡（镇）人民政府、县人民法院和县人民检察院都要结合各自的实际，制定依法治理的规划和实施方案，并认真组织落实。要依靠广大人民群众，扎扎实实地开展依法治县、依法治乡（镇）、依法治村以及部门、行业的依法治理工作，推进社会主义民主法制建设，促进社会主义物质文明和精神文明建设，保障我县"九五"计划和 2010 年远景目标的实现。

关于实施《开化县生态示范区建设规划》的决议

（2000年1月18日开化县第十二届人民代表大会常务委员会第十三次会议通过）

开化县第十二届人民代表大会常务委员会第十三次会议，听取和审议了县建设局受县政府委托所做的关于《开化县生态示范区建设规划》编制情况的报告。会议认为，建设生态示范区是实施可持续发展战略的必要路径，是落实环境保护基本国策的重要保证。会议原则同意《开化县生态示范区建设规划》，认为该规划指导思想明确，重点突出，覆盖面广，内容全面，具有科学性、创新性、先进性和可操作性。会议要求全县要牢固确立"生态立县"的战略思想，全面推进生态示范区建设，以促进我县经济和社会的可持续发展。

关于设立开化县"生态日"的决定

（2008年11月28日开化县第十四届人民代表大会常务委员会第十三次会议通过）

开化县第十四届人民代表大会常务委员会第十三次会议听取并审议了县政府提请的关于设立开化县"生态日"的议案。会议认为，设立"生态日"是我县"生态立县、特色兴县"战略的创新之举，有利于充分宣传和贯彻我县"生态立县"战略，最大限度地调动全县干部群众参与生态县建设的积极性，培育和提高公众的生态保护意识，有利于进一步展示开化良好的生态环境和淳朴的乡情民风，不断扩大开化对外美誉度，对进一步改善投资环境，促进经济社会可持续发展，全面建设小康社会具有重要意义。为此，会议决定：每年的 5 月 5 日为开化县"生态日"。

会议号召，全县人民要充分利用"生态日"这一载体，进一步贯彻和实施"生态立县"战略，通过各种方式和途径，积极投入我县生态县建设中来，为建设生态环境一流的美好家园而不懈努力。

会议要求，要精心设计载体，认真开展"生态日"活动。县政府要切实加强对"生态日"活动的领导，每年"生态日"，要根据我县生态建设的实际和人民群众的意愿，确定一个主题，并围绕主题精心设计活动。活动内容力求丰富多彩，要吸引全县广大干部群众参与到"生态日"活动中来，努力把公众的生态意识转化为保护生态环境、建设生态开化的自觉行动，努力使"生态日"深入人心，成为普通民众自己的节日；要把"生态日"活动同文明城市创建、新农村建设等重点工作结合起来，同世界地球日、世界环境日等活动结合起来，使"生态日"活动内涵放大、时间拉长，从而达到更加理想的效果。

会议指出，生态县建设是一项长期而艰巨的任务，"生态日"活动也必须着眼长远，持之以恒。要以设立"生态日"为契机，在一定的时期内，掀起一个宣传生态、保护生态、建设生态的高潮。要对"生态日"活动做出长远规划，根据开化县情，从实际出发，分年度及早确定"生态日"主题，使"生态日"活动能保持一定的连续性，推动我县建设国家级生态县目标早日实现。

关于建设国家东部公园的决定

（2014年3月28日开化县第十五届人民代表大会常务委员会第十五次会议通过）

为了全面贯彻落实党的十八大、十八届三中全会精神和县委十三届五次全会做出建设国家东部公园的决策部署，动员全县上下合力建设国家东部公园，特做出如下决定：

一、建设国家东部公园的重大意义

建设国家东部公园，是对"生态立县"发展战略的传承创新，是"绿水青山就是金山银山"理念在我县的生动诠释，是国家主体功能区和省级重点生态功能区示范区、国家公园、国家生态文明县、国家生态旅游示范区等试点建设的重要载体，是生态文明和美丽中国建设在我县的具体实践。建设国家东部公园，体现了科学发展观的要求，符合开化实际，是造福当代、惠及子孙的民心工程。建设国家东部公园，对于明确开化主体功能定位，积极有效保护生态环境，把生态优势转化为核心竞争力，推动经济转型发展，提升人民群众生活质量，提高开化知名度和区域竞争力，具有重要意义，是全县人民共同的奋斗目标。全县各乡镇部门要切实把思想和行动统一到县委的决策部署上来，坚定信心，更加自觉、更加主动地担当起建设国家东部公园的历史使命。

二、建设国家东部公园的目标

建设国家东部公园，就是紧紧围绕县委十三届五次全会提出的目标要求，以经济生态化、生态经济化为导向，以全域景区化、景区公园化为主线，以公园的理念规划、建设、管理城乡，变"在城市里建公园"为"在公园里建城乡"，通过努力，建成一个生产生活生态融合、宜居宜业宜游宜养的高品质、复合型国家公园，建成自然开化、休闲开化、人文开化、美丽开化。努力成为文化旅游融合发展先行区、绿色产业转型发展先行区、生态文明制度建设先行区，打造生态文明建设样本。

三、建设国家东部公园的原则

建设国家东部公园要坚持规划为先、保护为重、发展为要、创新为上、民生为本的总原则。要统一规划、分步实施，正确处理远期目标与近期目标、总体规划与专项规划的关系，近期要按照《开展重点生态功能区示范区建设打造国家东部公园行动方案》的要求抓好落实；要尊重自然、加强保护，注重保持山水林田湖及其自然景观的原生态和人文景观的原风貌；要坚持绿色发展、循环发展、低碳发展，实现人口资源环境协调、经济社会生态共赢；要因地制宜、讲求实效，突出本地特色，发挥本地优势；要加强控制、科学利用，优化资源配置；要发挥群众主体作用，让群众参与规划、建设、管理和监督的全过程，共同珍爱和维护美好家园。

四、建设国家东部公园的重点任务

国家东部公园建设，是一项系统性、全局性工程，是长期而艰巨的改革发展任务，要全力推进国家东部公园绿色产业、低碳开发、美丽城乡、公园架构、生态涵养、生态人文、公共服务、行政管理等八大体系建设。以文化旅游为引领，优化产业结构，加快生态产业培育，做精生态农业、做优生态工业、做强三产服务业，大力发展康体休闲养生、乡村旅游精品项目。做大中心城区，做亮城市"会客厅"，加快五条乡村休闲旅游线路和主题公园建设，打造风情小镇，建设三省边际最佳旅游目的地。深化生态环境保护，积极开展"清理河道、清洁城乡"行动，深入推进"五水共治"、绿化彩化亮化、"四边三化"、节能减排、工业废水集中处理、大气复合污染防治等工程，改善水环境、自然环境和空气质量。正确处理城乡统筹发展、国家东部公园建设与惠民富民的关系，推进农民转移集聚工作，注重提高城乡居民收入水平，进一步完善就业、教育、医疗、养老、救助等社会保障和服务体系。深入推进"平安开化""法治开化"建设，倡导良好风尚，建设民主法治、公平正义、诚信友爱、安定有序的和谐社会。

五、合力建设国家东部公园

加强组织领导，成立建设国家东部公园工作机构，分解落实各项任务。各乡镇部门要制定具体工作计划，明确工作要求，整体有序推进建设；加强宣传引导，提高全社会文明素养，增强全民生态自觉和参与意识、生态环境保护意识，营造良好的社会环境；强化机遇意识、先行意识和对接意识，积极争取上级支持，加大招商引资力度，逐步建立多元投入的投融资机制；按照"两减两调"要求，推进行政体制改革和行政区划调整，加快小城市培育试点建设步伐，深化行政审批、土地和林权等制度改革，建立与国家东部公园建设相适应的体制机制，率先建立重点生态功能区和国家公园建设指标体系；强化法治保障，县人大及其常委会要加强对国家东部公园建设的监督，适时对重点工作做出决议或决定，并对决议或决定的贯彻执行进行跟踪监督。充分发挥人大代表作用，鼓励代表在推进国家东部公园建设中多做贡献。县人民法院、县人民检察院要公正司法，坚决制止和依法惩处各类破坏生态环境的违法行为。

全县各乡镇部门和广大干部群众要在中共开化县委的领导下，立即行动起来，齐心协力，真抓实干，全力建设国家东部公园，为建成自然开化、休闲开化、人文开化、美丽开化的目标而努力奋斗！

关于促进和保障高质量发展建设共同富裕先行地的决定

（2021年8月13日开化县第十六届人民代表大会常务委员会第四十三次会议通过）

共同富裕是社会主义的本质要求，是人民群众的共同期盼。为全面贯彻落实《中共中央　国务院关于支持浙江高质量发展建设共同富裕示范区的意见》和中共浙江省委十四届九次全会、中共衢州市委七届十次全会、中共开化县委十四届十三次全会精神，促进和保障高质量发展建设共同富裕先行地，做如下决定：

一、提高政治站位、统一思想认识，坚决扛起高质量发展建设共同富裕先行地的时代重任

高质量发展建设共同富裕示范区是习近平总书记亲自谋划、亲自定题、亲自部署、亲自推动的重大战略决策，是以习近平同志为核心的党中央赋予浙江的光荣使命，是浙江的重大政治责任和前所未有的重大发展机遇，也是全省各级各地必须回答好的重要政治答卷。开化作为全省山区 26 县之一，是习近平总书记深情点赞的"好地方"，2020 年又被省委赋予"成为展示习近平生态文明思想示范窗口"的重要使命，必须忠实践行重要嘱托，牢牢把握历史机遇，勇扛使命、接续奋斗，扎实推动高质量发展建设共同富裕先行地，以跨越赶超、奋勇争先的姿态奋进新百年、启航新征程、开辟新境界。

全县各级国家机关、社会团体、企业事业单位和广大人民群众应当认真学习领悟、全面贯彻落实习近平总书记关于共同富裕的重要论述精神，增强"四个意识"、坚定"四个自信"、做到"两个维护"，把思想和行动统一到中央和省委、市委、县委的决策部署上来，大力弘扬伟大建党精神、浙西革命斗争精神，保持奋进者姿态，激发创造性张力，在通往共同富裕的道路上大力探索、加速奔跑，让开化成为浙江共同富裕美好社会图景中一道亮丽风景，让开化人民过上更宽裕、更便利、更舒适、更安心、更有尊严的幸福美好生活。

二、锚定前行目标、把握原则方向，加快展现高质量发展建设共同富裕先行地的美好图景

高质量发展建设共同富裕先行地必须坚持以习近平新时代中国特色社会主义思想为指导，牢记习近平总书记"三句嘱托""一句点赞"，牢牢把握坚持党的全面领导、以人民为中心、共建共享、改革创新、系统观念"五大工作原则"，对标浙江高质量发展建设共同富裕示范区、衢州高质量发展建设四省边际共同富裕示范区，以满足人民日益增长的美好生活需要为根本目的，以数字化改革为重要手段，以改革创新为根本动力，以解决地区差距、城乡差距和收入差距问题为主攻方向，以经济发展主要指标增幅高于全省平均水平、城乡居民收入年均增幅高于全省平均水平"两个高于"为目标，按照到2025年、2035年"两阶段发展目标安排"要求，全域、全民、全面、高质量推动共同富裕，加快破解发展不平衡不充分问题，着力构建在高质量发展中扎实推动共同富裕的体制机制，在开化大地上率先展现共同富裕美好社会的基本图景。

到2025年，社会主义现代化国家公园城市基本形态初步形成，高质量发展建设共同富裕先行地取得明显实质性进展，争当创新动能更加强劲、城乡融合更加优化、数字变革更加有力、公共服务更加优质、生态之美更加彰显、精神文化更加富足、社会治理更加高效的先行示范。到2035年，基本建成社会主义现代化国家公园城市，与全省同步基本实现共同富裕，物质文明、政治文明、精神文明、社会文明、生态文明充分彰显，基本建成共同富裕美好社会。

三、突出结果导向、精准统筹发力，奋力打造高质量发展建设共同富裕先行地的实践样板

"十四五"时期是我县加快建设社会主义现代化国家公园城市的关键期，也是奋力打造高质量发展建设共同富裕先行地的第一程。要围绕"立足新发展阶段、贯彻新发展理念、构建新发展格局"，深化落实重点任务清单、突破性抓手清单、重大改革清单、最佳实践清单"四张清单"，突出创新性突破性重大工作抓手，加快形成一批有影响力、有辨识度的重大标志性成果，为全省建设示范区、全国实现共同富裕提供更多的开化素材、积累更多的开化经验。

全面实施创新赋能行动，优化创新创业生态，全面构建现代产业体系，全面推进需求提质升级，培育壮大各类市场主体，奋力打造高质量经济场景。

全面实施融合赋能行动，加快构建一体化发展格局，加快新型城镇化建设，加快推进乡村集成改革，全面提高强村惠民幸福指数，奋力打造高水平均衡场景。

全面实施创业赋能行动，营造高质量就业创业环境，全力打造人才"蓄水池"，全面开展先富带后富"三同步"行动，奋力打造高感知社会场景。

全面实施服务赋能行动，重点打造"善育开化""学在开化""开化工匠""健康开化""颐养开化""乐居开化""善行开化"等"幸福开化七大品牌"，建立健全覆盖全民社保体系，奋力打造高品质生活场景。

全面实施生态赋能行动，全力打好生态环境巩固提升持久战，强化生态修复和生物多样性保护，全面推行生态产品价值实现机制，全面推进碳达峰碳中和，奋力打造高标准美丽场景。

全面实施文化赋能行动，打响钱江源文化品牌，加速现代文化产业高质量发展，全面提升公共文化服务水平，全面提高社会文明程度，奋力打造高标识人文场景。

全面实施数字赋能行动，全面深化数字化改革，全面提升县域整体智治水平，全面建设法治开化，高质量建设平安开化，奋力打造高效能治理场景。

四、秉持共同理想、突出共建共享，广泛凝聚高质量发展建设共同富裕先行地的磅礴伟力

县乡两级人大应当积极履行法定职责，充分发挥法律推动和保障改革发展的作用，落实立法配合机制，努力推动上级人大创制性立法中吸收更多开化元素、开化经验、开化需要，为高质量发展建设共同富裕先行地筑法治之基、行法治之力、积法治之势；围绕共同富裕先行地建设的重点、难点和关键点，通过听取和审议专项工作报告、开展执法检查、专题询问、适时做出重大事项决定等方式，推动共同富裕先行地建设重大决策部署的落地落实；深化预决算、国有资产管理、地方政府债务审查监督，推动完善再分配制度，促进基本公共服务均等化；加强对国民经济和社会发展规划、国土空间规划等实施情况的监督，优化县域空间布局，促进经济社会协调可持续发展。各级人大代表应当从践行全过程人民民主的高度，认真履行代表职责，密切联系人民群众，依托代表联络站室、"一网三联"等平台，通过走访、调研、视察等方式，听取和反映人民群众的意见和要求，积极提出推动共同富裕先行地建设相关的议案、意见和建议，在自己参加的生产、工作和社会活动中发挥模范带头作用，引领和带动全县人民积极投身共同富裕先行地建设伟大实践。

县乡两级政府及其各部门要全面贯彻县委十四届十三次全会决策部署，统筹做好高质量发展建设共同富裕先行地的组织实施工作，按照"每年有新突破、5年有大进展、15年基本建成"的安排，坚持和加强党的全面领导，建立上下联动、高效协同抓落实机制，强化政策保障和改革创新，构建推动共同富裕的考核评估体系，建立争先创优机制，保证中央和省委、市委、县委决策部署及本决定的贯彻实施。要加强组织领导，细化目标任务，压实工作责任，做优要素保障，实行清单式推进、闭环式管理，创造性、系统性推动共同富裕先行地建设目标如期高质量完成。

县监委应当积极履行法定职责，围绕共同富裕先行地建设目标和重点任务，健全大监督工作格局，突出监督重点、明确监督路径、完善监督机制，促进各类监督贯通融合，健全贯彻重大决策部署的督查问责机制，高水平强化正风肃纪反腐。深入推进清廉开化建设，加强监督检查，为共同富裕先行地建设营造风清气正的良好政治生态和发展环境。

县人民法院、县人民检察院应当坚持司法为民、公正司法，找准服务保障共同富裕先行地建设的结合点和着力点，围绕科技成果保护、要素市场化配置、公共服务社会化、社会治理创新、和谐劳动关系建设、特殊群体保护等方面，依法履行审判、法律监督职能，加快数字法院、数字检察建设，提升司法质量、效率和公信力，为共同富裕先行地建设营造良好的法治环境。

工会、共产主义青年团、妇女联合会、残疾人联合会、工商业联合会、科学技术协会等群团组织，应当结合各自工作对象特点，发挥各自优势，激发社会各界参加共同富裕先行地建设的积极性、主动性和创造性。

基层群众性自治组织应当发挥自我管理、自我教育、自我服务、自我监督功能，发挥村规民约、居民公约的引导和约束作用，协助做好经济发展、基层治理、民生保障、乡村文明等方面相关工作，实现自治、法治、德治、智治融合，促进乡村振兴和新型社区建设。

鼓励和引导企业事业单位、社会团体、其他组织和个人等社会力量依法通过捐赠、互助互济、志愿服务等方式，积极参与和兴办社会公益事业，参加共同富裕先行地建设。各类企业及经营者应当履行社会责任，构建和谐劳动关系，与员工共享企业发展成果。

各级各部门必须毫不动摇地将坚持党的全面领导贯穿于高质量发展建设共同富裕先行地的全过程、各领域、各环节，将党的政治优势和制度优势转化为推动共同富裕先行地建设的强大动力和坚强保障。要增强敢闯敢试、改革破难的担当精神，始终保持奋进姿态，推动各领域各方面政策制度系统性变革，率先形成可复制可推广的创新性突破性成果。

本决定自公布之日起施行。

关于加强经济工作监督的决定

（2024年3月27日开化县第十七届人民代表大会常务委员会第二十二次会议通过）

为深入学习贯彻习近平新时代中国特色社会主义思想，认真落实中央和省委、市委、县委决策部署，更好地依法履行职责，进一步加强经济工作监督，推动我县在高质量跨越式发展中建设现代化国家公园城市、打造中国式现代化山区县样板，根据宪法和法律法规要求，参照省、市人大常委会关于加强经济工作监督的决定，结合开化实际，特做如下决定：

第一，县人大常委会依法对县政府经济工作行使监督职权。县人大财政经济委员会和预算工委、经济工委等承担有关具体工作。县政府及其有关部门应当做好协助和配合。

第二，县人大常委会开展经济工作监督，必须坚持中国共产党的领导，坚持以习近平新时代中国特色社会主义思想为指导，坚持以人民为中心的发展思想，坚持和完善社会主义基本经济制度，保障和促进市场在资源配置中起决定性作用和更好发挥政府作用，把握新发展阶段，贯彻新发展理念，构建新发展格局，推动高质量跨越式发展。

第三，开展经济工作监督应当始终围绕中心、服务大局、突出重点，深入践行全过程人民民主，强化目标导向、问题导向、效果导向、高质量发展导向，坚持正确监督、有效监督、依法监督、精准监督，寓支持于监督之中，增强监督的针对性和实效性。

第四，县人大财政经济委员会会同经济工委等原则上在县人民代表大会会议举行的三十日前，对上一年度国民经济和社会发展年度计划执行情况与本年度国民经济和社会发展计划草案的初步方案进行初步审查。

第五，对国民经济和社会发展年度计划初步审查时，县政府有关主管部门应当提交以下材料：

（1）关于上一年度国民经济和社会发展计划执行情况与本年度国民经济和社会发展计划草案的报告，其中包括县人民代表大会决议贯彻落实情况，上一年度国民经济和社会发展计划主要目标和任务完成情况，对本年度国民经济和社会发展计划主要目标、工作任务及相应的主要政策、措施的编制依据和考虑做出说明

和解释;

（2）本年度国民经济和社会发展计划草案的初步方案;

（3）关于上一年度县级政府重大投资项目实施情况和本年度县级政府重大投资项目的安排;

（4）初步审查所需要的其他材料。

第六，对国民经济和社会发展年度计划初步审查的重点是:

（1）上一年度国民经济和社会发展计划完成情况，特别是主要目标和任务的完成情况;

（2）本年度国民经济和社会发展计划编制的指导思想应当符合县委决策部署，符合国民经济和社会发展五年规划纲要和中长期规划纲要，符合我县建设现代化国家公园城市、打造中国式现代化山区县样板的部署要求;

（3）主要目标、重点任务和重大投资项目安排应当符合经济发展条件，特别是资源、财力、环境、能耗等实际支撑能力，符合五年规划纲要实施的基本要求，有利于经济社会长期健康发展;

（4）主要政策取向和措施安排应当符合完善体制机制和依法行政的要求，坚持目标导向和问题导向，针对性强且切实可行。

第七，县人大财政经济委员会向县人民代表大会主席团提出关于上一年度国民经济和社会发展计划执行情况以及本年度国民经济和社会发展计划草案的审查结果报告。审查结果报告应当包括下列内容:

（1）关于上一年度国民经济和社会发展计划执行情况的总体评价，需要关注的主要问题;

（2）对本年度国民经济和社会发展计划报告和计划草案的可行性做出评价，对本年度国民经济和社会发展计划执行工作提出意见和建议;

（3）对县人民代表大会会议批准国民经济和社会发展年度计划报告和计划草案提出建议。

第八，县人大常委会应当加强对县人民代表大会批准的国民经济和社会发展年度计划执行的监督。

县人大常委会应当在每年七月审议县政府关于本年度上半年国民经济和社会发展计划执行情况的报告。县人大常委会的审议意见，交由县政府研究处理。

第九，对国民经济和社会发展年度计划执行监督的重点是:

（1）国民经济和社会发展年度计划执行应当贯彻县委决策部署，落实县人民代表大会决议要求，符合政府工作报告中提出的各项目标和任务要求;

（2）主要目标特别是约束性指标完成情况、重点任务和重大投资项目进展情况应当符合国民经济和社会发展年度计划进度安排；

（3）国民经济和社会发展计划执行情况的报告应当深入分析存在的主要困难和问题及其原因，对未达到预期进度的指标和任务应当做出说明和解释，提出具有针对性且切实可行的政策措施，推动国民经济和社会发展年度计划顺利完成。

第十，国民经济和社会发展五年规划纲要和中长期规划纲要草案的初步审查和审查，参照本决定第四条、第七条的规定执行。

五年规划纲要和中长期规划纲要草案提请县人民代表大会审查批准的前一年，县人大财政经济委员会会同经济工委围绕五年规划纲要和中长期规划纲要编制工作开展专题调研，听取调研工作情况的报告，并将调研报告送有关方面研究参考，为县人民代表大会审查批准做好准备工作。

第十一，对五年规划纲要和中长期规划纲要草案初步审查时，县政府有关主管部门应当提交以下材料：

（1）五年规划纲要和中长期规划纲要草案；

（2）关于五年规划纲要和中长期规划纲要草案及其编制情况的说明，其中应当对上一个五年规划纲要的主要目标和任务完成情况、县人民代表大会决议贯彻落实情况、本五年规划纲要主要目标和重点任务的编制依据和考虑等做出说明和解释；

（3）关于县级政府重大投资项目的安排；

（4）初步审查所需要的其他材料。

第十二，对五年规划纲要和中长期规划纲要草案初步审查的重点是：

（1）上一个五年规划纲要实施情况；

（2）本五年规划纲要编制的指导思想应当符合县委关于五年规划的建议精神，能够发挥未来五年发展蓝图和行动纲领的作用；

（3）主要目标、重点任务和重大投资项目应当符合本县实际和发展阶段，符合经济社会发展的客观规律，符合本县中长期发展战略目标，兼顾必要性与可行性；

（4）主要政策取向应当符合党的基本理论、基本路线、基本方略，针对性强且切实可行。

第十三，县政府有关部门编制国土空间规划、区域规划、重点专项规划时应当征求县人大常委会有关工作机构的意见。

第十四，县政府应当加强对五年规划纲要实施情况的动态监测。县人大常委会应当加强对五年规划纲要实施的监督。

县政府有关主管部门应当及时将五年规划纲要实施情况的动态监测材料送县人大常委会。县人大常委会有针对性地做好五年规划纲要实施的监督工作，推动五年规划纲要顺利实施。

第十五，五年规划纲要实施的中期阶段（第三年下半年），县政府应当将五年规划纲要实施情况的中期评估报告提请县人大常委会审议。县人大常委会在审议五年规划纲要实施情况中期评估报告的同时，可以选择若干专项规划中期评估报告进行同步审议。经济工委牵头组织开展专题调研，并向县人大常委会提出实施情况的调研报告。

县人大常委会组成人员的审议意见交由县政府研究处理，县政府应当将研究处理情况向县人大常委会提出书面报告。五年规划纲要实施情况中期评估报告以及专项规划中期评估报告、县人大常委会组成人员的审议意见和县政府对审议意见的研究处理情况，向县人大代表通报并向社会公布。

对五年规划纲要实施情况中期评估的监督重点是：

（1）五年规划纲要实施应当符合县委的规划建议精神，贯彻落实县人民代表大会决议要求；

（2）主要目标特别是约束性指标完成情况、重点任务和重大投资项目进展情况应当符合五年规划纲要进度安排；

（3）五年规划纲要实施情况中期评估报告应当深入分析存在的主要困难和问题及其原因，对未达到预期进度的指标和任务应当做出解释和说明，提出有针对性且切实可行的政策措施，推动五年规划纲要顺利完成。

第十六，县政府应当对上一个五年规划纲要实施情况进行总结评估，形成总结评估报告，与提请县人民代表大会审查批准的五年规划纲要草案一并印发县人民代表大会会议。五年规划纲要的总结评估报告应当包括下列内容：

（1）主要指标完成情况；

（2）重点任务落实情况；

（3）重大投资项目实施情况；

（4）存在的主要困难和问题；

（5）相关意见建议。

第十七，经县人民代表大会批准的国民经济和社会发展年度计划、五年规划纲要在执行过程中，出现下列情况之一的，可以进行调整：

（1）因经济形势发生重大变化导致有关重要政策和主要目标、重点任务等做出重大调整的；

（2）发生特别重大自然灾害、全局性的重大公共安全事件或者进入紧急状态等情况导致国民经济和社会发展年度计划、五年规划纲要无法正常执行或者完成的；

（3）其他特殊情况导致国民经济和社会发展年度计划、五年规划纲要无法正常执行或者完成的。

第十八，国民经济和社会发展年度计划、五年规划纲要经县人民代表大会批准后，在执行过程中需要做部分调整的，县政府应当将调整方案提请县人大常委会审查和批准。国民经济和社会发展年度计划调整方案的提出一般不迟于当年第三季度末；五年规划纲要调整方案的提出一般不迟于其实施的第四年第二季度末。

除特殊情况外，县政府有关主管部门原则上在县人大常委会会议举行的三十日前，将调整方案送交县人大常委会，经济工委进行初步审查，并向县人大常委会提出审查结果报告。

经县人大常委会批准的国民经济和社会发展年度计划、五年规划纲要调整方案，应当向县人民代表大会下次会议报告。

第十九，县人大常委会围绕县委重大决策部署以及全县经济工作中心和全局依法加强监督。重点关注"生态立县、产业兴县、创新强县"三大发展战略和"工业强县、城市蝶变、龙顶振兴、全域旅游、数字变革"五大战略跑道等方面工作落实情况，必要时可以听取和审议县政府专项工作报告、开展专题询问和质询、特定问题调查或者做出决议。

第二十，县政府出台事关国民经济和社会发展全局、涉及人民群众切身利益的重要决策，出现下列情况之一的，依法在出台前向县人大常委会报告：

（1）因经济形势发生重大变化需要对有关重要政策做出重大调整；

（2）涉及国家经济安全、本县发展大局、人民群众切身利益的有关重大改革或者政策方案出台前；

（3）重大自然灾害或者给国家财产、集体财产、人民群众生命财产造成严重损失的重大事件发生后；

（4）其他有必要向县人大常委会报告的重大经济事项。县人大常委会认为必要时，可以依法做出决定决议，也可以将讨论中的意见建议转送县政府及其有关部门研究处理。

第二十一，县人大常委会对国民经济和社会发展年度计划、五年规划纲要确定的县级政府重大投资项目实施情况加强跟踪监督，根据需要听取县政府的工作汇报，进行审议，认为必要时可以做出决议。

预算工委牵头组织部分县人大代表对县级政府投资项目的实施情况进行专题视察或开展人民代表大会专题调研，向县人大常委会提出专题调研报告。

县政府应当每年向县人大常委会报告上年度县级政府重大投资项目计划执行情况及本年度县级政府重大投资项目计划安排情况。

第二十二，县人大常委会应当依法加强对金融工作的监督，重点监督金融支持实体经济、防范化解金融风险、地方金融监督管理等情况，适时听取和审议县政府金融工作情况的报告。

第二十三，县人大常委会通过听取和审议专项工作报告、执法检查、询问和质询、特定问题调查、专题调研等方式，加强对县政府及其有关部门经济工作的监督。通过综合运用多种监督方式，加强持续监督、协同监督、跟踪问效，提升经济工作监督质效。通过建立健全问题收集、分析、处理、反馈、跟踪机制，着力推动人民群众普遍关心的重点难点热点问题的解决。通过运用审计监督和统计监督成果、委托第三方评估等，切实提高经济工作监督的针对性和科学性。

第二十四，县人大常委会应当建立上下联动、横向贯通、高效协同的经济工作监督推进机制。

健全完善县人大经济工作监督与县监察委员会、县发展和改革局、县审计局、县统计局等部门监督的协作联动工作机制，配合做好省、市、县三级人大经济工作监督，形成工作合力。

第二十五，对县人民代表大会及其常委会在经济工作监督中做出的决议、决定和审议意见等，县人大常委会应当加强跟踪监督，督促县政府及其有关部门贯彻执行，认真研究处理意见和建议并及时反馈。县人大常委会认为必要时，可以就有关情况听取和审议县政府的专项工作报告。县政府应当在规定期限内，将决定、决议的执行情况或者审议意见的研究处理情况向县人大常委会报告。对不执行决定、决议或者执行决定、决议不力造成严重后果的，县人大常委会可以通过质询等方式加强监督。

第二十六，县人大常委会应当推进经济工作监督数字化改革，加快构建横向多跨协同、纵向上下贯通的数字化监督机制和应用场景，健全完善共同富裕专题监督应用场景，为县人大代表和县人大常委会组成人员依法履职、依法监督提供服务保障。县政府相关部门应当积极配合，建立基础数据共享机制。

第二十七，县人大常委会开展经济工作监督，应当充分发挥各级人大代表的作用，依托全过程人民民主基层单元等途径，用活"代表茶座""茶话民生"等载体机制，认真听取代表和人民群众的意见建议，主动回应人民群众关切，支持代表依法履职。县人大常委会应当建立健全经济工作监督联系代表工作机制，确定监督项目、开展监督工作时，应当认真听取县人大代表的意见建议，并邀请有关方面的代表参加。

县人大财政经济委员会会同经济工委围绕代表议案建议提出的、代表普遍关注的经济社会发展工作中的突出问题，组织开展专题调研。对国民经济和社会发展年度计划和五年规划纲要草案进行初步审查时，应当充分听取县人大代表意见，邀请有关方面的县人大代表参加。

开展经济工作监督的有关情况应当通过代表工作机构及时向县人大代表通报，有关材料应当及时发送县人大代表。

第二十八，县人大常委会行使经济工作监督职权的情况，应当向县人民代表大会报告，接受监督。县人大财政经济委员会和经济工作委提出的意见建议，应当报告主任会议，由主任会议决定是否批转县政府及其有关部门研究处理，并将结果报告县人大常委会。

第二十九，县人大常委会听取和审议、讨论本决定所列事项时，县政府及其有关部门应当根据要求，及时提供相关的信息资料和情况说明，并派县政府负责人或者有关部门负责人到会汇报情况，听取意见，回答询问。

县人大财政经济委员会听取和审议、讨论本决定所列事项时，县政府有关部门应当根据要求，及时提供相关的信息资料和情况说明，并派本部门有关负责人到会汇报情况，听取意见，回答询问。

第三十，县人大常委会开展经济工作监督的情况，除法律法规另有规定外，向社会公开。

第二节　票决民生实事项目

2017 年 1 月 23 日，开化县第十五届人民代表大会常务委员会第三十八次会议通过《开化县人民代表大会常务委员会关于在县人民代表大会上实行政府为民办实事项目代表票决制的决定》。决定从 2017 年开化县第十六届人民代表大会第一次会议起，实行政府为民办实事项目代表票决制。该项制度的实施，标志着开化县民主法治建设再上新台阶。此后，每次县人民代表大会均票决确定当年度政府 10 个民生实事项目，并对上年度政府民生实事项目实施情况开展满意度测评。

2017—2024 年县级民生实事项目完成情况

序号	项目名称	责任单位	完成情况
			2017 年
1	改善群众饮水条件	水利局	已完成。已完成 30 个村 3.09 万人农村饮水安全提升工程建设（新增马金集镇水厂管网延伸工程）。

续表

序号	项目名称	责任单位	完成情况
2	提升医疗服务水平	卫生健康局	已完成。①"双下沉两提升"工作。以浙江大学与衢州市开展医疗联合体试点为契机，多次对接、洽谈县人民医院和浙医二院共建医联体工作。目前，双方就重症医学、神经外科、呼吸内科等学科合作达成一致，11月7日完成签约。此外，全县18家乡镇卫生院均与市、县级医院建立合作关系，其中重点模式以上合作率达55%。1—10月份，县域内就诊率达81.45%以上，乡镇卫生院门急诊同比增长29%，基层首诊率达到65.65%。 ②分级诊疗工作。2016年12月31日24时启动实施分级诊疗工作，1—10月份，全县共上转3000余人。 ③项目建设工作。2017年以来，先后启动县中医院、县妇保院、县二院迁建工程，其中县中医院已于7月31日正式迁入新址并投入运行，县妇保院于11月11日搬迁，县二院迁建工程即将动工，届时全县4家县级医院全部实现"腾笼换鸟"。
3	提升教育服务水平	教育局	已完成。已完成长虹乡中心幼儿园、芹阳办高坑坞幼儿园、杨林幼儿园等新建项目建设；已完成华埠镇中心小学扩建工程建设。
4	提升养老服务水平	民政局	已完成。已完成44个城乡居家养老服务照料中心建设，全县累计建成居家养老服务照料中心266个（11个城镇社区和255个行政村），并建立长效管理机制，实现居家养老服务照料中心县域全覆盖。
5	加大文化惠民力度	县委宣传部	已完成。①农村文化礼堂新建项目。已完成20个农村文化礼堂建设。 ②农村文化广场建设。已完成20个农村文化广场建设。 ③文化下乡工作。已完成送戏下乡145场、送电影下乡3220场、送图书下乡19130册，均已超额完成各项任务。
6	提升生态环境质量	资源规划局	已完成。①废弃矿井治理方面，已完成废弃矿井治理375处。 ②废弃矿山治理方面，已完成华埠封家、杨林霞光在内的10个废弃矿山治理。

续表

序号	项目名称	责任单位	完成情况
7	拓宽低收入农户增收渠道	农业农村局	已完成。我县"光伏小康工程"建设总规模约 34.356 兆瓦，计划总投资约 3.1 亿元，其中省财政补助资金 1.03 亿元，县财政配套资金 5153.4 万元，剩余资金由易事特集团股份有限公司出资。项目建设工期为 2 年，分二期实施。2017 年开展一期项目建设，一期项目投资约 1.55 亿元，建设装机容量约 17.4 兆瓦的光伏电站，完成总体工程建设计划 50% 以上。一期子项目共 5 个，分别是开化中学屋顶光伏 0.66 兆瓦项目、池淮镇航头村地面光伏 9.09 兆瓦项目、池淮镇坝头村地面光伏 1.98 兆瓦项目、苏庄镇茗富村车田畈地面光伏 3.68 兆瓦项目、中村乡坑口村地面光伏 1.99 兆瓦项目。目前均已完成建设。
8	改善市民生活环境	住建局	已完成。①旧小区改造项目。已完成荷花小区、新世纪商苑、金锭坞片区、林场香溢人家、凤仪苑等 5 个旧住宅区的改造提升施工。②城区 29 座公厕改造提升项目。项目于 7 月 17 日开工，总投资 1000 万元，已于 9 月 30 日全面完工并投入使用。
9	加大景区惠民力度	文广旅体局	已完成。2017 年 1 月 1 日起，根宫佛国 5A 级景区已针对开化全体市民实施景区免费开放惠民政策，在景区入口处配备多台指纹识别系统，开辟市民游览绿色通道。
10	增加城区市民休闲健身场所	住建局	已完成。①十分钟文体圈方面，城东泽利口袋公园、城南大桥底健身场地、荷花滨水绿地、得阳大厦街头绿地、三桥滨水公园、吞滩凤仪口袋公园、塘坑弄街边绿地等 7 个市民休闲活动场所已全面完成并投入使用。②绿道网建设方面，上茨到二桥段已于 10 月贯通，一桥到龙潭公园段已于 12 月贯通。已完成全线观景平台建设，并完成标识标牌制作。
2018 年			
1	城乡厕所改造提升工程	农业农村局住建局文广旅体局	已完成。截至 2018 年 12 月底，已完成南门街、林场路、东城欣苑等 6 座城区公厕建设并投入使用；已完成根宫佛国三期游客接待中心、根宫佛国南大门、龙门村新停车场等 7 座新建景区公厕及砸碗花湿地公园、御玺明代贡茶园、龙门村余家等 7 座改建公厕建设并投入使用；按照省市工作部署，实际新（改）建农村公厕 521 个，已完成芹阳办密赛村、音坑乡儒山村、齐溪镇丰盈坦村等 76 座新建公厕建设和华埠镇溪上村、桐村镇门村村、杨林镇川南新村等 445 座公厕改建并投入使用。

续表

序号	项目名称	责任单位	完成情况
2	农村饮用水安全提升工程	水利局	已完成。截至2018年12月底,已全面完成华埠镇大郡村、池淮镇虹光村、马金镇建群村等37个村饮用水安全提升工程并通过验收(音坑乡青山头村因采用马金水厂管网延伸保障供水而取消实施,新增实施村头镇石畈村、池淮镇中畈村璞田畈自然村)。
3	县域垃圾清运工程	住建局	已完成。2017年在桐村镇、长虹乡开展试点建设垃圾中转站3座,2018年新建垃圾中转站22座,目前已全部完工;2017年在桐村镇、长虹乡试点建设垃圾收集站31个,2018年根据各乡镇实际需要,新建完成垃圾收集站(点)522个,实现所有行政村全覆盖。
4	农村公路大中修工程	交通运输局	已完成。截至2018年12月底,已全面完成桃下线、溪林线、里河线、城底线4条县道,桐郑线1条乡道,华白线—华阳、华白线—沙坑、息村—溪东、城底线—上园等4条村道,共计58.61公里路面大中修工程。
5	教育基础设施提升工程	教育局	已完成。截至2018年12月底,已全面完成北门小学、华埠镇中心小学、池淮镇中心小学、苏庄镇中心小学和富户小学等5所学校改造提升工程;已完成350套移动终端配备(开化一中100套,开化二中、开化三中以及崇化中学、池淮镇明德小学、苏庄镇中心小学各50套);已建成开化教育云平台,成功打造实验小学、天地外校等10所大数据应用示范校,全县校园无线网络实现全覆盖。
6	医疗卫生服务提升工程	卫生健康局	已完成。截至2018年12月底,已全面完成中村乡、何田乡、齐溪镇等8所乡镇卫生院改造提升工程;以马金镇、池淮镇等10个乡镇卫生院为远程医疗服务基点,完成区域影像、区域心电、远程会诊和医疗质量控制等四大"医疗共享中心"建设,与县人民医院和县中医院实现远程诊疗服务,成立急救、血透、临床用血、护理、院感等18个医疗质量控制中心,超额完成年度目标任务。
7	农村生活污水治理提升工程	住建局	已完成。截至2018年12月底,已完成大溪边乡墩南村、林山乡詹村村、苏庄镇毛坦村等9个村的农村生活污水治理设施改造修复项目建设并正式移交第三方运维;已完成何田乡禾丰村、芹阳办金村村、池淮镇油川村等3个村的农村生活污水治理设施新建项目建设并投入使用。

续表

序号	项目名称	责任单位	完成情况
8	村庄景观及功能提升工程	农业农村局	已完成。截至 2018 年 12 月底，已超额成功创建长虹乡真子坑村、芹阳办事处桃溪村、杨林镇东坑口村等 10 个省 3A 级景区村庄和芹阳办事处高坑坞村、何田乡禾丰村、齐溪镇丰盈坦村等 30 个省 A 级景区村庄（其中 2A 级 6 个、A 级 24 个）。已超额完成马金镇杨和村、何田乡龙坑村、音坑乡华联村等 35 个农村文化礼堂建设。已全面完成芹阳办事处高坑坞村、马金镇杨和村、音坑乡杨家村等 10 个基层综合性服务中心建设并投入使用。
9	食品安全检测提升工程	市场监管局	已完成。截至 2018 年 12 月底，共抽检食品（农产品）1121 批次，其中定性抽检 921 批次，定量检测 200 批次。具体完成情况：一季度开展"你点我检"进市场活动，完成定性抽检 216 批次，定量抽检 50 批次，检测结果全部合格；二季度开展"你点我检"进校园活动，完成定性抽检 237 批次，定量检测 50 批次（其中 1 批次不合格，软式面包脱氢乙酸项目超标，已立案调查处理）；三季度开展"你点我检"进超市活动，完成定性抽检 238 批次，定量检测 50 批次（其中 1 批次不合格，香榨菜的苯甲酸项目超标，已立案调查处理）；四季度开展"你点我检"进乡镇活动，完成定性抽检 230 批次，定量检测 50 批次，检测结果全部合格。
10	小流域水土流失综合治理工程	水利局	已完成。截至 2018 年 12 月底，已完成 7 条小流域水土流失综合治理工程，治理水土流失面积 8.43 平方千米，修筑护岸 1735.9 米，修复拦沙坝 5 座（经业主研究，取消 1 座），溪沟清淤 27000 立方米，营造水保林 308.2 公顷，补植经济林 94.6 公顷。
		2019 年	
1	农村饮用水达标提标工程	水利局	已完成。①开化水厂管网延伸工程（受益人口 5.61 万人）：2019 年涉及 43 个行政村，分园区至星口、星口至虹光、杨村至封家、园区至泉坑、华埠至桐村等 5 条线路实施。已完成管道铺设约 58 千米；已完成 43 个行政村村级配水管及一户一表安装工程。②联村、单村供水工程（受益人口 11.63 万人）：2019 年联村、单村供水工程涉及 13 个乡镇（除华埠镇和音坑乡）102 个行政村，建设水站 303 个，同步开展管道铺设、水源地保护、一户一表安装、水池和管理房建设以及消毒净化设备安装等。目前，均已完成建设。

续表

序号	项目名称	责任单位	完成情况
2	"四好农村路"建设工程	交通运输局	已完成。①村道提升改善工程：已完成徐齐线—丘畈、平川—下坞、205 国道—后村、昔树林—呈路坑、华白线—联盟、华白线—霞光、桃下线—黄庄、205 国道—下茨、音坑—什城、老屋基—大音坑、星下线—余田畈、里河线—老屋基等 12 条村道共 28.9 公里提升改善工程。②路面大中修工程：已完成墩月线、转大线、里河线、城白线等 4 条县道，桐郑线、封家—杨家坞、音坑—什城、封家—煤山坞等 4 条乡道共 33.9 公里路面大中修工程。
3	城乡厕所改造提升工程	农业农村局 住建局 文广旅体局	已完成。①新（改）建农村公厕：已完成 50 座农村新建公厕、414 座农村改建公厕建设。②新（改）建景区公厕：已完成根宫佛国文化旅游区、七彩长虹台回山 2 座景区新建公厕，茗博园、福岭山老纪念馆和邹家村等 3 座景区改建公厕建设。③新建城区公厕：已完成岙滩新村、崇化中学 2 座城区新建公厕建设。
4	教育惠民提升工程	教育局	已完成。已完成齐溪镇中心小学、长虹乡虹军小学、芹阳办金村小学、马金镇塘坞小学等 4 所寄宿制学校学生宿舍改造提升工程并投入使用，齐溪镇中心小学工作成效亮点被《中国教育报》宣传报道，并经教育部网站转载。
5	农村文化礼堂建设工程	县委宣传部	已完成。已完成华埠镇新安村、新华村、独山村，杨林镇云山桥村，芹阳办事处泉坑村、梓林村，音坑乡音铿村、什城村、王家店村，林山乡利平村，池淮镇路口村、篁岸村、石门村，苏庄镇高坑村、溪西村，长虹乡芳村村，马金镇龙村村、秩畈村、正大村、和平村、排田村、富川村，村头镇牙田村、大黄山村、上边山村、汇坑村、石畈村，何田乡长池村，大溪边乡下湾村、大桥头村等 30 家农村文化礼堂建设并投入使用。

续表

序号	项目名称	责任单位	完成情况
6	健康暖心工程	卫生健康局	已完成。①基本药物免费服药：已提供 65 岁以上常住居民高血压、2 型糖尿病病人基本药物免费服药 8.08 万人次，药品金额 285.62 万元，其中医保支付 133.65 万元，财政补助 151.97 万元。 ② 90 岁以上老人免费体检：已完成 648 名 90 岁以上老人免费体检。 ③新（改）建村级卫生室：14 个新建工程，已完成杨林镇新源村、友好村，音坑乡什城村、明廉村，池淮镇立江村，马金镇秧畈村、石川村，村头镇古竹村，齐溪镇左溪村，长虹乡北源村，林山乡下江村、利平村、塘源口村，大溪边乡大溪边村等 14 个卫生室建设；18 个改建工程，已完成华埠镇华东村、新青阳村，音坑乡城畈村，林山乡禄源村、菖蒲村，池淮镇篁岸村、爱国村、路口村、中畈村、玉坑村，苏庄镇方坡村，长虹乡虹桥村、霞川村，马金镇花园村、徐塘村，村头镇芳林村，齐溪镇龙门村，何田乡田畈村等 18 个卫生室改建。
7	农产品质量安全提升工程	农业农村局	已完成。①农产品质量安全追溯体系：已累计完成定性检测 6450 批次，完成率 108%。 ②农资"两化"建设：已超额完成良贞农资经营部、农丰蔬菜技术咨询服务部、荣坤农资经营部等 84 家农资信息化扩面；已完成光宝农资经营部、继明农资经营部、余渭槐农资经营部等 10 家农资经营门店规范化提升。 ③农产品质量安全长效管理机制：已配齐各乡镇监管员、行政村兼职协管员，积极开展农产品质量法律法规及安全知识宣传，提高生产主体质量安全意识和诚信守法意识。

续表

序号	项目名称	责任单位	完成情况
8	基层体育设施建设工程	文广旅体局	已完成。①小康体育村升级工程：已完成华埠镇溪东村、新青阳村、罗丰村、毛力坑村，桐村镇杜坑村、桐村村，杨林镇平川村、下庄村、新源村，芹阳办事处桃溪村、高坑坞村、翁村村，音坑乡音铿村、戴家村、姚家村，池淮镇池淮村、潭头村、塘林村、爱国村、寺坞村、油川村、立江村，马金镇金溪村，村头镇小溪边村等24个提升村（其中，平川村、音铿村、池淮村、立江村、金溪村为重点打造）室外运动器材安装并投入使用。 ②新建社区多功能运动场：已完成杨林镇平川村、马金镇金溪村等2处新建社区多功能运动场建设并投入使用。 ③中心村体育休闲公园：已完成马金镇花园村中心村体育休闲公园建设并投入使用。 ④拆装式游泳池：已完成开化三中、池淮初中2个拆装式游泳池建设并投入使用。 ⑤笼式足球场：已完成芹阳办事处（御龙家天下小区后侧门）笼式足球场建设并投入使用。
9	地质灾害隐患综合治理工程	资源规划局	已完成。①核销已入库剩余的地质灾害隐患点：已完成华埠镇联丰村民主自然村洪家、音坑乡汶川口村汶川弄、苏庄镇高坑村外化源汪星照屋后、苏庄镇古田村洪源自然村、马金镇麻坞村、林山乡黄沙村郑家山、村头镇芳林公路边下等7处隐患点核销工作；已完成马金镇和平村朱坞自然村坟山凸、芹阳办事处泉坑村、黎明村坝山底自然村颐田、苏庄镇大坂湾村滕金富屋后、林山乡禄源村琅川自然村等5处隐患点工程验收，因属于治理工程类项目，按照2019年2月1日新实施的省政府令第373号《浙江省地质灾害治理工程质量和安全生产管理办法》相关规定，需观测一个水文年后方可申请核销。 ②消除已发生的地质灾害隐患点：已完成华埠镇华阳村下星口张传宝屋后滑坡、芹阳办事处金村江二龙屋后滑坡、池淮镇余田畈村方新德屋后崩塌等41处已发生的地质灾害隐患点主体工程验收（剩余齐溪镇大龙村滑坡1处因不可预见因素，涉及施工方案变更，延期至2020年4月底前完成主体工程）。 ③按"即查即治"原则处置2019年新增地质灾害隐患点：已完成97处新增地质灾害隐患点应急处置。

续表

序号	项目名称	责任单位	完成情况
10	文化旅游惠民工程	文广旅体局	已完成。①省A级景区村庄：已超额完成华埠镇联丰村、溪上村、下界首村、枫树底社区，桐村镇杜坑村、门村村，杨林镇平川村、蕉荷村，芹阳办事处文圣村、泉坑村，音坑乡对门村，中村乡新门村、西畈村，林山乡大举村、菖蒲村，池淮镇滩头村、中畈村，苏庄镇茗富村、方坡村、余村村，长虹乡芳村村，马金镇杨和村、建群村、上街村、下街村，村头镇长庆村、富林村、古竹村，齐溪镇江源村，何田乡卫枫村、丘畈村，大溪边乡茂新村、公淤村等33个省A级景区村庄创建，并在原基础上积极创建华埠镇下溪村，桐村镇黄石村，杨林镇川南新村，中村乡张村村，林山乡禄源村，池淮镇芹源村，苏庄镇古田村，长虹乡北源村，马金镇姚家村，齐溪镇丰盈坦村，何田乡禾丰村、大溪边乡上安村等12个省3A级景区村庄。 ②南孔书屋：已完成南孔书屋（芹南二路28号）建设并投入使用。 ③村级综合性文化服务中心：已完成华埠镇独山村、何田乡长池村2家村级综合性文化服务中心建设并投入使用。 ④特色文化村：已打造芹阳办事处桃溪村、苏庄镇古田村、长虹乡真子坑村等3个特色文化村。
		2020 年	
1	"四好农村路"建设项目	交通运输局	已完成。①乡村道提升改善：已完成高坑坞—翁村、茗川—大坵、华白线—新源、里河线—双河、里河线—田坑、城白线—上杜源等6条乡村道共计19.4公里乡村道提升改善。 ②县道、乡村道路面大中修：已完成开马线、杨霞线、上青线3条县道以及茗川—大坵、华白线—黄石、里河线—田坑、开马线—读经源等4条乡村道共计31.3公里县道、乡村道路面大中修。
2	城乡公厕建设项目	农业农村局住建局文广旅体局	已完成。①农村生态公厕：已完成芹阳办事处黎明村、桐村镇黄石村、中村乡新门村等100座农村公厕建设。 ②城区生态公厕：已完成芹阳办事处小桥头村（村委会）、南门街2座城区公厕建设。 ③景区生态公厕：已完成大黄山两茶体验馆景区公厕建设。
3	健康护眼教室照明提升项目	教育局	已完成。已完成中小学、幼儿园教室灯光照明800间。

续表

序号	项目名称	责任单位	完成情况
4	农村饮用水达标提标项目	水利局	已完成。①开化水厂管网延伸工程：已完成主管道铺设28千米、村内管网铺设154千米，新增加压泵站18座。②马金水厂扩建及管网延伸工程：已完成开化水厂主管道铺设48千米、村内管网铺设461千米，新增加压泵站10座；已完成马金水厂供水管网延伸及设备改造提升工程主管网铺设48千米、水表安装3157户，新增加压泵站13座。③大溪边水厂工程：已完成水厂厂区土建主体工程，完成主管道铺设47千米、村内管网铺设7千米，新建水池7座、管理房1座，配备消毒净化设备2套，已全部接通达标饮用水。④杨林镇联村、单村供水工程：已完成管道铺设138千米、水表安装3820户，新建水池7座、管理房14座、拦水堰18座，配备消毒净化设备15套。⑤开化水库移民村、华埠镇联丰村单村供水工程：已完成管道铺设3千米、水表安装117户，新建水池2座、管理房4座、简易棚8处、拦水堰3座，配备消毒净化设备12套。
5	基层卫生室提升项目	卫生健康局	已完成。①新建村级卫生室：已完成华埠镇金星村、许家源村、大路边村，杨林镇下庄村，池淮镇庄埠村，大溪边乡下湾村等6家村级卫生室新建。②改建村级卫生室：已完成华埠镇大郡村、郑家村，池淮镇余田畈村，长虹乡桃源村等4家村级卫生室改建。③改造提升乡镇卫生院：已完成华埠镇、桐村镇、杨林镇、中村乡、池淮镇、马金镇、村头镇以及原塘坞乡、金村乡、封家镇等10家卫生院改造提升。
6	农村文化礼堂建设项目	县委宣传部	已完成。已完成华埠镇许家源村、联盟村、华兴村、大郡村，芹阳办事处五丰村、同丰村，桐村镇桐村村、门村村、华山村，杨林镇号岭村、友好村，音坑乡儒山村、汶川口村、明廉村，中村乡西畈村、中村村、曹门村，林山乡西山村、林源村，池淮镇星阳村、余田畈村、白渡村、庄埠村、塘林村，长虹乡北源村，马金镇星田村、建群村、麻坞村、西庄村，村头镇上村头村、礼田村，何田乡柴家村，大溪边乡月岭村、茂新村等34家文化礼堂建设。

续表

序号	项目名称	责任单位	完成情况
7	村级办公楼建设项目	县委组织部	已完成。①新建村级办公楼：已完成华埠镇杨村村、金星村、王家村，芹阳办事处岔里村、宋村村、小桥头村，音坑乡洽川村，池淮镇横龙村、塘林村，长虹乡芳村村、马金镇大堑村，齐溪镇江源村，林山乡江家村、大举村、舜山村等 15 栋村级办公楼主体建设。②改建村级办公楼：已完成杨林镇云山桥村、号岭村，池淮镇星阳村、油川村，苏庄镇唐头村、茗富村，马金镇星田村、瑶坑村、塘口村，村头村上边山村、武源村、汇坑村，大溪边乡阳坑村、阳坑口村、茂新村等 15 栋村级办公楼改建。
8	乡村生态节地型公墓建设项目	民政局	已完成。已完成华埠镇旭日村，桐村镇华山村，杨林镇新源村、友好村、东坑口村，芹阳办事处梓林村，音坑乡青山头村、华联村、汶川口村，中村乡茅岗村，林山乡利平村、姜坞村、菖蒲村，池淮镇池淮村、潭头村、滩头村，苏庄镇毛坦村，长虹乡芳村村，马金镇高坪村、荆塘村、金溪村、正大村，村头镇芳林村、长庆村、牙田村、石畈村，齐溪村大龙村，大溪边乡阳坑村、黄谷村、上安村等 30 个村生态公墓建设。
9	文体设施惠民提升项目	文广旅体局	已完成。①文化舞台：已完成南湖广场、荷花广场 2 个文化舞台建设。②多功能运动场：已完成农特中心、音坑姚家 2 个多功能运动场建设。③拆装式游泳池：已完成五洲城、苏庄初中 2 个拆装式游泳池建设。④塑胶篮球场：已完成华埠镇溪东村、芹阳办事处高坑坞村、音坑乡姚家村、池淮镇潭头村等 4 个塑胶篮球场建设。⑤百姓健身房：已完成芹阳办事处芹南社区、城西社区、高坑坞村，杨林镇平川村、下庄村，音坑乡姚家村，池淮镇潭头村等 7 个百姓健身房建设。⑥小康体育村：已完成华埠镇大史村、大路边村、新华村、旭日村、华兴村、新安村、下茨村，池淮镇玉坑村、星阳村、白渡村，苏庄镇余村村、茗富村、唐头村，马金镇石柱村、洪田村以及齐溪镇齐溪村等 16 个小康体育村建设。
10	规范化避灾安置场所建设项目	应急管理局	已完成。已完成华埠镇郑家村、溪东村，芹阳办事处桃溪村、梓林村，池淮镇立江村、坝头村，杨林镇下庄村、杨林村，长虹乡星河村，马金镇界田村，桐村镇裴源村，音坑乡对门村，林山乡利平村，中村乡新门村，苏庄镇茗富村，村头镇古竹村，何田乡级避灾安置中心、卫枫村，大溪边乡大溪边村，开化县级避灾安置中心等 20 个避灾安置场所规范化建设。

续表

序号	项目名称	责任单位	完成情况
			2021 年
1	"四好农村路"建设项目	交通运输局	已完成。①已完成里河线—库坑、淳开线—排田、裴源—方家、裴庄线—中棚、蕉坑口—蕉坑等5条乡村道公路提升改善工程。②已完成转大线、城白线、城底线、息紫线、何福线等5条县道公路和桐村—郑村1条乡道公路路面大中修。
2	学校宿舍卫生间改造提升建设项目	教育局	已完成。已完成池淮初中、村头初中、苏庄初中、苏庄中心小学等4所学校150间宿舍卫生间改造，并于2021年秋季开学前交付使用。
3	卫生健康惠民建设项目	卫生健康局	已完成。①已完成华埠镇永丰村、独山村、叶溪村，林山乡西山村、马金镇建群村等5家卫生室新建。②已完成桐村镇严村村、王畈村、黄石村，芹阳办事处黎明村、坞口村、汶山村，音坑乡泗洲村，中村乡坑口村，池淮镇芹源村，马金镇霞山村，苏庄镇余村村等11家卫生室改建。③摸排85岁以上常住老人4421人，并完成3987名老人免费体检，体检率已达90.18%。
4	居家养老服务建设项目	民政局	已完成。①已完成293户适老化改造并通过验收。其余7户因改造对象离世，不再进行改造。②已完成华埠镇、林山乡、苏庄镇、齐溪镇等4家居家养老服务中心建设并投入运行。
5	城市排涝系统整治工程	住建局	已完成。已完成城区管网检测和疏通以及凤凰中路与205国道交叉口项目、桃坑溪整治项目、西渠拦污栅改造和闸门修复工程建设。
6	乡村生态节地型公墓建设项目	民政局	已完成。已完成华埠镇华阳村、友谊村，桐村镇门村村、桐村村，杨林镇平川村、号岭村、川南新村，芹阳办事处文圣村，音坑乡音铿村、景峰村、王家店村、什城村、洽川村、城畈村、泗洲村，中村乡曹门村、光明村、坑口村，林山乡西山村、詹村村、林源村、霞湖村，池淮镇白渡村、石门村、塘林村、立江村、余田畈村、芹源村，苏庄镇茗富村、富户村、余村村、横中村，长虹乡虹桥村，马金镇瑶坑村、团结村、西庄村、霞山村、麻坞村、山底村、龙村村，村头镇士谷村、兴旺村、礼田村，齐溪镇龙门村、仁宗坑村、上村村，何田乡高升村、柴家村、龙坑村，大溪边乡阳坑口生态公墓建设。

续表

序号	项目名称	责任单位	完成情况
7	基层应急救援能力提升项目	应急管理局	已完成。①已完成华埠镇联盟村、下溪村，桐村镇桐村村，杨林镇平川村，芹阳办事处汶山村，中村乡坑口村，林山乡禄源村，池淮镇篁岸村，苏庄镇余村，长虹乡级避灾安置中心、北源村，马金镇姚家源村，村头镇牙田村，齐溪镇江源村，何田乡龙坑村，大溪边乡上安村等 16 处避灾安置场所规范化建设。②已完成开化县民防救援队培育，确定核心骨干队员 36 人，并配置运输保障车辆和相关类型救援装备。③已完成华埠镇、池淮镇 2 个重点乡镇综合性应急救援队伍建设，并根据省应急管理厅建设标准对硬件设施、救援装备进行配备。④已完成华埠镇中心小学直升机临时起降点建设。
8	残疾儿童康复中心建设项目	残联	已完成。已完成县残疾儿童康复中心建设、康复人才队伍组建及岗前培训。
9	低收入农户医疗补充政策性保险项目	农业农村局	已完成。已为全县 12738 名建档立卡低收入农户投保 2021 年低收入农户医疗补充政策性保险，总保险费 382.14 万元，并常态化协调督促各承保公司做好保险理赔工作，切实保障低收入农户权益。
10	道路交通畅通建设项目	交通运输局交警大队	已完成。①已新增停车泊位 599 个。②已完成江滨中路月城路路口、芹南路城西菜市场路口 2 条"智慧斑马线"建设。③已完成芹北路与湘溪路交叉口（民政局门口）、芹北路与桃溪路交叉口（开阳饭店门口）信号灯改造提升工程建设。④已完成省、市挂牌重点安全隐患路段整治项目建设。⑤已实行环城公交 101 路和 102 路、早晚高峰期至开中加班车免费乘坐政策和 70 岁以上老人免费乘坐城乡公交政策。
2022 年			
1	"四好农村路"建设项目	交通运输局	已完成。①已完成里河线—西坑 9.7 公里乡村道公路提升改善工作。②已完成城白线（4 公里）、转大线（2.6 公里）、三姜线（9.9 公里）共计 16.5 公里路面大中修工程。

续表

序号	项目名称	责任单位	完成情况
2	乡村生态节地型公墓建设项目	民政局	已完成。①已完成杨林镇杨林村，音坑乡儒山村、明廉村，中村乡中村村，林山乡下江村，池淮镇航头村、路口村、玉坑村、庄埠村、油川村，苏庄镇方坡村、高坑村，长虹乡田坑村，齐溪镇江源村，何田乡禾丰村，大溪边乡月岭村、公淤村等17个村的公墓新建。②已完成桐村镇黄石村、裴源村，芹阳办事处十里铺村、五丰村、岔里村，马金镇霞田村、塘口村、高合村、排田村、秧畈村，村头镇上边山村、前庄村、上村头村等13个村的公墓扩建。
3	残疾人幸福圈建设项目	残联	已完成。①已完成池淮镇（星口）残疾人之家新建并投入使用。②已完成中村乡残疾人之家改建并投入使用。③已完成华埠镇东岸社区省级无障碍社区建设。
4	未成年人救助保护中心建设项目	民政局	已完成。已完成未成年人救助保护中心建设，主要包括场地水电改造、内部装修、全区域隐形防护网、过道扶手等安全设施和无障碍设施安装，并开展未成年人日常救助保护及康复服务。
5	适老化改造和养老职业培训项目	民政局	已完成。①已围绕"如厕洗澡安全、室内行走便利、居家环境改善、智能监测跟进、辅助器具适配"等5个方面完成293户适老化改造。②已围绕老年人照料护理、老年人穿脱衣、老年人喂食防噎食等方面开展并完成82名持证养老护理员和235名家庭照护者培训。
6	低收入农户医疗补充政策性保险项目	农业农村局	已完成。已为全县12872名建档立卡低收入农户投保医疗补充政策性保险，总保险费386.16万元，并常态化协调督促各承保公司做好低收入农户医疗补充政策性保险宣传、理赔等工作。
7	农村学校放心食堂建设项目	教育局	已完成。①已完成汉庭希望小学食堂新建并投入使用。②已完成华埠镇中心小学、池淮镇中心小学、池淮镇明德小学食堂改造并投入使用。
8	城镇老旧小区改造项目	住建局	已完成。已完成清凉小区、古溪路26号、古溪路28号、凤栖花苑、凤凰路40号等5个小区的改造提升。

续表

序号	项目名称	责任单位	完成情况
9	农村人居环境整治提升建设项目	农业农村局	已完成。已完成华埠镇旭日村、许家源村、溪东村、大郡村、朝阳村，桐村镇黄石村，芹阳办事处桃溪村、五丰村、五福村、岔里村，音坑乡城畈村，中村乡张村村、中村村、树范村，林山乡菖蒲村、禄源村，池淮镇星新社区、余田畈村、油溪村，长虹乡芳村村、田坑村，马金镇洪村村、石柱村，村头镇牙田村、前村头村，何田乡长池村、高升村、卫枫村，大溪边乡月岭村、阳坑村等 30 个村人居环境整治提升建设。
10	农村生活污水处理设施建设项目	住建局	已完成。①已完成华埠镇溪东村、下界首村，芹阳办事处十里铺村、密赛村、龙潭村，音坑乡汶川口村（王东底村、六畈村、岭根村、汶川口村、汶川垅村），中村乡树范村，杨林镇川南新村，池淮镇良种场等 13 处污水处理设施改造。②已完成马金镇杏枫村，芹阳办事处山甸村、汶山村、宋村村，何田乡陆联村，华埠镇华锋村等 6 处污水处理设施新建。
2023 年			
1	水库除险加固建设项目	水利局	已完成。已完成音坑乡西坞水库，池淮镇白渡水库、蛇坑水库，长虹乡碧家河水库等 4 个水库除险加固工程建设，并通过完工验收。
2	地质灾害隐患治理项目	资源规划局	已完成。已完成华埠镇金星村村道边崩塌、芹阳办事处有意思屋后停车场滑坡、中村乡茅岗村金川自然村华家法屋侧滑坡等 3 处工程治理，并通过完工验收。
3	县域殡葬基本服务全流程免费项目	民政局	已完成。已实行开化县域殡葬基本服务全流程免费政策。政策实施以来，累计为 2559 户减免殡葬费用 214.1 万元，其中 214 户在殡仪馆内零花费。
4	"四好农村路"建设项目	交通运输局	已完成。①已完成 X602 城白线（4.2 公里）、X625 转大线（3.8 公里）共计 8 公里县道公路的改善提升施工。②已完成 G205 国道—华东（1.6 公里）、G205 国道—团结—瑶坑（3.8 公里）共计 5.4 公里乡村道公路的改善提升施工。
5	养老服务提质扩面建设项目	民政局	已完成。①已完成村头镇养老服务中心新增认知障碍照护专区 40 张床位建设，并投入使用。②已开展养老护理员、家庭照护员培训 12 期，新增持证护理员 50 名、家庭照护员 600 名。
6	城乡公交"两元一票制"惠民项目	交通运输局	已完成。已正式实施城乡公交"两元一票制"，并根据运行情况，优化公交线路 9 条、新增 1 条；新增城乡公交车辆 10 辆，更新新能源公交车辆 6 辆；增设港湾式停靠站 31 个、招呼站 6 个。

续表

序号	项目名称	责任单位	完成情况
7	城镇老旧小区改造项目	住建局	已完成。已完成阳光小区、芹南路59号、里弄小区、停山坡加油站等4个老旧小区改造项目建设，并通过完工验收。
8	低收入农户医疗补充政策性保险项目	农业农村局	已完成。已为全县11946名建档立卡低收入农户投保医疗补充政策性保险，总保险费358.38万元，并常态化协调督促各承保公司做好低收入农户医疗补充政策性保险宣传、理赔等工作。
9	"1+4+X"消防救援力量县域全覆盖建设项目	消防救援大队	已完成。①已构建"1"支主要救援力量方面：县消防救援大队新增专职消防队员12人，组建水域救援分队1支，采购灭火装备66万元。②已构建"4"支自防自救力量方面：国家公园范围内齐溪镇、苏庄镇、长虹乡、何田乡已建立"一队一策"和联勤联调机制，组建综合应急消防救援队4支，开展灭火救援业务培训4期。③"X"支区域救援协作力量方面：已采购11辆应急消防巡逻车和随车装备共172.48万元，并将相关车辆、装备移交至11个乡镇（除华埠镇、芹阳办事处、马金镇、池淮镇）。全县已建立村志愿消防队40支，配备常规灭火设施，形成自救力量。
10	护校安园工程建设项目	公安局	已完成。已组织210名安保人员参加教育系统安保技能专项培训，并更新安保装备80余套；已在56所中小学、45所幼儿园开展防突式校园安全检查，并常态化组织专门警力落实城区、集镇36所学校护学岗工作；已完成13所中小学校园的监控扩容及设备安装工作。
2024年			
1	城镇老旧小区改造项目	住建局	已完成。已完成营盘路小区（圆梦山庄公寓）、土特产公司宿舍、新华小区、兴隆家园改造提升施工。
2	低收入农户医疗补充政策性保险项目	农业农村局	已完成。年初与中国太平洋财产保险股份有限公司衢州中心支公司签订了2024年开化县低收入农户医疗补充政策性保险合作协议，为2024年1—6月低收入农户11272人投保医疗补充政策性保险，其中保费338.16万元已拨付给中国太平洋财产保险股份有限公司衢州中心支公司，并已完成第一次理赔工作，理赔金额77.8万余元。
3	体育惠民建设项目	文广旅体局	已完成。已新建多功能运动场2个、百姓健身房8个、"国球"进社区项目5个；已新建占旭刚体育馆环形塑胶跑道1条。

续表

序号	项目名称	责任单位	完成情况
4	现役军人家庭、退役军人健康服务项目	退役军人事务局	已完成。①已完成部分（25%）享受国家定期抚恤补助的优抚对象疗休养工作，共安排 30 名优抚对象县内疗养，47 名优抚对象省内疗养。②已完成为现役义务兵父母购买"拥军保"保险工作，共为 337 名义务兵父母购买"拥军保"。③已完成义务兵父母及部分优抚对象人员体检及健康档案建立。
5	山塘水库整治及灌溉设施提升项目	水利局	已完成。①已完成音坑乡春溪水库除险加固。②已完成池淮镇布袋塘山塘综合整治。③已完成杨林镇川南新村叶南坞机埠，村头镇富林村木兰畈堰、牙田村底坝，长虹乡星河村芹田泵站等 9 座机埠堰坝提升改造工程。
6	农村道路交通安全畅通项目	交通运输局交警大队	已完成。截至 10 月 31 日，整体形象进度 100%。①增设重点路口安全预警系统：已完成 30 套增设重点路口安全预警系统建设。②交通隐患整治：累计完成农村道路交通隐患摸排并整治 100 处。
7	"四好农村路"建设项目	交通运输局	已完成。①已完成 Y627 坝山底—朴岭、C151 塘坞口—矿山改善提升施工。②已完成 X606 陈张线（205 国道—后畈）路面大中修施工。
8	农村污水处理设施新改建项目	住建局	已完成。已完成长虹乡虹桥村、星河村、田坑村，大溪边乡茂新村、月岭村、墩南村项目建设。
9	规范化村卫生室建设及乡村医生培训项目	卫生健康局	已完成。①村卫生室建设项目：已完成桐村镇门村村，长虹乡库坑村，马金镇秧畈村，大溪边乡阳坑村、大桥头村，芹阳办事处五福村 6 家规范化村卫生室建设。②乡村医生培训项目：乡村医生培训已根据培训方案按分区分片方式进行，开展全县 111 名在册在岗乡村医生的服务能力和专业素养培训，5 月上旬已完成全覆盖。
10	结核病人免费筛查项目	卫生健康局	已完成。已完成筛查 39763 人，发现疑似结核病患者 239 人，均已转诊到位；报告结核病人 178 例，其中主动筛查 60 例；免费治疗 217 人（包括既往病例），共减免费用 328934.04 元。

第三节 重要批示及外宣成果

一、重要批示

2021年1月12日，《开化县人大创新"一网三联"履职新模式实现代表联系服务群众再升级——以开化县华埠镇人大主席团为例》获省人大常委会原党组书记、副主任梁黎明批示。

批示全文：开化华埠镇通过人大代表"入网"，常态化联系基层治理重点户、生活困难户、经济发展户，将代表联系城乡网格制度落到实处，促代表履职取得实效，让百姓群众获得实惠。希望进一步总结"一网三联"履职模式实践经验，完善工作机制，实现人大代表联系服务群众量质齐升。

2022年6月13日，《开化县人大对标"四个机关"打造四个团队》获省人大常委会原党组书记、副主任梁黎明批示。

批示全文：开化人大建设政治坚定、变革创新、业务专精、实干笃行的干部队伍，统筹有力、举措有效、氛围有感，希望再接再厉，通过人大机关团队文化的培育，推进人大工作质量和水平的跃升。

2022年11月21日，《开化县上线"共同富裕专题监督"应用 构建共同富裕人大闭环监督体系》获省人大常委会原党组书记、副主任梁黎明批示。

批示全文："共同富裕专项监督"应用，立足问题导向对人大监督工作进行流程再造、制度重塑，以监督实效彰显人大助推共同富裕的履职担当。

2023年8月22日，《创设"代表茶座"推进"三茶统筹"开化县探索构建基层治理新格局》获省人大常委会党组书记、副主任陈金彪批示。

批示全文：以茶为介，贴近群众，助推发展，共建和谐，载体新、有创意。

2023年10月18日，《牢记嘱托 勇担使命 以履职"组合拳"助力乡村振兴跑出"加速度"》获省人大常委会副主任刘忻批示。

批示全文：开化县人大常委会牢记嘱托，立足人大职能，以"组合拳"落实乡村振兴20字方针，取得积极成效。请省农委学习借鉴。

2023年4月28日，《全方位发动 全平台重塑 全闭环履职 开化县人大全力打造践行全过程人民民主县域样板》获市人大常委会主任吴国升批示。

批示全文：开化县人大认真贯彻实施《衢州市人大代表联络站工作条例》，围绕更好实现"民有所呼、我有所应"要求，加强组织领导、专班推进、统建应用推广、系统迭代升级、功能集成融合、特色品牌培育、主题活动深化，努力把人大代表联络站打造成为践行全过程人民民主的基层单元,其做法值得各地借鉴。

2024 年 10 月 18 日,《推动中国式现代化的基层人大实践》获省人大常委会党组书记、副主任陈金彪批示。

批示全文：开化县人大围绕中心,顺应民意,履职担当,质效显著,值得肯定。

二、重要稿件刊发

2022 年 6 月 8 日,《开化县人大对标"四个机关"打造四个团队》在浙江省人大常委会研究室编发的《浙江人大信息》（专刊）总第 474 期刊出。

2022 年 11 月 19 日,《开化县上线"共同富裕专题监督"应用　构建共同富裕人大闭环监督体系》在省委全面深化改革委员会办公室编发的《数字化改革》（工作动态）总第 145 期刊出。

2023 年 8 月 9 日,《创设"代表茶座"推进"三茶统筹"开化县探索构建基层治理新格局》在浙江省人大常委会研究室编发的《浙江人大信息》（专刊）总第 735 期刊出。

2024 年 5 月 16 日,《开化县强化探索创新提升监督质效》在浙江省人大常委会研究室编发的《浙江人大信息》（专刊）总第 924 期刊出。

2024 年 9 月 5 日,《"茶话民生"：民有所呼、我有所应的实现路径探索》在《浙江省人大工作研究会通讯》第 32 期刊出。

三、重大宣传报道

2019 年 8 月 16 日,《开化人大代表助力农房整治"加速度"》在《浙江日报》发表。

2022 年 7 月 26 日,《对标"四个机关"打造"四个团队"》在《人民代表报》发表。

2022 年 9 月 6 日,《打造全过程人民民主基层单元建设的"开化实践"》在《人民代表报》发表。

2023 年 7 月 20 日,《开化县人大构建"一二三四五"体系助推高质量发展》在"中国人大网"发表。

2024 年 4 月 6 日,《"一张图""一片叶""一句话"：浙江省开化县探索山区县共富路径》在"中国小康网"发表。

2024 年 9 月 9 日,《以高质量代表工作深入践行全过程人民民主》由《人民代表报》做专访报道。

2024 年 10 月 16 日,《打好履职"组合拳",推动产业园高质量发展》在"中国人大网"发表。

第七章　附　录

第一节　各界人民代表会议

开化县人民代表大会的前身是开化县各界人民代表会议。

1949年10月至1954年《中华人民共和国宪法》颁布之前，根据《中国人民政治协商会议共同纲领》规定，实行各界人民代表会议制度。

开化县1950年1月实行各界人民代表会议制度，共召开了9次各界人民代表会议。

开化县第一次各界人民代表会议（1950年1—3月）

开化县第一次各界人民代表会议于1950年1月7—12日在开阳镇举行。出席会议代表125人。会议对肃清残匪、反霸斗争、减租减息、征粮等工作做了部署。

开化县第二次各界人民代表会议（1950年3—11月）

开化县第二次各界人民代表会议于1950年3月4—6日举行。会议的中心议题是：总结征粮工作，贯彻大生产运动，开展生产自救、社会互济和节约渡荒。

开化县第三次各界人民代表会议（1950年11月—1951年3月）

开化县第三次各界人民代表会议于1950年11月12—16日在县城举行。出席会议代表139人。会议通过"中苏友好协会开化支会"组成人员名单和给省人民政府的致敬信。会议决定建立县各界人民代表会议常务委员会，选举产生委员17人，其中主席1人，副主席4人。

主　　席　孟广平（1950年11月—1951年3月）

副 主 席　王振兴（1950年11月—1951年3月）

　　　　　龚壮甫（1950年11月—1951年3月）

王俊生（1950 年 11—11 月）

查国清（1950 年 11 月—1951 年 3 月）

常务委员　汪少国　王永来　周历洁 (女)　鲍有文　高庆祥　陈魁一

陶士华　鲁国和　姜锡芳　王观林　刘绪业　赵禄喜

开化县第四次各界人民代表会议（1951 年 3—6 月）

开化县第四次各界人民代表会议于 1951 年 3 月 16—20 日举行。出席会议代表 175 人。会议听取《关于第一批土地改革工作的总结》《四个月来工作概况及今后工作任务》等报告。做出《在全县广泛开展抗美援朝运动，全面完成土地改革，做好生产准备》的决议。通过了《爱国公约》和给省人民政府的致敬信。因县各界人民代表会议常务委员会副主席王俊生、查国清，委员鲍有文，先后调离工作，会议增补刘景春、朱广金、林小苟为常务委员会委员。

主　　席　孟广平（1951 年 3—6 月）

副 主 席　王振兴（1951 年 3—6 月）

龚壮甫（1951 年 3—6 月）

常务委员　汪少国　王永来　周历洁 (女)　高庆祥　陈魁一　刘景春

朱广金　林小苟　陶士华　鲁国和　姜锡芳　王观林

刘绪业　赵禄喜

开化县第五次各界人民代表会议（1951 年 6—12 月）

开化县第五次各界人民代表会议于 1951 年 6 月 21—25 日举行。出席会议代表 214 人。会议听取和审议了《三个月来的工作情况及今后工作任务》《关于镇压反革命》《关于财政工作》的报告。做出"在全县开展以大生产运动为压倒一切的工作方针，继续深入进行抗美援朝教育，进一步发动群众，完成各项任务，巩固土改胜利"的决议。会议响应抗美援朝号召，动员全县人民捐献钱物。因县各界人民代表会议常务委员会委员刘景春调离，会议增补赵连璧为常务委员会委员。

主　　席　孟广平（1951 年 6—8 月）

副 主 席　王振兴（1951 年 6—12 月）

龚壮甫（1951 年 6—12 月）

常务委员　汪少国　王永来　周历洁 (女)　高庆祥　陈魁一　赵连璧

朱广金　林小苟　陶士华　鲁国和　姜锡芳　王观林

刘绪业　赵禄喜

开化县第六次各界人民代表会议（1951 年 12 月—1952 年 4 月）

开化县第六次各界人民代表会议于 1951 年 12 月 2—6 日举行。出席会议代表 197 人。会议听取了《五个月来工作概况》《关于今后工作方针与任务》的报告，以及秋征和镇反工作的报告。做出"以开展爱国丰产运动和组织起来发展生产的基本方针，继续贯彻抗美援朝、镇压反革命，完成秋征等各项任务，为开展大生产运动作好准备"的决议。因孟广平县长调离工作，新县长未到任，县各界人民代表会议常务委员会暂缺主席一职。

副 主 席　王振兴（1951 年 12 月—1952 年 4 月）

　　　　　龚壮甫（1951 年 12 月—1952 年 4 月）

常务委员　汪少国　王永来　周历洁（女）　高庆祥　陈魁一　赵连璧

　　　　　朱广金　林小苟　陶士华　鲁国和　姜锡芳　王观林

　　　　　刘绪业　赵禄喜

开化县第七次各界人民代表会议（1952 年 4—11 月）

开化县第七次各界人民代表会议于 1952 年 4 月 26—29 日举行。出席会议代表 174 人。会议听取了《四个月来的工作总结》《今后工作方针与任务》《开展爱国防疫卫生运动》的报告。做出《关于今后工作任务》的决议，并讨论、通过《关于地方附加财政收支预算》《关于小学民办经费问题》《关于提案审查处理意见》的报告。由于新县长尚未到任，县各界人民代表会议常务委员会主席一职仍暂缺。又因常务委员会委员汪少国、周历洁、高庆祥、朱广金、王观林相继调离工作，会议增补郭雨辰、周玉诚、孙泽桐、黄慕萱为常务委员会委员。

副 主 席　王振兴（1952 年 4—11 月）

　　　　　龚壮甫（1952 年 4—11 月）

常务委员　郭雨辰　王永来　周玉诚　赵连璧　陈魁一　林小苟　孙泽桐

　　　　　陶士华　黄慕萱（女）　鲁国和　姜锡芳　刘绪业　赵禄喜

开化县第八次各界人民代表会议（1952 年 11 月—1953 年 7 月）

开化县第八次各界人民代表会议于 1952 年 11 月 21—24 日举行。出席会议代表 212 人。会议听取了有关报告，做出"开展冬季生产竞赛运动、查田定产、物资交流、民主建政、扫除文盲、组训民兵，广泛深入宣传《中华人民共和国婚姻法》，继续贯彻镇压反革命、取缔反动会道门"等工作决议。由于县各界人民代表会议常务委员会组成人员变动较大，改选产生了新的常务委员会。

主　　席　白长义（1952 年 11 月—1953 年 7 月）

副 主 席　王振兴（1952 年 11 月—1953 年 7 月）

　　　　　龚壮甫（1952 年 11 月—1953 年 7 月）

　　　　　杨殿同（1952 年 11 月—1953 年 7 月）

　　　　　王永来（1952 年 11 月—1953 年 7 月）

常务委员　郭雨辰　周玉诚　王海山　赵连璧　孙泽桐　齐燕鹏　刘子元

　　　　　周　浓　鲁国和　林小苟　孔祥起　黄慕萱（女）　余兰石

　　　　　刘樟古　汪荣和　赵禄喜　陶士华　廖香花（女）　徐莲香（女）

　　　　　戴德海

开化县第九次各界人民代表会议（1953 年 7 月—1954 年 7 月）

开化县第九次各界人民代表会议于 1953 年 7 月 7—11 日举行。出席会议代表 191 人。会议听取了《关于半年来政府工作》《关于今后工作任务》《关于普选工作》的报告。做出《关于今后工作任务》的决议和通过提案审查处理意见的报告。

主　　席　白长义（1953 年 7 月—1954 年 4 月）

副 主 席　王永来（1953 年 7 月—1954 年 7 月）

　　　　　杨殿同（1953 年 7 月—1954 年 7 月）

　　　　　龚壮甫（1953 年 7 月—1954 年 7 月）

常务委员　郭雨辰　周玉诚　王海山　赵连璧　孙泽桐　齐燕鹏　刘子元

　　　　　周　浓　黄慕萱（女）　余兰石　林小苟　汪荣和　刘樟古

　　　　　徐莲香（女）　陶士华　戴德海　赵禄喜　鲁国和　廖香花（女）

1953年7月，开化县第一届第九次各界人民代表会议代表合影

第二节 优秀议案建议

人民代表大会代表提出议案与建议、批评和意见，是宪法和法律赋予的民主权利，是代表人民直接参与管理地方国家和社会事务的有效形式。70 年来，开化县历届人民代表大会代表，围绕全县中心工作和人民群众普遍关心的热点难点问题，提出议案、建议。县十四届人大二次会议以来，开展评选、表彰优秀议案、建议活动。

县十四届人大二次会议期间县人大代表优秀议案、建议件

优秀议案：

1. 黄寿世等：要求进一步规范创新建设工程招投标形式，加强建设工程招投标监督管理。

2. 郑秀萍等：要求华埠镇初中、华埠镇中心小学整体搬迁。

3. 刘宏涛等：要求规划建设县城停车场。

4. 方流盛等：要求加快出台荒山绿化、迹地更新政策。

5. 詹金女等：要求加大技术工人队伍建设，推进创业创新。

6. 姜法友等：要求将每年的 3 月 25 日定为我县生态日。

优秀建议：

1. 徐志堂等：要求政府对原国营集体改制企业下岗职工建立跟踪服务档案。

2. 张新忠等：要求安装农村有线广播。

3. 朱传宝等：要求解决垃圾集中处理后无机垃圾处置问题。

4. 楼红良等：要求增设城区至县职教中心段路灯。

县十四届人大三次会议期间县人大代表优秀建议件

1. 黄寿世等：关于开展失业农民工职业技能培训和创业培训的建议。

2. 徐增宏等：关于大力培育和加快发展油茶产业的建议。

3. 方流盛等：关于加强指导林业大户生产经营的建议。

4. 徐新琴等：关于关停我县境内 7 家石煤矿的建议。

5. 邱加林等：关于对我县几个主要农贸市场中的活禽交易区进行改造，保证农民身体健康的建议。

6. 应旭敏等：关于加快华埠镇廉租房建设的建议。

7．陈祥林等：关于华白线螺丝湾路段改道的建议。

8．邵伟明等：关于加强城乡亮化工程的长效管理及维护的建议。

9．叶月英等：关于对老城区实行开放式物业管理模式的建议。

10．郑文龙等：关于对村原会计现文书队伍的整顿的建议。

县十四届人大四次会议期间县人大代表优秀建议件

1．黄寿世等：关于尽快提升城华区域学前教育的建议。

2．黄寿世等：关于进一步完善劳动就业网络信息平台的建议。

3．汪建萍等：关于加快开化现代物流业发展的建议。

4．朱传宝等：关于尽快确定农村垃圾集中处理模式，建立长效管理机制的建议。

5．汪秋喜等：关于对城区实行交通区域限行的建议。

6．丁柏林等：关于加大居民小区噪音油烟污染治理力度的建议。

7．陈德水等：关于加强职业教育与开化产业相结合的建议。

8．余永松等：关于加大企业技术创新扶持，促进工业经济转型升级的建议。

9．叶月英等：关于加强对违章建筑整治力度的建议。

10．陆世古等：关于加强河道卫生管理的建议。

县十四届人大五次会议期间县人大代表优秀议案、建议件

1．姚志云等：关于要求整治无证制砂严重污染水环境问题的议案。

2．李四古等：关于要求加大力度整治农村垃圾脏乱差的议案。

3．黄寿世等：关于进一步加强项目工作的建议。

4．汪建萍等：关于完善我县住房公积金政策的建议。

5．骆少华等：关于迁建县机关幼儿园的建议。

县十五届人大一次会议期间县人大代表优秀建议件

1．邵伟明等：关于加强违章建筑整治与预防的建议。

2．徐志林等：关于加强开化硅材料省级高新技术特色产业基地建设的建议。

3．姜法友等：关于加大我县农村治安整治力度的建议。

4．范骏清等：关于要求对 17 省道的交通安全进行综合治理的建议。

5．叶友根等：关于要求对规模调整村后续加大帮扶的建议。

6．汪德忠等：关于繁荣和发展农村文化的建议。

县十五届人大二次会议期间县人大代表优秀建议件

1. 姜法友等：关于加大禁毒工作力度，加强禁毒工作保障的建议。
2. 丁文胜等：关于要求发展学前教育、提高我县幼儿教育整体水平的建议。
3. 叶友根等：关于扶持行政村特别是规模调整村集体经济发展的建议。
4. 叶志廷等：关于要求整改规范涉农工程招投标环节中不正当竞争的建议。
5. 金波等：关于要求促进我县担保业健康稳定发展的建议。

县十五届人大三次会议期间县人大代表优秀建议件

1. 詹金女等：关于重视并加快5A级景区周边环境综合改造提升的建议。
2. 曾建福等：关于加强农村公墓建设和管理的建议。
3. 徐成树等：关于进一步加强农村垃圾管理的建议。
4. 方廷发等：关于工业园区整合、提升园区品位的建议。
5. 邹恭建等：关于加强人口集聚管理的建议。
6. 郑玉兰等：关于开展矿山整治的建议。

县十五届人大四次会议期间县人大代表优秀建议件

1. 詹金女等：关于进一步提升城市综合管理水平，不断改善城区人居环境的建议。
2. 吴加兵等：关于进一步加强县乡公路养护、绿化的建议。
3. 叶友根等：关于加快根艺产业集聚区建设的建议。
4. 金波等：关于加强食品安全和农产品安全治理的建议。
5. 程绍先等：关于进一步加大森林资源保护力度的建议。
6. 姚志云等：关于进一步加快我县电子商务产业发展的建议。

县十五届人大五次会议期间县人大代表优秀建议件

1. 王宏涛等：关于加强行政机关法治能力建设的建议。
2. 郑发根等：关于开展全县农业面源污染综合治理的建议。
3. 方金菊等：关于加快农村医疗卫生事业发展的建议。
4. 金波等：关于改善城区交通拥堵问题的建议。
5. 骆少华等：关于加强学前教育的建议。

县十六届人大一次会议期间县人大代表优秀建议件

1. 徐再军：关于继续加强对餐饮业环境整治的建议。
2. 汪培刚：关于打造杭新景高速公路沿线景观带的建议。
3. 徐益民：关于依托城区优势发展村集体经济的建议。
4. 姚强：关于要求加大扶持开化建筑业发展的建议。

县十六届人大二次会议期间县人大代表优秀建议件

1. 张兴塘：关于高度重视农村饮用水安全管理的建议。
2. 陈德水：关于切实解决优势产业项目落地建设问题的建议。
3. 徐再军：关于加强农村道路建设和养护的建议。
4. 詹里增：关于要求建立"金溪画廊"绿道长效管护机制的建议。
5. 王宏涛：关于加强我县城区电动自行车管理的建议。

县十六届人大三次会议期间县人大代表优秀建议件

1. 饶梅君：关于加强民营企业人才队伍建设的建议。
2. 江春花：关于加快推进农村公益性生态公墓建设的建议。
3. 姚强：关于打响"开化美食"品牌的建议。
4. 应旭敏：关于加大对新材料新装备产业园建设支持力度的建议。
5. 余日财：关于要求巩固、发展、壮大薄弱村集体经济的建议。
6. 邓仕海：关于建立县危险废弃物集中收集贮存转运处置机制的建议。

县十六届人大四次会议期间县人大代表优秀议案、建议件

1. 华寿忠：关于设立"开化诚信日"推进社会信用体系建设的议案。
2. 华寿忠：关于加强产业创新服务综合体建设的建议。
3. 余凤女：关于推进校园厕所改革的建议。
4. 叶卫林：关于农房整治拆后利用率及风貌提升的建议。
5. 王宏涛：关于尽快启用城市建筑垃圾消纳场的建议。
6. 王亚令：关于加强对农村污水处理设施运维管理的建议。
7. 徐志林：关于加快建设开化县产业园的建议。

县十六届人大五次会议期间县人大代表优秀建议件

1. 张行怀：关于加强农村饮水安全工程运营管理的建议。

2．汪土荣：关于提升城市物业管理水平的建议。

3．赵长女：关于加大青年教师队伍培养力度的建议。

4．胡亮：关于发展壮大林下经济促进农民增收的建议。

5．严俊：关于加快玉屏公园改造提升的建议。

6．童顺尧：关于开展"人才月"活动的建议。

7．朱佑斌：关于在城区建设立体停车场的建议。

县十七届人大一次会议期间县人大代表优秀建议件

1．饶梅君：关于全方位扶持培育专精特新"小巨人"企业的建议。

2．周奕：关于加快推进省级现代农业园区建设的建议。

3．郑婷：关于加强基层公共卫生体系建设的建议。

4．詹巧琴：关于化解野猪损毁农作物、危害人身安全问题的建议。

5．童顺尧：关于加快培育建筑施工综合资质企业的建议。

6．林欢：关于对我县农家乐、民宿产业进行整合培育发展的建议。

7．程丽：关于优化城市公共交通体系的建议。

8．姜福良：关于提供移民就业创业服务的建议。

9．余秀东：关于加快开化县茶产业发展的建议。

10．汪松生：关于对高速公路沿线和出口景观提升的建议。

县十七届人大二次会议期间县人大代表优秀建议件

1．林欢：关于优化钱江源区域公用品牌发展路径的建议。

2．王秋芹：关于加强国有房产管理盘活的建议。

3．沈利明：关于在城区学校推行定制公交接送服务的建议。

4．饶梅君：关于后疫情时代扶持企业做大做强的建议。

5．胡廷：关于统筹推进"小县大城　富民安居"工程的建议。

6．余波：关于做好"非粮化"整治"后半篇文章"的建议。

7．朱晓菊：关于对农村"空巢老人"养老问题的建议。

8．严俊：关于后疫情时代助推我县民宿产业发展的建议。

第三节　部分人大代表风采

开化县历次人民代表大会召开前夕，县内主要媒体均开设专栏，讲述人大故事、代表故事、基层民主故事，集中展示人大代表风采。现综合媒体报道和有关文献，选载 29 名人大代表事迹，其中全国人大代表 3 名、浙江省人大代表 2 名、衢州市人大代表 6 名、开化县人大代表 18 名。

全国人大代表朱希拱

朱希拱（1938—2009），浙江浦江人，1958 年参加工作，1998 年退休。

1957 年 12 月，开化县林场到外地招收工人垦山造林，朱希拱应招进场。由于生活艰苦，不到一年，朱希拱的 40 多名浦江老乡全部离开，只剩他坚守。

1972 年，朱希拱主动要求调到新建的界首林区。他每天带领民工披荆斩棘，劈草挖地，仅一年时间，他穿破 30 多双草鞋，用坏 6 把柴刀，挖秃 4 把铁锄，终于将 200 多亩油茶从荆丛中抚育出来，还新造杉木幼林 1000 多亩，垦出荒地 2 亩多，育苗 8 万株。

次年，朱希拱开始筹划林区建房事宜。由于缺少资金，他就地取材，从荒坡野地挑回旧砖和石块，从河滩运回黄沙，历经 3 年，终于在荒坡上建起两幢近 200 平方米的平房和 200 平方米的晒场。其间，因劳累过度，朱希拱几次晕倒在工地上。

朱希拱深知林木速生丰产必须改良土壤。他先把林地改建成保水、保肥、保土的"三保地"，然后将挖山时拣回的柴草、柴根烧成焦泥灰。除养猪积肥外，

他还到附近工厂收集垃圾，冲洗厕所，积蓄粪肥。当年烧成焦泥灰 8 万多斤，产猪栏肥 10 多万斤，全部用在林木和套种作物上。

朱希拱习惯晚上到林区附近的村庄转转，挨家挨户宣传林业政策法规。《中华人民共和国森林法》颁布后，他更是逢人就讲森林法。朱希拱在林区工作期间，共营造杉木林 8000 多亩、柑橘 200 多亩。由于他与当地群众关系密切，林木从不遭受损失。1979 年，省政府授予他"浙江省劳动模范"称号。1982 年，国务院授予他"全国劳动模范"称号。1983 年，朱希拱当选第六届全国人大代表。

（原载于《衢州年鉴（2014）》）

全国人大代表周天相

周天相（1937—2014），福建平和人，1961 年毕业于福建林学院。1961 年入职开化县林业局，次年转至县林场工作，1965 年春任县林场立江分场技术员，

1978 年重回县林场工作岗位，历任技术员、副场长、总工程师，并兼任市科协常委、县科协副主席。先后被评为"全国农林科技先进工作者""全国劳动模范""国家级有突出贡献的中青年专家""全国重大科技成果推广先进个人""浙江省农业科技突出贡献者""衢州市十大杰出人物"。当选八届全国人大代表，荣获"全国绿化奖章"，享受国务院特殊津贴。

周天相长期坚持在生产第一线，与职工一起上山营造试验山、丰产林，跑遍县林场的山山水水，主持营造速丰林 6.5 万亩，绿化荒山 12 万亩。在县林场工作期间，周天相发表林科论文 45 篇，出版专著 2 部、合著 2 部，发表科普文章 51 篇。他主持完成的科技成果获国家发明奖 1 项、省科技进步奖 5 项、市科技进步奖 1 项。其中"杉木无性系选育和繁殖技术研究"，开辟了杉木良种化新途径，获省科技进步一等奖和国家发明三等奖。

杉木无性系选育和繁殖技术被列为国家科技成果重点推广项目和林业部科技兴林项目。该技术推广期间，南方杉木产区 16 个省 740 个市县 1 万余人到开化参观学习。周天相还应邀到广东、福建等省举办科技讲座 28 次，听讲 4600 余人次。部、省、市、县在开化县林场共举办培训班 48 期。周天相把研究成果毫无保留进行传授，培训科技人员 1200 人。林业部将该项技术成果拍成录像带，上海科教电影制片厂将其拍成科教片向全国发行。

（引自《开化县林场志》）

全国人大代表郑裕财：闪闪发光为家乡

"从事技术工作，一定要履职尽责、高度负责。"国庆节前夕，在浙江矽盛电子有限公司，第十三届全国人大代表郑裕财正和同事一起行走在各个车间，认真检查各条生产线的运转情况。

"干一行、爱一行、钻一行、精一行"一直是郑裕财的人生信条。自 2004 年进入浙江矽盛电子有限公司以来，他从一线岗位做起，时刻保持钻研的劲，不仅经常虚心向老师傅学习，还主动钻研新设备的调试、维修、保养等专业知识。很快，郑裕财便掌

握了一手过硬的修理技能，并自行研发了多项实用型技术，先后研发 15 项发明专利。

2018 年 1 月，郑裕财当选第十三届全国人大代表。"人大代表作为群众'代言人'，发声一定要精准，这就要求我必须深入社会各界了解民情民意。"作为从车间一线走出来的全国人大代表，工作之余，郑裕财不忘奔赴各行各业收集群众意见，并依托人大代表联络点，向周边群众宣讲重要精神，接待和倾听群众的意见、建议及诉求，为产业发展出谋划策。

在担任第十三届全国人大代表期间，郑裕财先后提出了关于衢黄铁路和开化水库方面的建议，并在小组会议上踊跃发言，用 7 分钟时间发出开化"声音"。"现在国家对技能人才越来越重视，开化水库建设也进入了扫尾阶段。"郑裕财告诉记者，看着自己当年提的一个个建议，在各级各部门的合力下，逐步得到了落实，感到特别有成就感。

一身油渍斑斑的工作服、一双沾满油污的双手，生动地诠释了郑裕财的价值追求和责任担当。从一线工作者到"开化县劳动模范"，从"浙江省五一劳动奖章"获得者、"全国五一劳动奖章"获得者，再到"浙江省劳动模范"，接着又成功当选第十三届全国人大代表、获得"全国劳动模范"。一路走来，无论是在哪个岗位上，郑裕财总能凭借着刻苦钻研的"工匠精神"，积极履职尽责，为家乡建设添砖加瓦。

如今的郑裕财，依旧在一线默默奉献，无论严寒酷暑、白天黑夜，每天都忙碌在车间一线，只要是车间机器设备发生故障，总能随叫随到，及时排除故障，保障生产任务完成。他的敬业和钻研精神，赢得大家的一致好评。"在工作中，郑裕财是技术骨干，充分发挥传帮带作用；在生活中，他还是个'热心肠'，大家都很信任他，无论遇到什么困难，都喜欢向他倾诉，听听他的看法。"浙江矽盛电子有限公司员工徐利群告诉记者。

（原载于 2024 年 10 月 4 日"开化发布"微信公众号）

省人大代表陈德水：不负职责勇建言

"人才对于企业的发展至关重要，我们企业已从一个偏远山区的小工厂成长为上市公司，而且一直在'人才链'上不断迭代升级。"10 月 28 日，在浙江华康药业股份有限公司（以下简称华康股份）每月一次的经营分析会上，省人大代表、华康股份董事长陈德水如是说。

华康股份是一家集研发、生产、销售、服务于一体的功能性糖醇国家高新技术企业。2001 年，在陈德水的带领下，公司完成从国企到民营企业的改制。改制后，陈德水带领技术团队克难攻坚，从开化山区出发，布局全国、走向海外，成为国内功能性糖醇的领导者。2021年，公司在上交所成功上市。

"随着企业的转型升级，我们遇到的最大问题就是人才招引。开化地处偏远山区，招才引智很难，有时不惜下血本也招不到想要的人才。"陈德水说。因此，在担任省十四届人大代表期间，陈德水多次在省两会上提出"希望省政府和有关部门当好'红娘'，通过政府渠道链接一些高等院校的高层次科技人才加入企业；依靠政府力量帮助对接相关的国家级人才资源，推动技术合作"等解决山区企业人才需求的建议。建议一经提出，就得到了省政府的高度重视，同时也为山区企业招才提供了思路、拓宽了渠道。近三年，全县新引进320名高层次人才，其中博士15人、研究生305人。华康股份还建立了国家级博士后科研工作站。

"人大代表不仅是荣誉和光环，也是人民群众的代言人，更是一份沉甸甸的职责。"工作之余，陈德水经常利用和员工一起用餐的时间，关心他们的生活，倾听他们的诉求，并将其整理成建议提交。从2003年担任县人大代表开始，陈德水先后提交了数十件议案建议，涉及经济、社会、民生、交通等各个方面。为解决学生运动场地不足问题，2022年担任县十五届人大代表期间，陈德水还在县人民代表大会上提出《关于落实开化三中运动场地、学生劳动教育基地的建议》，得到了县级层面的高度重视，基地于同年9月建成并投入使用。

"21年的人大代表生涯，使我深深地体会到，企业家要有社会担当，人大代表更要展现作为，助力区域经济、群众生活等持续向好。"近年来，华康股份还积极带头参与支援灾区重建、国家公园建设、爱心助学及精准扶贫等各类社会公益事业，累计捐资2000余万元，为社会的发展尽职尽责。

（原载于2024年10月30日"开化发布"微信公众号）

省人大代表许婷：把情怀写在"窗口"

"我们一定要做好安全检查，保证出车安全，让乘客安心、放心。"10月10日，在开化长运汽车租赁有限公司，经理许婷正和公司车队队长对接租车事宜，认真落实每个细节。

自1989年参加工作以来，许婷从售票员做起，不断积累经验，用心用情做

好乘务服务，先后获得"浙江省优秀青年志愿者""浙江省优秀团干部""浙江省巾帼建功标兵""浙江省三八红旗手""衢州市劳动模范""全国交通系统劳动模范"等称号。她一步一个脚印，在平凡的岗位上，以敬业爱岗的精神、热心周到的服务，交出了一份份亮眼的"为民答卷"。

"有一年夏天，我看到一位残障人士，这位大爷满脸污垢，我在候车厅和洗手间来回跑了十几次，帮他整理干净，并用旅客救助基金为他买好了回乡的车票。"回忆职场这些年的难忘瞬间，许婷向记者娓娓道来。

2017 年 12 月，许婷当选浙江省第十三届人民代表大会代表。"急百姓所急，解百姓所忧，这是当人大代表的一大乐事。"为及时掌握民情、准确反映民意，提出有代表性、针对性和可操作性的建议，许婷把接待群众的窗口延伸到田间、地头、车间，用脚步踏遍了开化所有乡镇，认真看、耐心听、仔细想，努力做好人民群众的贴心人、代言人。

在担任省第十三届人大代表期间，许婷针对开化的大交通建设情况，在 2018 年提出希望省委、省政府帮助协调推进开化县通用机场审批工作的建议，当年成功获批。多方努力下，目前机场建设已经初具雏形。同时，她还发挥自身岗位优势，推动解决交通出行安全问题，特别是针对近年来各式拼车软件兴起的情况，她深入研究、反复思考，提出由具有班车经营资质的客运企业经营城际拼车业务的建议。"省里有关部门高度重视这个问题，多次与我对接，听取具体想法。目前，浙江省正积极推行定制客运，规范长途拼车行为，满足人民群众多样化出行需求。"看到自己所提建议逐渐得到落实，许婷满是欣慰与自豪。

"客运班车有终点，服务没有终点。"这份对乘客无微不至的关怀，不仅是许婷坚守岗位的信念，更是其社会责任担当的体现。工作中，为了提升旅客体验、提供优质服务，许婷不断创新"长途旅客代表制"，积极组织公司员工贡献爱心，创设"困难旅客救助基金"。

作为浙江省最早成立的车站"红帽子"志愿者服务队的领头雁，许婷经常组织志愿者在春运期间冲锋一线，为福利院孩童和孤寡老人带去温暖，为美化家园清理垃圾……从站内服务走上社会服务，如今的"红帽子"志愿者服务队被评为"最美衢州人"，在开化家喻户晓。

"今后，我将继续立足岗位、积极作为，聚焦服务提质增效，充分发挥优势，做好本职工作。同时，不负人民重托，持续为民发声。"谈及未来，许婷很是坚定。

（原载于 2024 年 10 月 10 日"开化发布"微信公众号）

市人大代表郑初一：一"星"闪耀勤为民

近日，在华埠镇金星村文化礼堂，衢州市人大代表、金星村金色党建联建负责人郑初一正在和初心公司成员探讨培训事务。

2020 年，郑初一卸任村党支部书记一职，但他离岗不离心，仍然活跃在村庄建设一线，常常被邀请到各类讲堂中，分享自己的治村经验。

2006 年 8 月，时任浙江省委书记习近平来到金星村，留下了"这里山好、水好、空气好，将来通过'山海协作'，空气也能卖钱"和"人人有事做，家家有收入，这就是新农村"的殷殷嘱托，成为引领金星村凝心聚力、奋勇争先、探索共同富裕先行的一盏明灯。

"厚植党建优势、牢记殷殷嘱托"一直铭刻在郑初一心头。在担任金星村党支部书记的 26 年来，小到村庄规划建设、村容村貌整治，大到发展文化旅游产业、打造 AAA 级景区村等，都有他履职尽责、为民奔波的忙碌身影。他积极参与"大金星"共富联盟建设，组织周边乡村开展合作，打造共富游船、共富庭院等共富项目，同时引入趣村游、河边烧烤、金星文创等新业态，让村民在家门口就业、在家门口创收。

2007 年郑初一当选市第五届人大代表以来，至今已连任 4 届。"深入群众、走访群众、了解群众诉求，才能更好地发挥人大代表的桥梁纽带作用。"每天清晨，他都坚持在村子里走上一圈，俯下身子，倾听民声，在与村民们的交谈中发现问题、了解需求。他始终将解决群众的"急难愁盼"作为主责主业，近两年来，接续提出《关于盘活开化县毛竹资源，加快竹产业转型升级的建议》《关于打造"人人有事做，家家有收入"高质量就业创业体系先行示范区的议案》，拓展村民增收渠道。

去年，郑初一提出《关于将"365 共富协作区"打造成为四省边际共同富裕示范样板的议案》，得到了市级层面的高度重视和大力支持。"通过开设交流学习培训班，组织'365 共富协

作区'的村干部、党员、三农从业者，分享基层治理、农旅产业发展的经验，成效非常不错。"郑初一告诉记者，仅今年 10 月份，就吸引了 5 万人次前来培训、游玩，在打造全国村支部书记培训新高地的同时，也有效带动了开化旅游业的发展，为"365 共富协作区"培训产业高质量发展开辟了新路径。

"作为一名人大代表，同时我也是一名退休村干部，能够继续发光发热，为基层治理贡献一份力，对我而言既是荣誉也是职责。"谈起未来规划，郑初一眼神依旧很坚定，"我一定会践行'人民选我当代表，我当代表为人民'的诺言，履职尽责、建言献策，做一名组织信赖、人民满意的人大代表。"

（原载于 2024 年 11 月 21 日"开化新闻网"）

市人大代表杨国华：一"园"兴起为"两有"

"耐热高强酚醛材料是 2024 年度浙江省首批次新材料，尺寸稳定性好、绝缘性强、强度高、耐高温更好。"10 月 23 日，衢州市人大代表、开化瑞达塑胶科技有限公司董事长杨国华指着生产线上的一排排新材料介绍道。

开化瑞达塑胶科技有限公司是一家专业从事热固性塑料生产的企业。多年来，杨国华带领企业不断创新，积极寻求技术依托，加强产学研的合作与攻关，企业年产值从 50 万元攀升到 4 亿元，成为全省最大的热固性塑料生产企业。他还帮助回乡创业青年创办了 10 多家密胺制品加工企业，形成了初具规模的"密胺新舰队"，推动开化密胺产业快速发展，也因此先后获得"开化县十大优秀青年""星火明星企业家""全国优秀企业家""企业科技创新先进工作者"等荣誉称号。

2002 年，杨国华当选衢州市第四届人大代表。"人大代表来自人民、植根于人民，作为一名人大代表，一定要多听百姓心声、多问群众疾苦。"工作之余，他时常走进车间和社区，与职工和居民进行面对面交流，认真倾听他们的声音，了解他们的需求和困扰，并将这些整理成建议和议案，予以提交讨论。

基于开化密胺产业布局分散、资源配置和运营效率不高、高层次人才引育难制约产业转型升级等痛点难点，2017 年起，杨国华多次在人民代表大会上呼吁建立密胺产业园，形成集群效应，发挥规模优势。

2019 年，杨国华与政府共同出资打造桐村密胺共富产业园。

通过"以商招商"的方式，促成 13 家企业入驻产业园，盘活了当地资金、人才、技术等资源，不仅为开化县密胺产业持续健康发展提供了更好的发展平台，还解决了周边 800 多位村民的就业问题。"很高兴能在家附近上班，让我可以兼顾家庭与工作，杨总在生活上对我们也很关心，只要有困难他都有求必应。"开化瑞达塑胶科技有限公司员工陈则刚告诉记者。

"能够帮助老百姓，让他们有一份相对稳定的收入，是一件有价值、有意义的事情。"在杨国华看来，人大代表不仅仅是一个称号、一种荣誉，更是一份沉甸甸的责任。作为一名人大代表、本土企业家，他将牢记"人人有事做，家家有收入"，在推动产业发展和家乡建设中担当更大责任、发挥更大作用。

（原载于 2024 年 11 月 1 日"开化人大"微信公众号）

市人大代表方辉韩：一腔热情为"茶"忙

近日，在池淮镇寺坞村十里干滩茶园，衢州市人大代表、县茶产业发展中心副主任方辉韩正和浙江成峰茶业有限公司总经理寿成岳一起交流茶叶种植情况。

"从事茶产业工作，一定要善于倾听茶农、茶商反馈，勤于深入茶园一线了解种植情况，勇于探索创新发展思路。"方辉韩说。多年来，他立足岗位，积极发挥专业优势，孜孜以求，努力钻研，不断解决发展难题，助推开化茶产业可持续发展。2022 年 3 月，他当选衢州市第八届人大代表。在县委提出实施"龙顶振兴"战略后，他觉得自己肩上的责任更重了。为了及时了解茶农、茶商、茶企的所思所想所需，方辉韩经常前往各乡镇，收集茶农们的意见反馈，交流研讨发展思路。

在市八届人大三次会议召开前，方辉韩通过走访调研，了解到多家茶企都面临茶叶标准化加工场地受限的情况，于是撰写了《关于盘活低效闲置工业用地助推经济发展的建议》，提交大会议案组。建议一经提出，便引起相关部门的高度重视，纷纷拿出实招，帮助乡镇积极盘活低效闲置用地，用于建设茶叶加工厂，当年全县标准化茶厂数量增加 25%。

"作为一名人大代表，要立足本职、勤恳踏实，始终把民生实事放在心头。"在担任市人大代表期间，方辉韩收到苏庄镇种茶大户的意见，反映茶叶市场包装使用不规

范问题。"开化茶叶加工种植散户比较多，大家的包装设计不统一，难以形成'开化龙顶'品牌效应，导致市场竞争力不足、产业效益不高。"为了解决这一问题，方辉韩多次前往安吉、新昌、松阳等茶产业大县取经。同时，他利用在省农技推广中心数字化改革专班学习的机会，主导开发浙茶香"开化龙顶一件事"数字化管理体系，不仅完成了市场包装统一管理，还能实现茶园证统一确权、市防伪标贴统一发放，实现了茶叶从茶园到市场的全过程溯源。这一创新举措改善了茶叶市场存在多年的包装乱象，提升了"开化龙顶"的品牌形象和产品辨识度。由他牵头起草的茶产业扶持政策，为县委、县政府提出"高端茶引领品牌价值，大众茶促进百姓增收"的茶产业发展道路提供了重要参考，茶产业"三改三提"五年行动规划被县委、县政府采纳。此外，他用心开展茶叶品类产品研发及茶树新品种选育工作，填补了茶产业品种更新空白，为茶产业高质量发展打下良好基础。

一枝一叶总关情，一点一滴见初心。方辉韩用实际行动诠释了急群众之所急，想群众之所想。"今后，我将继续立足本职，积极发挥岗位优势，为群众排忧解难，持续擦亮开化茶产业发展'金名片'。"方辉韩信心满满地说道。

（原载于 2024 年 11 月 4 日"开化人大"微信公众号）

市人大代表张雄富：强村富民　争当头雁

张雄富，现任开化县马金镇高合村党支部书记、村委会主任，衢州市第八届人民代表大会代表。浙江省第二届返乡入乡合作创业大赛一等奖获得者，2021 年被评为"衢州市优秀党务工作者""衢州市担当作为好支书"，2023 年被评为"浙江省担当作为好支书"，2024 年被评为"浙江省劳动模范"，并荣获"衢州市劳动模范"称号。

张雄富以"产业兴村、富民强村"为目标，带领村"两委"干部"跑资金""跑项目"，联合周边村开展"强带弱""高带低"等共富帮带工程，实现产业共谋、项目共建、资源共享、成果共赢，571 亩香榧、135 亩光伏发电、40 口清水鱼塘等项目落地增收，2023 年村集体经营性收入超 60 万元，集体资产从 2017 年的 200 万元增长到如今的 6000 万元。

随着集体经济壮大，张雄富更加关注村民们的"钱袋子"，他带

领村"两委"，通过"内联村民、外联村企"，以乡村酒店为核心，融合"农业观光、果蔬采摘、休闲住宿"等特色项目，谋划打造"金禧漫居"共富工坊，打造"1+N"乡村精品旅游线路。今年以来，累计接待游客 4 万余人次，带动村里民宿农家乐增收 80 余万元。

作为人大代表，张雄富一直致力于当好老百姓和政府之间的连心桥。"代表联系群众不能走马观花、蜻蜓点水，真诚是永远的'必杀技'，要带着真心实意联系群众，才能联出'真感情'，联出'凝聚力'。新时代的人大代表绝不是'开开会''举举手''鼓鼓掌'就了事，要不断学习新知识、新技能，结合地方实际才能将群众赋予的权利真正用到实处。"张雄富说，"我将继续发挥好人大代表的作用，为推动乡村振兴贡献自己的智慧和力量。"

（原载于 2022 年 5 月 26 日"开化新闻网"）

市人大代表方进林：为"鱼"代言践初心

"最近天气转凉，要多关注鱼儿的活跃情况。"近日，在开化佳艺家庭农场，衢州市第七届、第八届人大代表，开化县水产协会会长方进林正挨个巡查鱼塘，观察清水鱼的状态和生长情况。

2012 年，在外多年的方进林回到家乡，在长虹乡星河村办起了佳艺家庭农场，古法养殖清水鱼。"养鱼不能只养鱼，还要养山养水，才能保护好开化清水鱼这块'金字招牌'。"十多年来，他肯学爱钻，与省农业科学院、浙江师范大学等科研机构和高校联合开展清水鱼病虫害防治和标准化养殖技术等方面研究，总结出规模古法养殖清水鱼病害防治方法。

2017 年，方进林当选衢州市人大代表后，始终践行"人民选我当代表，我当代表为人民"，常常深入田间地头，积极参与调研和视察活动，倾听民声、收集民意，将群众关于开化清水鱼养殖、土地资源利用与保护的"心里话"转化成代表建议。先后提出了《关于培养壮大县域富民产业，做好开化清水鱼"土特产"文章的建议》《关于支持水产养殖水面空间资源复合利用发展休闲渔业的建议》《关于加强农村河道治理的建议》等 20 余份议案。

作为人大代表，方进林还积极发挥模范带头作用，不仅成功

编制了全县首个《清水鱼规范化养殖技术标准》，其推动实施的浙江省标准化试点项目"清水鱼流水养殖省级标准化试点"还高分通过验收，成为开化县首个农业标准化示范项目。依托自家农场省级农民田间学校和四省边际（衢州）共富学院教学基地，他积极开展清水鱼养殖技术培训和实践教学，截至目前，共开展培训 30 余次，参训的农村实用人才达 2000 多人，遍及周边省市。

今年 3 月，方进林从农村河道治理的角度提出了《关于加强河长制长效机制的建议》，得到了市人大的高度重视和充分肯定，成为重点建议。"市里高度重视河长制工作，这一举措对防洪度汛、资源保护与利用、乡村经济发展具有重大意义。"方进林表示，他将继续发挥人大代表作用，持续为民服务，致力于让先辈们留下的古法养鱼技术得以传承和发展，以自己的实际行动守护好开化的绿水青山。

（原载于 2024 年 11 月 10 日"开化发布"微信公众号）

市人大代表叶志廷：争做乡村振兴排头兵

叶志廷，音坑乡下淤村党支部书记，县第十三届、第十五届、第十六届人大代表，市第八届人大代表。获县人大代表履职先进个人、开化国家公园建设"园丁奖"、县劳动模范、市"五水共治"工作先进个人、省兴村治社名师等荣誉。

2001 年，叶志廷当选下淤村党支部书记。上任后，他带领村"两委"治理生态环境污染，大力改善村容村貌，开始描绘乡村旅游蓝图。2014 年，叶志廷瞄准马金溪沿岸风光，总投资逾千万元的 16 个旅游项目逐一竣工，创造了神奇的"下淤速度"，下淤村相继获得"中国乡村旅游模范村""全国最美十大乡村"等殊荣，成了名闻遐迩的景区村。

依托"百里金溪画廊"核心资源优势，下淤村持续实施水岸景观提升工程，加大基础设施投入，将 2 公里河滩划分为水上游乐区、河滩烧烤区等多功能区块，开发户外拓展、河畔民宿、非遗小铺等 20 余个业态，每年接待游客 40 万人次，旅游收入超 2000 万元。

作为人大代表，叶志廷在不断推动乡村产业发展的同时，也时刻在思考自己该如何更好发挥人大代表的主体作用，如何更好践行自己对老百姓的承诺。

对于代表履职活动，叶志廷格外重视，常态化开展"一网三联""1+3+X"履职，积极主动参加代表联络站接访，在每次人民代表大会召开前还专门与群众代表座谈交流。对于如何践行"人人有事做，家家有收入"，叶志廷始终在想办法、谋思路，面对市场环境的变化、新事物的不断涌现，让下淤与时俱进、群众更有获得感成了他的心头事。为此，叶志廷主动与市场对接，寻求新的合作方式，发挥专业特长，精准发掘乡村特色产业的迭代升级路径。今年以来，在叶志廷的牵头带领下，下淤村大力推动村企合作，探索市场化管理、专业团队运营、利益联结紧密的整村经营新模式，举办"山水与光·首届霞洲艺术生活节"，吸引游客 3 万人次，实现旅游收入 300 余万元。

（据"开化新闻网""开化发布"微信公众号）

访县人大代表、村头镇人大主席徐先田

"现在，农村依然存在一小部分情况特殊的特困户，他们生活水平差，经济收入低，而老旧的房子又急需重建，就算给他们提供国家补助标准，他们还是没办法建新房。我希望能通过向两会提交议案，让大家一起想办法解决这个问题。"问起最近的工作，徐先田告诉记者，这几天，他正忙着到处跑村子、进农家，进行调查研究，以便进一步收集数据，做好有关农村特困户住房问题的议案。

和许许多多平凡朴素的农村工作者一样，今年 53 岁的徐先田，可以说完完全全地将自己的青春奉献给了基层。从 1985 年到乡镇参加工作一直到现在，26 年来，他始终战斗在农村工作战线上，把根深深地扎在了农村。从原菖蒲乡到马金镇，再到现在工作的村头镇，他的工作地点换了又换；从乡长、书记到副书记，再到现在的镇人大主席，他的工作职责也一变再变。但这么多年来，他"体察民情，为民服务"的工作宗旨始终未曾改变。从他的身上，你可以充分感受到基层工作者那勤勤恳恳、任劳任怨的"老黄牛"精神。

"要当好人大代表，首先必须时刻听从党的召唤，履行好代表职责，而作为来自农村最基层的人大代表，更有责任了解民情，向上反映。"徐先田告诉记者，为民排忧解难是基层人大代表的重要职责，只有帮助基层群众解决好他们最关心最实际的问题，让群众满意，才能赢得人民群众的信任和支持，才能算得上一名真正优秀的人大代表。他是这样说的，也是

这样做的。自 2007 年被选为县人大代表，他多次提交关注民生而且可行性较强的议案。在县十四届人大三次会议期间，他提交的《关于修建底本大桥的建议》《关于改进农村新型合作医疗的建议》等议案，得到了县政府和有关部门的高度重视。2009 年 9 月，新的底本大桥建设顺利动工，目前大桥的主体工程已经基本完工，预计今年 6 月份可以完工，这无疑让一直悬着心的音坑、村头、大溪边等乡镇的群众乐开了怀。

"基层人大工作不再是'吃吃馒头、举举拳头'般可有可无，如今群众的民主观念越来越强，对基层人大代表的要求也越来越高了，基层人大代表不仅要学会面临压力，更要学会转为动力。"作为在农村工作了 26 年的"老基层"，近几年徐先田发现：随着社会经济的发展，基层群众的民主意识、法制观念日益增强，基层人大工作发生了巨大变化。他表示，基层人大工作要坚持与时俱进，紧抓机遇，加强基层人大建设工作，充分发挥基层代表的自身特点，在带头干好代表本职工作的同时，结合当地具体工作，关注民生，服务民生，真正做到全心全意为人民服务。

（原载于 2010 年 3 月 28 日"开化新闻网"）

访县人大代表、芹南社区副主任叶月英

"我正在收集小区油烟无序排放、造成空气污染的事例，希望我的这些问题能反映给有关部门。"记者采访叶月英时，她正在一居民小区了解相关情况，为撰写议案做准备。

"我是社区选出来的人大代表，就要'代'社区选民，'表'群众心声，多为社区老百姓办好事、办实事，这是我的职责。"采访叶月英，是从她这句简短的开场白拉开的。叶月英从原县土产公司下岗后，于 2001 年通过考试分配到芹南居委会成为居委会工作人员，当时她就感慨地说："通过竞考实现再就业，对

我来说机会难得，一定会努力把社区工作做好。"多年来，她把社区当成家，把社区群众当亲人，默默工作，无私奉献，用行动谱写为民服务的奉献之歌。2005 年 1 月至 2008 年 5 月，她调任城北社区任副主任；2008 年 6 月至今在芹南社区任副主任一职，先后分管过文体、财务、民政、社会救助、就业、残联、

卫生创建等方面的工作，积累了丰富的经验，受到广大居民的好评。

"在这个岗位上，就得把人民的要求记在心上，把群众的冷暖挂在心头，帮助他们解决实际问题。"叶月英是这样说的，也是这样做的。上门陪孤寡老人聊天，了解他们的生活起居情况，帮助他们搞卫生；帮助困难群众，为他们联系结对帮扶事项；解决"棘手"的邻里纠纷，成立社区腰鼓队……看似细小的事情，但叶月英每件事都用心在做。她经常对大家说："社区工作是为社区居民零距离服务，要站好这班岗，就要把居民群众当亲人。"她也正是用实际行动实践自己当初的诺言，从未懈怠，从不言悔。如今，许多居民群众都把叶月英当作贴心人，总爱来办公室走走坐坐与她拉拉家常，每每这时，她总是关切询问他们的工作和生活，有什么困难和建议，以便及时帮助解决。

县十四届人大三次会议期间，叶月英提交了《加强房屋维修基金管理的建议》《建立社区综合性活动场所的建议》等议案，其中《对老城区实行开放式物业管理模式的建议》被评为优秀建议件，县政府和有关部门对建议非常重视，建议得到落实。叶月英对建议办理答复情况表示满意："人大代表，重要的是认真履行代表职责，努力为人民代言，为政府排忧，协助政府推行工作，为我县的发展力所能及地做贡献。"她表示，能成为一名人大代表既是一种压力，更是一种责任和鞭策，在今后的工作和学习中，将继续加强各方面知识的学习和积累，一如既往地为群众服务，为政府献计献策。

（原载于 2010 年 3 月 26 日"开化新闻网"）

富民强村的带头人

——记县人大代表、城关镇翁村村党支部书记余永庚

翁村是我县最大的绿化大苗生产基地。这些年，村里发展苗木 1100 多亩，年产值达 1000 余万元，有近半村民从事苗木生产、销售工作，涌现了一大批苗木大户。在翁村，房前屋后，田间地头，到处可见郁郁葱葱的苗木，村庄四季常绿，家家户户建有花坛，一派绿意盎然的景象。而这一切离不开一个人，他就是县人

大代表、翁村村党支部书记余永庚。

"群众选我当代表，我就要把职责履行好。"1 月 15 日，当记者见到余永庚时，他正忙着处理村里的彩化和"五水共治"工作。

余永庚，今年 53 岁，担任村党支部书记 20 多年以来，除中间担任过两届党代表，连任县第九届、第十三届、第十四届和第十五届共四届人大代表。为富民，他想方设法抓产业促发展，结合翁村的实际情况，带领村民大力发展苗木等新兴产业，拓展经济收入渠道，带动农民增收致富。为强村，他发动种植户成立花木专业合作社，带动更多的农户发展苗木产业，做大翁村绿色发展产业，并积极向上争取资金和项目，修路、造景，清洁和美化村民生产生活环境，使翁村村成为远近闻名的富裕美丽乡村，村民的幸福感不断攀升。

78 岁的村民方文英老人一边在毛竹亭里看戏，一边乐呵呵地评价余永庚："能力强、亲近群众，为村民粉墙、种花、拆除简易厕所、治理猪栏污水、建休闲场所，对我们老人家也特别关心，村里花红树绿、道路整洁，越变越好，大家很信任他。"

"这不仅仅是一份荣誉，更是一种责任。"面对村里群众的称赞，余永庚表示，"目前我县正在大力打造国家东部公园，作为苗木村，我们在村边、河边新种了1000 余株银杏、垂柳等彩化树木，并开展了党员、村民代表挂牌认养行动，确保树木有人管、管得好。下一步，我将利用超微动力污水处理设施，继续做好乡村洁化、美化等工作，努力把翁村打造成 3A 级村庄，让村民生活得更幸福。"

（原载于 2014 年 1 月 21 日"开化新闻网"）

为老百姓办事要一碗水端平

——记县人大代表、杨林镇东坑口村党支部书记徐樟顺

徐樟顺是杨林镇东坑口村有名的"懒汉"书记，虽称"懒汉"，可真正让徐樟顺声名在外的是他风风火火为民办事的风格。在村民眼中，徐樟顺不仅是治村的好书记，也是为民谋福祉的好代表。

东坑口村的污水处理工程于2014 年 7 月份动工建设，由于涉及农户要挖化粪池、开挖路面等工作，一开始许多村民不情愿。为此，徐樟顺带领村"两委"轮

番上门做工作，使工程得以继续。目前，该工程已进入扫尾阶段，过两天就要迎接镇、县相关部门的验收。一大早，徐樟顺就来到现场，查看进展。

这边污水工程总算落幕，那边村里的机耕路因高速公路建设过矮导致通行难，又给"懒汉"书记出了一道难题。"村里负责重新调整机耕路的坡度。"徐樟顺的一句话给村民吃下了定心丸。

作为一名新农村建设的带头人，徐樟顺坚持为民办实事。作为一名人大代表，徐樟顺积极履行代表职责，贴近村民，倾听他们的心声。而说起为老百姓办事的原则，徐樟顺表示，无论做什么事情，都要坚持一碗水端平，这样村民才会服你。

在徐樟顺的带领下，如今的东坑口村景美民富，面对即将到来的两会，徐樟顺依然着眼于新农村建设。"我准备的议案有两个：一个是关于农村集镇路灯管理的，我去过好多乡镇，虽然都安装了路灯，可是很多时候路灯都是黑的，没人修理，我想路灯都安装了，就要发挥出作用来；另一个是关于乡镇监控系统的，现在很多大的乡镇都装上了监控，可有些乡镇还未安装，出于安全考虑，我建议所有的乡镇都装上监控，为老百姓的生活生产保驾护航。"

（原载于 2015 年 1 月 27 日"开化新闻网"）

守卫生态　普惠林农

——记县人大代表、县林业局林政科副科长占菁

"昨天是到何田、马金进行林权地籍信息系统建设的基础数据复核工作，因为做图中发现有地块遗漏。"1 月 22 日，当记者来到县林业局林权管理中心办公室时，县人大代表、县林业局林政科副科长占菁正忙着为华埠镇华阳村的村主任和林业员办理集体森林资源流转出让的相关手续，并不时询问乡村一级对于现行林业政策和法律、法规方面的意见和建议，为参加今年的两会做准备。

作为一名林业工作者，自担任县第十五届人大代表以来，占菁履职尽责。在占菁及其同事的努力下，我县山林二轮延包、均股均利主体改革完善成为全省推行的"开化样本"，林权网络竞价成为全省第一个推行的新模式，林权地籍信息系统建设、林业股份制合作等各项林业配套改革都得到了不断推进。而

她本人也因工作出色荣获"2014 年度代表履职先进个人"称号。

"致力于林业改革，主要是为了守护我们的生态环境，普惠林农。"占菁相告，近年来，随着开化国家公园的创建，生态保护广受关注。为切实保护森林资源，逐步实现公路沿线美化、彩化和森林资源"双增"目标，2013 年我县出台了限伐区管理办法，划定限伐区 38.3 万亩。但该办法在实施的过程中，逐步凸显出了一些矛盾冲突与问题，比如：少数林农一旦出现小孩上学、求医等经济压力，将林木流转或采伐变现的意愿很强烈；一些经营户在划定限伐区前已经流转了林农或村集体的山林，他们的投资成本和利润如何保障；限伐区商品林中现有的 10 万亩杉木成熟林，已经是或很快步入生长期 36 年的过熟林，生态保护功能将逐渐衰退，是否应该进行有计划的结构性改造调整；等等。她想与城关团的代表一起，在今年的两会中提出来。

（原载于 2015 年 1 月 27 日"开化新闻网"）

为助推开化教育事业发展贡献力量

——记县人大代表、开化天地外国语学校校长赵长女

1 月 18 日，记者在开化天地外国语学校看到赵长女时，她正与学校管理人员一道围坐在会议桌前，共同商议下学期学校的重点工作。赵长女告诉记者，虽然学生已经放假，但作为教育工作者，思想上仍不能懈怠，学习上仍不能放松，工作上也不能停止，要尽早谋划、提前布局，只有这样才能顺应教育工作新形势，将学生培养得更好。

赵长女自 1987 年踏上"三尺讲台"至今已有 29 年，先后担任过少先队总辅导员、年级组长、教研组长、女职委主任、教导处主任、副校长、校长等职务，

在每一个岗位上都兢兢业业，表现出色。特别是自 2011 年 9 月天地外国语学校搬迁至新校区后，她带领团队提炼出了一整套的办学理念，对学校的发展起到了指导性的作用。在她的领导下，学校荣获省义务教育标准化学校、省体育教育特色学校、省艺术教育特色学校等 30 余项荣誉。

2017 年，学校将以立德树人为

根本,以深化课程改革为核心,以精细化管理为目标,以落实"常规20条"为抓手,继续全方位建设现代化学校。赵长女表示,作为一名来自教育系统的县人大代表,她正围绕开化教育现代化县创建工作及加快助推职业教育、学前教育发展进行调研,将与全县广大教育工作者一道,为助推开化教育事业发展贡献力量。

(原载于2017年2月7日《今日开化》)

认真履行职责 守护百姓健康

——记县人大代表、池淮镇中心卫生院院长杨卫东

"作为基层医务行业的人大代表,要听到更多来自基层的声音。"1月24日,在池淮镇中心卫生院,院长杨卫东正忙着整理医院各科室的资料。"现在基层医疗资源紧张,特别是人才缺乏。"杨卫东告诉记者。

据了解,杨卫东自1992年从浙江省丽水卫生学校毕业后一直在乡镇卫生院工作,曾任杨林镇卫生院、桐村镇卫生院院长,2013年12月调入池淮镇中心卫生院担任院长。作为一名基层的医务工作者和县人大代表,杨卫东利用休息时间,对每个乡镇卫生院及村卫生室进行调研,认真履行代表职责,时刻关注民生,为提升基层医疗卫生服务能力努力着。

池淮镇中心卫生院除了要承担辖区内23000人的基本医疗和公共卫生服务,还要接待来自长虹、张湾等周边乡村群众的就诊,工作显得格外忙碌。2018年以来,池淮镇中心卫生院和开化县人民医院建立县乡联合病房,开展住院业务,至今已有100多位患者在池淮镇中心卫生院进行了住院治疗,不仅为优质医疗"下沉"及群众转诊提供了方便,也让池淮镇中心卫生院的医疗水平得到了大幅提升。池淮镇中心卫生院还获得了"全国满意乡镇卫生院"的荣誉称号。

"今年我准备的议案是《关于提高我县60岁以上老年人健康体检经费的建议》。"杨卫东表示,社会已经步入老龄化,从2006年开始实施的农民健康体检服务,至今老百姓的积极性还不高,究其原因:一是居民(老年人)对于健康认识不够,二是体检项目不够全面。希望能够通过增加健康体检经费来增加部分体

检项目，提升群众的体检积极性和满意度，从而有效提高居民体检率。

（原载于 2019 年 2 月 12 日《今日开化》）

为群众服务　为群众代言

——记县人大代表、桐村镇裴源村党支部书记胡余清

1 月 23 日，记者在桐村镇裴源村村委会见到县人大代表、裴源村党支部书记胡余清时，他正忙着对村里 2018 年各个项目的农民工工资进行汇总和整理。胡余清告诉记者，村民的事无小事。临近年关，他们为村庄的建设忙活了大半年，工资早点结清，让大家高高兴兴地过年。

胡余清自担任裴源村党支部书记以来，始终将改善村庄基础设施、提高村集体收入放在首位，积极向上级部门争取项目资金支持，先后将村里的道路设施进行了硬化亮化提升，开展了"一户多宅"整治，推进了龙山溪征地项目，开展了党建示范带建设等工程，并通过村集体投工投劳的方式，共同推进了项目建设。2018 年，在村"两委"班子的努力下，裴源村"一户多宅"整治工作成效显著，实现了"一户多宅"清零，共拆除房屋 53 栋。不仅实现了村庄的大变样，还大大增加了村集体收入。

密胺产业是裴源村村民增收致富的重要产业。近年来，胡余清积极鼓励村民参与密胺产业发展，帮助村民在家门口实现就业。在他的带领下，裴源村村民人均年收入 2 万余元。胡余清说："看到群众生活富裕了，我感到无比欣慰，带领群众致富的劲头也更足了。新的一年，我将在带领群众致富的道路上再加一把劲，再出一份力。"

"作为一名党员，我将积极为群众服务；作为一名人大代表，我也将积极为群众代言。"胡余清告诉记者，这次的两会，他准备了两个议案：一个是《关于加大对居家养老产业扶持力度的建议》。当前农村孤寡留守老人居多，政府应该关注老年人的健康问题，加大力度促进养老事业的发展，特别是加大力度发展城乡社区居家养老服务，进一步完善老年人医疗保障制度，为老年人的健康管理提供硬软件支持。另一个是《关于建设竹文化遗产

创业园发展村集体经济的建议》。

（原载于 2019 年 2 月 12 日《今日开化》）

办实事　解民忧　当好群众的代言人

——记县人大代表、芳村村党支部书记江春花

1 月 11 日，记者在长虹乡芳村村看到县人大代表、芳村村党支部书记江春花时，她正带领村干部向当地村民宣传安全知识和森林消防知识，确保每家每户都能平安过节。

江春花自 2017 年担任芳村村党支部书记以来，始终坚持为民解忧、为民代言，紧紧依靠全村干部群众，抓住省级卫生乡镇创建、美丽乡村建设等机遇，全面提升芳村村基础设施和环境卫生，在村内建起了休闲广场、河边游步道，在村内主干道增设了标识标牌，使村庄环境得到了进一步优化。同时，为发展壮大村集体经济，江春花一方面出租村里的物业用房，一方面流转了 60 亩土地建成标准化茶园，让数十名村里的留守妇女不出家门就实现了就业。

作为县人大代表，江春花始终坚持走到群众当中去。有村民对村里工作不理解，她就主动上门走访；邻里之间有矛盾就主动调解，工作中她一直坚持公平公正，获得了当地群众的信任。从提出村级生态公墓扩建的建议，到休闲长廊建设的建议……履职过程中，江春花始终将群众身边的小事作为关注的重点。在今年的两会上，她将建议县政府继续关注全域景区打造，集中力量将池淮溪芳村段沿线的游步道进行再提升再修缮，确保群众出行更加安全便捷。

（原载于 2023 年 1 月 14 日《今日开化》）

小小"喇叭员"奏响"民"乐曲

——记县人大代表、开化县七一电器党委宣传委员饶梅君

近日，县人大代表、开化县七一电器党委宣传委员饶梅君格外忙碌，奔赴企

业、社区、厂房等地，开展一线调研，广泛征集民意，为即将召开的两会做准备。

作为一名基层企业宣传口的 80 后、"喇叭员"，饶梅君深感责任重大。下基层、入企业、进厂房，是她日常工作的一部分。她表示，只有多了解群众的生活，多聆听群众的意见，才能传达好群众心声。

饶梅君连任了两届县人大代表。履职期间，她从自己熟悉的工业经济领域入手，提出了《关于政府民生实事项目实施的建议》《关于扶持壮大民营企业的几点建议》等 10 余条建议，得到了党委政府及有关部门的高度关注。其中，《关于加强民营企业人才队伍建设》被评为优秀建议，《关于全方位扶持培育专精特新"小巨人"企业的建议》被纳入县重点建议。

今年县两会期间，饶梅君准备提出"关于如何提质增效助力实体经济发展的建议"。"接下来，我将一如既往地脚踏实地，坚守本职岗位，积极为全县工业经济高质量跨越式发展建言献策，切实履行好人大代表职责，做一名合格的人大代表。"饶梅君表示。

（原载于 2023 年 1 月 14 日《今日开化》）

"奔走"在希望的田野上

——记县人大代表、县农业技术推广中心副主任叶为诺

近日，在音坑乡明廉村菁山农业芦笋种植基地，县人大代表、县农业技术推广中心副主任叶为诺正在温室大棚内查看芦笋长势情况，并和主人交流温室大棚的日常管护和芦笋的专业化管理知识。

身为一名农业技术干部，多年来，叶为诺一直扎根基层，用脚步丈量土地，用真情服务农民，为全县蔬菜、食用菌和中药材产业的生产技术推广、产业发展、管理工作献出青春和汗水。近年来，叶为诺共主持了各类基地建设以及科研项目 20 余项，均取得了一定的成效；共组织各类培训班、现场会 20 余期，培训农民达 1000 余人次。同时，他作为主要完成人，共编撰了 2 本农业科技书籍，为推进全县农业产业的高质量发展做出贡献。

今年县两会，他关注的是地方农作物种质资源保护开发利用问题："建议以

政府部门为主导，切实加大我县地方农作物种质资源的保护和开发力度，让它们重新焕发生机。"叶为诺相告，作为一名人大代表，他将沉下心来，更多地倾听土地的声音，继续为农民奔走、为农民说话，为乡村振兴建言献策，以更饱满的政治热情履职尽责，用初心和使命去践行人大代表的责任和担当。

（原载于 2023 年 1 月 14 日《今日开化》）

关注乡村民生建设美好家园

——记县人大代表、长虹乡残联专职委员邱治土

1月18日，在长虹乡残疾人之家，县人大代表、长虹乡残联专职委员邱治土正在指导学员制作手工艺品，帮助他们适应日常的劳动工作。

邱治土长期从事残疾人帮扶工作，创办了长虹乡残疾人之家，在运动康复、教育培训、工疗作业等方面为残疾人提供了有力的支持。多年来，除了日常的上门走访、申请补贴，他还参与了残疾人家庭住房无障碍建设，帮助改善他们的居住环境。

邱治土还长期关注"三农问题"，特别是农村居民的住房问题。近年来，随着乡村振兴战略的持续推进，我县农民收入逐年增长，农村经济发展迅速，越来越多的外出务工者选择回到家乡。从大城市回来的他们，迫切需要改善居住条件，建立适合的农村居住新区成了关键。为此，邱治土走访了周边众多乡村，就农村居住新区问题进行了详细的调研。他针对农村道路规划、民房建造等内容进行了具体考察，并对禁建村和限建村的建房需求做了大量统计，在这些数据的基础上，撰写了《关于以行政村为中心发展农村新区的

建议》，希望有效促进城乡一体化协调发展。

"作为一名基层人大代表，我特别关心残疾人等困难群体的住房问题，这些人群搬迁转移不便，如果能够就近建立完善的农村新区，对他们来说意义重大。"邱治土表示，接下来，他会继续关注农村弱势群体的居住环境，让更多群众实现美好生活的迫切愿望。

（原载于 2024 年 1 月 25 日《今日开化》）

教育共富路上的"逐梦者"

——记县人大代表，天地小学党支部书记、校长江光华

"教育是最大的民生，促进教育公平、提高教育质量是教育优质均衡发展的核心要义。要全面遵循教育发展规律和孩子成长规律，坚持五育并举，尊重个体差异。要以教育共富为目标，统筹兼顾，精准施策，努力实现人人成长、个个成才。"开化县人大代表，天地小学党支部书记、校长、正高级教师江光华深有感触地说。

江光华 28 年如一日，始终不忘教育初心，牢记育人使命。他先后获得省特级教师，省优秀教师，省首批中小学校"双带头人"党组织书记典型，省教坛新秀，省教科研先进个人，省新课改先进个人，市"两专"教育领军人才，市第三届、第四届、第五届名师，市"115"人才等数十项荣誉称号，认真履行县人大代表职责，当好教育共富路上的逐梦者。

他提出《关于进一步加强新时代家庭教育的建议》，就"完善家庭教育工作保障措施、加大家庭教育宣传力度、加快形成家庭教育指导网络"等方面提出了建设性的意见和建议，为全社会更加重视家庭教育做出了贡献。

作为一名教育工作者，江光华非常关注青少年的科普教育，针对"科普教育

氛围不浓、科普教育资源不足、科普教育合力不强"等问题，他提出了《关于进一步加强青少年科普教育的建议》，推动政府加大科普教育的宣传力度，加快实现科普教育统筹协同推进。在平时的科学教育教学过程中，他始终坚持生本理念，勇于开展教学改革，逐步形成了"灵动、朴实、创新"的教学风格。他以"家庭

实验室"为载体，大力开展"钱江源小博士"系列活动，引领孩子在有趣的科学实践中提高动手能力，发展科学思维，提升科学素养。

"教好每一名孩子，成就每一位教师，幸福每一个家庭"是江光华常挂在嘴边的一句话。他是这样说的，也是这样做的。在教育共富的新征程上，他是一位执着的"逐梦者"。

（原载于 2024 年 4 月 25 日"开化人大"微信公众号）

扎根基层　为百姓谋福祉

——记县人大代表、何田乡卫枫村党支部副书记詹巧琴

1 月 15 日，在何田乡卫枫村新时代文明实践站，县人大代表、卫枫村党支部副书记詹巧琴正在清点厂商订购的黑珍米与农家豆腐乳，准备发往全国各地。

扎根基层 10 年，詹巧琴一直投身乡村振兴工作，如何谋划村里产业、增加村集体收入是她的心头大事。为了进一步推动农产品的生产及经营，詹巧琴与村"两委"干部一户一户上门商谈租赁土地事项，流转了 65 亩土地用于种植黑米等产业。2023 年，黑珍米、农家豆腐乳、茄子等农副产品为村集体带来了 35 万元收入。"我们村里的部分低收入村民是拥有劳动力的，所以我们通过雇佣的方式，调动他们的积极性，增加他们的收入。"詹巧琴表示。

县两会召开在即，詹巧琴积极走访农户，收集倾听村民心声，了解他们的想法和需求。在走访过程中，她了解到，乡村一级的基层卫生所、药店，牛黄解毒片、银翘片等基本药品较少，村民购买困难。"我们这里用药比较难，现在有 300 多种药品，数量还不够，比如低价的止痛药存在缺量的情况，所以我提议加大对农村公共医疗的投入力度，加强医药供需对接，减轻村民的医疗负担。"詹巧琴告诉记者，今年将重点关注山区群众购药难问题，准备提交《关于完善乡级卫生院药品种类的建议》。

"当选人大代表，既是荣誉更是责任，我会认真履职，充分发挥代表作用，深入群众，倾听群众声音，努力为群众办事。"詹巧琴说。

（原载于 2024 年 1 月 25 日《今日开化》）

积极为民代言　倾力助农增收

——记县人大代表、桐村镇门村村党支部副书记童樟民

"作为一名县人大代表，就是要与群众在一起，想群众所想，急群众所急……"1 月 17 日，当记者在桐村镇门村村看到县人大代表、门村村党支部副书记童樟民时，他正在文化礼堂前与村里的老年人沟通交流，了解他们的生活所需。

童樟民长期担任村"两委"干部，有着丰富的农村工作经验，始终怀着强烈的为民情怀，努力为村民做好事、做实事。2021 年当选县第十七届人大代表后，他更是时刻将群众冷暖放在心上。在他和村"两委"干部的共同努力下，门村村由村集体牵头，将所有农田进行统一流转、统一种植、统一营销，村民以田入股、投工投劳，打造"共富田园 + 共富果园 + 共富茶园"三园经济。

"截至目前，全村共流转土地 863 亩，种植了水稻、小香薯、水果玉米、中药材和太秋甜柿等多品类的经济作物，并成立强村公司，注册了'门村红'品牌，对相关农产品进行品牌营销。"童樟民告诉记者，2023 年全村农产品销售额超 100 万元，村集体经济经营性收入增长 130% 以上，带动 400 余名常住村民人均增收 3000 元以上。

"作为人大代表，不仅要带领村民致富，还要为党传声、为民代言。"作为来自农村基层一线的县人大代表，童樟民积极对接走访县级相关职能部门，了解掌握最新的惠农政策、农业产业扶持政策，时刻关注市场动态。"今年两会上，我提出的是《提升耕地质量，推进宜机化改造的建议》，希望帮助提升农产品种植效率和效益。"童樟民告诉记者，接下来，他关注的重点将转向延伸到门村村农产品的产业链上，计划通过引进农产品加工中心，让农产品价值得到进一步提升，帮助群众在家门口更好地增收致富。

（原载于 2024 年 1 月 25 日《今日开化》）

替百姓发声　为百姓谋福

——记县人大代表、齐溪镇龙门村党支部副书记王亚令

"今年野猪实在是太多了，家里种的番薯都被野猪撬光了。"1月27日，县人大代表、齐溪镇龙门村党支部副书记王亚令和往常一样，打算去"议事茶亭"和村民聊聊村里的大小事情，此时一位村民在路上叫住了她，向她讲述家里庄稼遭野猪祸害的事。

"和村民聊天是我每天的'必修课'，我经常和大家一起在'议事茶亭'讨论村里的大小事情，听听大家的意见。"王亚令不仅是龙门村的党支部副书记，同时还是县人大代表。她向记者坦言，自己有着"县人大代表"及"村干部"的双重身份，除了做好村里的工作，还要多听群众声音，多为群众分忧，替群众发声，为群众办事。

"我今年的建议是《关于野猪破坏农作物的建议》及《关于打通农村快递"最后一公里"的建议》，这也是平日里村民和我反映最多的两个问题。"王亚令相告，现在随着人们生态环保的意识越来越强，越来越重视对野生动物的保护，龙门村的野生动物也逐渐增多，许多村民向她反映，地里的庄稼被破坏，但是由于被破坏的面积都不足1亩，享受不到相关赔偿。所以她建议，控制野猪无限制增长的情况，每年对野猪数量进行计算，由相关部门牵头成立"护农队"，主要负责驱赶农田、庄稼附近的野猪，并降低野生动物破坏农作物赔偿条件，保障村民利益。

（原载于 2021 年 2 月 3 日《今日开化》）

"头雁"领路助民富

——记县人大代表，大溪边乡阳坑村党支部书记、村委会主任许阳元

"这条路建好了，不仅村民出行方便，农产品运输通道也打开了。"近日，在大溪边乡阳坑村，开化县第十七届人大代表许阳元在环村公路建设现场，认真检

查施工质量，掌握建设进展。

阳坑村过去基础设施落后，是个典型的后进村。2019 年，在上海从事装修业务 20 多年的许阳元回到家乡，被选为村党支部书记。"我出生成长在这里，非常希望村里能发展得更好，更想为此贡献一份力。"上任之后，他积极推进村庄道路整治，大力发展红高粱和水蜜桃特色产业，持续完善基础设施，延伸特色产业链条，为阳坑村发展注入源动力。

2021 年，许阳元当选县第十七届人大代表。每周，他都会走村入户，交流工作思路，倾听百姓心声。"基层问题复杂多变，只有与群众常沟通，才能把握实情，有效解决问题。"大溪边乡是红高粱省级特色农业强镇，全乡每年种植红高粱 5000 余亩，在实地走访过程中，他发现高粱秸秆如何处理成了村民面临的一大难题，也成为他履职关注的重点问题。

2022 年，在县人大常委会组织的一次考察学习中，许阳元参观了湖州的一个湖羊养殖基地，他发现湖羊可以以秸秆为食，且环境适应能力强，非常适合规模化圈养，便萌生了发展"秸秆—饲料—肥料"综合利用秸秆的想法。回到开化，他马不停蹄地对红高粱种植情况进行全面摸底。"我们计算了一下，全县红高粱种植面积有 1.2 万多亩，每年可产生 400 多万公斤秸秆，每只湖羊年消耗秸秆 1000 公斤左右，养殖 4000 多只湖羊，就能有效解决农村的秸秆禁烧难题。"

2023 年，许阳元提交了《关于发展开化县红高粱秸秆综合利用湖羊养殖项目的建议》，得到市县两级的大力支持与帮助，并争取到省区域协调资金 1000 万元。2024 年 4 月，秸秆综合利用—湖羊养殖项目成功落地阳坑村，明年 6 月可正式投产使用，预计可养殖湖羊 3000 余只，将带动周边村民 60 余人增收就业，真正将群众眼中的"农作物垃圾"有效转化为"致富新引擎"，实现利环境、富百姓、聚民心一举多得。

展望未来，许阳元表示，作为一名基层人大代表，自己深感使命光荣、责任重大，他将继续坚守初心、以民为本，更加深入地了解民情、反映民意、集中民智，以实际行动践行"人民选我当代表，我当代表为人民"的铮铮誓言。

（原载于 2024 年 11 月 26 日"开化发布"微信公众号）

附表一：2008—2024 年《今日开化》、"开化新闻网""人大代表风采"刊发情况

序号	届别	年份	姓名	时任职务
1	县第十四届人大代表	2008	叶月英	城北社区副主任
2			汪奎元	池淮镇中心学校校长
3		2009	叶友根	城关镇横坑村党支部书记
4			徐增宏	硅宏电子有限公司董事长
5		2010	徐接槐	马金镇高岭村党支部书记
6			徐先田	村头镇人大主席
7			叶月英	芹南社区副主任
8		2011	徐增宏	硅宏电子有限公司董事长
9			余佑红	开化一中校长
10			邱正新	金星木业有限公司董事长
11	县第十五届人大代表	2012	江 澎	合成材料有限公司总经理
12			余永山	张湾乡人大副主席
13			张金燕	县环境监测站副站长
14			丁文胜	村头中心学校校长
15			查德荣	华埠镇旭日村村委会主任
16		2013	郑建新	马金镇霞山村党支部书记
17			余新华	大溪边乡墩南村党支部书记
18			方的荣	池淮镇芹源村党支部书记
19			童福华	华埠镇联盟村党支部书记
20			孙向宇	荷花社区主任
21		2014	汪德刚	齐溪镇龙门村党支部书记
22			余永庚	城关镇翁村村党支部书记
23			汪奎元	开化二中校长
24			罗福林	张湾乡中畈村党支部书记
25		2015	姚文军	音坑乡姚家源村党支部书记
26			姜兴旺	池淮镇航头村党支部副书记
27			叶志廷	音坑乡下淤村党支部书记
28			徐樟顺	杨林镇东坑口村党支部书记
29			占 菁	县林业局林政科副科长
30		2016	姚志云	凌云电子商务创业园董事长
31			叶绍东	音坑乡什城村党支部书记

续表

序号	届别	年份	姓名	时任职务
32	县第十五届人大代表	2016	陆世古	芹阳办事处密赛村党支部书记
33			华金高	马镇下街村党支部书记
34			徐谷林	林山乡禄源村党支部书记
35	县第十六届人大代表	2017	叶友根	芹阳办事处桃溪村党支部书记
36			姚文军	马金镇姚家源村党支部书记
37			丁大辉	苏庄镇毛坦村党支部书记
38			徐苏芳	芹阳办事处荷花社区主任
39			赵长女	天地外校校长
40		2018	汪渭贤	长虹乡霞川村村委会主任
41			童顺兵	华埠镇朝阳村党支部书记
42			王亚令	齐溪镇龙门村讲解员
43			余土坤	中村乡坑口村党支部书记
44			姚群芳	村头镇古竹村党支部书记
45			刘振法	池淮镇池淮村党支部书记
46		2019	杨卫东	池淮中心卫生院院长
47			何 会	何田乡禾丰村村委会主任
48			胡余清	桐村镇裴源村党支部书记
49			余忠表	开建集团总经理
50			林小晖	中天工具有限公司经理
51		2020	余贤茂	项目经理人
52			方红燕	中村乡茅岗村村民
53			汪国富	苏庄镇高坑村党支部书记
54			汪培忠	马金镇霞田村党支部书记
55			刘建和	池淮镇寺坞村党支部书记
56		2021	张新龙	中村乡张村村党支部委员
57			林小晖	中天工具有限公司总经理
58			汪渭贤	长虹乡霞川村村委会主任
59			刘光欣	华埠镇下溪村党支部副书记
60			余寿杏	马金镇西庄村党支部书记
61	县第十七届人大代表	2022	张 云	华埠镇华一村党支部书记
62			朱晓菊	马金镇徐塘村村监会主任
63			卢顺根	池淮镇中畈村党支部委员
64			徐步芳	芹阳办金路村党支部书记
65			胡万成	村头镇牙田村党支部书记

续表

序号	届别	年份	姓名	时任职务
66	县第十七届人大代表	2023	卢顺根	池淮镇中畈村支委
67			江春花	长虹乡芳村村党支部书记
68			饶梅君	开化七一电器有限公司党委宣传委员
69			方志海	村头镇士谷村村委会主任
70			夏晨	县养蜂协会会长
71			叶为诺	县农业技术推广中心副主任
72		2024	邱治土	长虹残联专职委员
73			蒋清全	家思旅游开发有限公司总经理
74			童樟民	桐村镇门村村党支部副书记
75			詹巧琴	何田乡卫枫村党支部副书记

附表二：2024年"开化发布"微信公众号、"人民代表大会成立70周年"专栏报道情况

序号	被报道人大代表届次	姓名	职务
1	第十三届全国人大代表	郑裕财	浙江矽盛电子公司设备部主任
2	浙江省第十三届人大代表	许婷	开化县交通实业有限公司经理
3	浙江省第十四届人大代表	陈德水	浙江华康药业有限公司董事长
4	衢州市第四届、第五届、第六届、第七届人大代表	杨国华	开化瑞达塑胶科技有限公司董事长
5	衢州市第五届、第六届、第七届、第八届人大代表	郑初一	浙江省第十四届委员、华埠镇金色党建联建负责人
6	衢州市第八届人大代表	方辉韩	开化县茶产业发展中心副主任
7	衢州市第七届、第八届人大代表	方进林	开化佳艺家庭农场农场主、开化县水产协会会长、开化清水鱼产业农合联理事长
8	衢州市第八届人大代表	张雄富	马金镇高合村党支部书记、村委会主任
9	开化县第十五届人大代表	余华军	益龙芳茶叶有限公司董事长、篁岸村原党支部书记
10	开化县第十七届人大代表	童樟民	桐村镇门村村党支部副书记、村监会主任
11	开化县第十七届人大代表	邹丰升	浙江铭泰电力燃料有限公司董事长
12	开化县第十六届、第十七届人大代表	王亚令	齐溪镇龙门村党支部副书记、村监会主任
13	开化县第十七届人大代表	许阳元	大溪边乡阳坑村党支部书记、村委会主任
14	华埠镇第十七届、第十八届人大代表	吴春霞	华埠镇朝阳村党支部书记、村委会主任

第四节 "70 周年系列报道"辑存

在传承和迭代中构建"四梁八柱"

——人民代表大会成立70周年系列报道之一

人民代表大会制度是我国的根本政治制度。

70 年前，人民代表大会制度在初生的新中国生根发芽，成为我国政治发展史乃至世界政治发展史上具有重大意义的全新政治制度。

70 年来，人民代表大会制度日益发展完善，结出累累硕果。新时代新征程，以习近平同志为核心的党中央坚持中国特色社会主义政治发展道路，推动人民代表大会制度建设和新时代人大工作取得历史性成就，不断发展全过程人民民主，为以中国式现代化全面推进强国建设、民族复兴伟业提供更加坚实的根本政治制度保障。

一切向前走，都不能忘记走过的路。

1954 年 7 月，开化县第一届人民代表大会第一次会议在县城胜利召开，标志着人民代表大会制度在我县的正式建立。1981 年 4 月，开化县第七届人民代表大会设立常务委员会；1998 年 3 月做出《关于依法治县的决议》，2008 年 11 月做出《设立开化"5·5 生态日"的决定》，2019 年 5 月做出《高质量建设新材料新装备产业园的决定》并连续四年开展监督助推；创设"代表茶座"，出台茶话民生等工作机制……

回眸开化县人大 70 年的发展历程，展现在眼前的是一幅踔厉奋发、硕果累累的精彩画卷。一个个决议决定、一份份意见建议，无不承载着全县人民的期盼关切；一场场审议表决、一项项视察调研，无不书写着服务发展大局的高分答卷；一次次改革创新、一组组翔实数据，无不镌刻着全县人大干部和各级人大代表砥砺前行的奋斗足迹。

70 载风雨兼程，70 载春华秋实。开化县人大及其常委会始终坚持党的领导、人民当家作主、依法治国有机统一，在县委的坚强领导、全力保障下，与人民同行、与发展并进、与改革共舞，持续推动工作机构日益健全、队伍力量逐步建强、制度体系日臻完善、民主载体更加多元。尤其是近年来，县人大常委会结合自身发展需求和工作实际，坚持围绕中心、融入大局，紧紧抓住与时俱进、创新发展这个"牛鼻子"，以"1+4×4+1"工作体系为牵引，以"5+5+5"工作模式为重点，以系统化、乘数化效应推动新时代人大工作高质量发展。

坚持党的领导　永葆政治本色

坚持党的领导是做好人大工作的根本保证，这是一条重大的政治原则。70年来，在中国特色社会主义伟大旗帜的引领下，从1954年人民代表大会制度在我县正式建立，到十年"文化大革命"，再到1979年恢复人民代表大会制度，1981年设立常委会至今，历届县人大及其常委会忠于宪法、不负人民，在探索中前进，在曲折中发展，不断凝聚了发展合力，推动解决了突出问题，丰富发展了民主实践，县人大常委会及其机关自身建设也得到了进一步加强。

县人大常委会建立初期，机构不够健全，人员编制很少，机关工作人员忙于应付法定会议准备工作。为适应经济社会发展和民主法治建设要求，根据中央精神和法律规定，县第八届人大常委会设立办公室，第九届人大常委会增设法制、财政经济、教科文卫、城乡建设4个工作委员会，后经过不断发展调整，到目前共设有办公室、研究室2个办事机构，监察和司法、预算、经济、农业与农村、建设与资源环境保护、教育科技文化卫生民族华侨、代表、社会建设等8个工作机构；县人民代表大会下设监察和司法、财政经济、社会建设3个专门委员会；乡镇人大配备主席、副主席，并在全县人大系统推行"工分＋排名""激励＋倒逼"的"四维考评"体系，不断充实提升人员力量和履职水平。目前全县已形成一支政治坚定、服务人民、尊崇法治、发扬民主、勤勉尽责的人大机关干部队伍。

经过近70年的实践发展，县人大及其常委会不断得到巩固和发展，展现出蓬勃生机和活力，彰显出巨大功效和显著优势，其根本在于坚持党的领导。县人大常委会始终坚持政治引领、理论武装，坚决维护县委总揽全局、协调各方的领导地位，充分发挥县人大常委会党组把方向、管大局、保落实的重要作用，进一步完善工作制度和议事规则，研究部署重大工作，谋划推进重点任务，有力推动党建与业务有机融合、相互促进。

坚持建章立制　永葆规范底色

习近平总书记指出，"人民代表大会制度是坚持党的领导、人民当家作主、依法治国有机统一的根本政治制度安排，必须长期坚持、不断完善"。开化县人大各项工作制度经历了从无到有、从有到优的历程。

县人大常委会自设立开始，逐步探索建立各项履职制度：制定《开化县人大常委会主任会议制度》，出台《开化县人大常委会会议制度》，并逐渐形成了常委会组成人员守则、讨论决定重大事项实施办法、民生实事项目代表票决制实施办法、代表工作制度、国家机关工作人员任免办法、乡镇人大工作指导意见……

从2015年3月，首次探索运用刚性监督手段，对农村生活污水治理工作开展专题询问；到 2017 年 4 月出台《专题询问办法》，推动刚性监督工作制度化、规范化；再到 2022 年 8 月，在全市率先开展财政管理运行情况特定问题调查，做出加强全县财政管理运行的决议，推动财政管理提质增效。

这是我县探索以刚性监督推动县域高质量发展的一次次饱含心血的探索，一份份弥足珍贵的成绩。

县第十七届人大常委会履职以来，从制度建设入手，集中对议事规则、工作制度进行"立改废"，共涉及自身建设及议事规则、监督、决定、代表与选举任免、乡镇人大等 5 大方面，特别对专题询问、特定问题调查、人大选任干部述职等制度进行深度探索完善，修订出台包含 49 项制度的《开化县人大常委会工作制度汇编》，优化程序环节，规范制度运行，构建监督闭环，有效提升开化人大工作科学化、制度化、规范化水平。

经过 70 年的实践发展，历届县人大及其常委会不断完善了人大制度规范，延伸了人大制度链条，弥补了县乡人大制度和人大工作的短板弱项，做实了人大制度末端，推动人大工作有法可依、有章可循、规范有序，更好地把制度优势转化为治理效能。

坚持落地落细　永葆民主成色

"大会主席团根据计票结果，按得票数从高到低确定以下十个项目为 2017 年县政府为民办实事项目，这十个项目是……" 2017 年 2 月，在开化县第十六届人民代表大会第一次会议上，经 190 余位人大代表表决，产生涉及医疗、教育、养老、环保等方面十大为民办实事项目。这是开化首次试行民生实事项目代表票决制，从此，民生实事项目由党委政府拍板变为由人大代表票决，政府的"为民做主"也变成了"由民做主"。

代表工作是人大及其常委会工作的基础，70 年来，县人大及其常委会充分尊重代表主体地位，建机制、搭平台、优服务，不断推动代表工作制度化、法治化、创新化发展。

从人民中来，到人民中去。70 年来，开化县坚持充分发扬民主，人民通过民主选举产生自己的代表，组成人民代表大会。自 1954 年普选产生 139 名代表组成第一届人民代表大会，到目前各级代表超 1100 名，且代表来自社会的各行各业、方方面面，具有广泛的代表性。县人大常委会还积极探索不断完善代表工作的新机制，出台"1+4"代表管理监督制度体系，实施履职量化监测，推进县乡代表履职培训全覆盖，深化代表向选民述职工作，不断做优代表服务保障，提升代表履职能力，规范代表依法履职。

人大代表为民代言、为民履职。70 年来，县人大及其常委会充分发挥人大代表主体作用，广泛汇聚民智、反映民情，维护人民权益。一方面，不断拓展民主民意表达平台和载体，高标准、特色化建设 61 个代表联络站室、21 个"代表茶座"和 15 个基层单元特色品牌，成为人大代表密切联系群众的"民意窗"。另一方面，创新构建"一二三四五"工作体系，制度化开展"双联系"工作，发动全县各级代表深入开展助力经济社会发展活动，有效发挥代表的监督助推、示范引领作用。

经过 70 年的实践发展，历届县人大及其常委会以改革创新的精神、扎实有力的举措，持续推进代表工作做得更深更实，有力保障人民的知情权、参与权、表达权、监督权落实到人大工作各个方面，不断丰富全过程人民民主在基层的实践路径。

回首过往，皆为序章；征程再起，砥砺前行。新征程上，县人大及其常委会将毫不动摇坚持党的全面领导，坚持和完善人民代表大会制度，坚持和践行全过程人民民主，不断开创新时代我县人大工作新局面，为奋力打造现代化国家公园城市、加快建设中国式现代化山区县样板贡献更多的人大智慧、人大力量。

（引自 2024 年 9 月 26 日"开化发布"微信公众号）

在探索和创新中推进生态建设

——人民代表大会成立70周年系列报道之二

党委有部署，人大见行动。自开化县在全国率先提出生态立县发展战略以来，开化县人大紧扣中心大局，依法履职尽责，在探索中创新，在创新中实践，全力助推生态建设，先后做出绿化造林、封山育林、荒山绿化以及建设国家公园等一系列决议决定，开创性地设立开化的"生态日"，不断创新监督的方式方法，充分发挥各级人大代表作用，以实际行动践行"一定要把钱江源头的生态环境保护好"这一殷殷嘱托。

贯彻党委主张 凝聚生态共识

世纪之交，在开化，曾有着保生态还是保饭碗的争论。就如何处理生态保护和经济发展之间的关系，1997 年，开化在全国率先提出"生态立县"。

紧紧围绕县委重大决策和工作部署，2000 年 1 月 18 日，开化县第十二届人大常委会第十三次会议通过了关于实施《开化县生态示范区建设规划》的决议，把县委的主张转化为全县人民的共同意志和一致行动。自此，开化关停污染企业、拒绝污染项目，开启了生态保护的新篇章。

围绕生态建设抓，聚焦生态建设谋。一直以来，县人大及其常委会始终把生态建设作为工作的重中之重，聚焦县委关心和百姓关切的治水、治气、治土、治废等生态问题，做出《关于进一步搞好封山育林的决定》《关于防治污染、保护环境的决议》《关于加强公路河道管理和建设的决定》《关于批准开化县生态文明县建设规划的决议》等系列决议决定，为源头生态保护强化了法治保障。

发展为了人民，发展依靠人民，生态建设需要人民群众的参与。2008 年 11 月 28 日，开化县第十四届人大常委会第十三次会议做出了《关于设立开化县"生态日"的决定》，从此开化人民有了共护绿色、共建生态的节日。如今，"生态日"在开化已经走过 15 个年头，增殖放流、植树造林、野生动植物保护等形式多样的生态保护活动在开化持续开展，在各级人大代表带头参与、县人大常委会的持续监督下，"生态日"充分调动群众参与生态保护的行动自觉，及时推动整改出现的环境保护问题，成为开化生态建设中的重要一环。

新时代新征程，新使命新要求。从 2014 年，开化县第十五届人大常委会第十五次会议做出《关于建设国家东部公园的决定》，为开化人民点燃"公园梦"；到 2016 年，钱江源国家公园获批全国首批 10 个国家公园体制试点；再到 2021 年，开化开启国家公园城市建设，生态保护要求逐步提高。从探索到创新，从规范到完善，县人大始终不断以提高生态保护的质量和水平为重点，推动制度创新、行动自觉，以高水平保护助推高质量发展。当前全县森林覆盖率达 81.12%，较 1955 年的 47% 提高了 34.12%。

深化监督助推　推动环境提升

用好宪法赋予的监督权是人大履行四大职权的主要手段。70 年来，聚焦生态领域，县人大常委会依法履行监督职责，积极开展视察调研、执法检查等常态监督手段监督工作，不断创新监督的方式方法，拓宽监督的深度和广度。

围绕重点问题长抓不放、一抓到底，以长效监督推动问题整改落实。农村垃圾处理工作和河道采砂制砂管理是推进生态乡村环境建设的重点，围绕这两项工作，县人大常委会连续两年开展监督，2011 年，又专门就这两项工作做出决议，并专题听取和审议县政府关于贯彻落实这两项决议情况的报告，用跟踪监督推动县政府积极采取措施抓好贯彻落实；为进一步推进饮用水水源保护，县人大常委会在全县范围内开展了饮用水水源保护相关法律法规执法检查工作，在检查调研的基础上，专题听取和审议执法检查报告，形成执法检查意见，推动县政府研究通过了《开化县城市供水水源建设方案》，进一步改善了我县河道水体质量……在开化，人大监督助推重点工作的作用日渐深入。

要督就要督到点子上、督到关键处。2015 年 3 月，县人大常委会以农村生活污水治理为主题，开展专题询问，当场以一问一答的形式，将农村生活污水治理中存在的不足和整改举措开诚布公地进行问询，全方位推动整改，这是县人大常委会首次运用刚性监督手段聚焦生态保护；2017年开始，县人大常委会每年均听取和审议县政府关于当年的环境状况和环境保护目标完成情况的报告，督促指导乡镇人大全覆盖开展生态环境保护监督工作，监督支持法检两院加大司法护航生态文明建设力度，进一步提升生态环境治理效能。近年来，随着"365共富协作区"的共建，三省七县的人大代表还就生态环境开展双向交流督查，以跨省域的联合监督助推生态家园共建共享。

从监督一类到监督一域，多年来，县人大及其常委会积极探索创新，不断以监督深化推动生态环境的严格保护，尤其是新世纪以来，县人大及其常委会聚焦生态领域突出问题，累计提出了1项议案，开展了32项监督、160余次视察调研活动，有效推动政府解决突出问题74个，出台政策措施75项，用监督实效诉说县人大在助推变"种种砍砍"为"走走看看"的过程中所付出的努力。

发挥代表作用　助力生态富民

在县人大常委会的组织发动下，我县各级人大代表坚持根植于人民，始终与人民同呼吸、共命运。在人大代表的助推之下，无论是生态环境保护与建设，还是乡村环境卫生的保洁，其变革都是深刻的。

70年来，开化的变化无处不在、无时不有。现在，只要来到开化的乡村，干净、整洁、有序的场景随处可见，一些热心群众以及离退休老干部也都纷纷地加入志愿者队伍，默默守护我们共同的家园。中心工作开展到哪，代表的监督服务触角就延伸到哪。围绕着水生态水环境保护，人大代表常态化开展护河、巡河；围绕着生态资源保护，人大代表常态化开展保护野生动植物资源专项监督检查行动……在人大代表的引领和倡导下，越来越多的市民自发地参与到生态文明建设和国家公园保护中来。如今的开化，高度的生态自觉已然形成，生态优势正逐渐转化为发展优势，生态变现也从发展愿景变为现实图景。

日复一日的生态守护，积累了丰厚的生态家底，为产业发展奠定了坚实的底气和自信。音坑乡下淤村抢抓发展机遇，大力推进治水造景和村容村貌提升，把一个原本环境脏乱差、生态严重破坏的小山村发展成了远近闻名的旅游明星村，让"百亩水岸胜过千亩良田"成为佳话，"碧水潺潺绕村过、绿水成荫迎客来"的幸福图景可感可触，昔日挖沙砍树的村民也主动求变，在家门口开起了民宿、农家乐，吃起了"生态饭"。无独有偶，同在百里金溪画廊的马金镇高合村，依托风景秀丽的马金溪，打造了金禧漫居乡村酒店，并以此为中心，联动发展多项产业，每年带动村民就业3500人次，人均增收8000多元，实现了从村民大多外出打工的省级重点扶贫村走向浙江省未来乡村的华丽转变。这两个村的带头人均是衢州市第八届人大代表。在开化，变生态自觉为生态自信的故事还在不断上演。在"人人有事做，家家有收入"的共富路上，一个个人大代表不负重托、履职尽责，努力把生态优势转化成产业优势，践行"绿水青山就是金山银山"的发展理念。

波澜壮岁欣回首，敢在人先又续征。在县委的坚强领导下，在县人大的助力助推下，在各级部门和全县人民的共同努力下，如今，开化的生态环境已经越来越好，各项生态指标也走在了全省前列。对开化来说，生态文明建设是一个永恒的课题，县人大将牢固树立以人民为中心的发展思想，一如既往创新监督的方式方法，推动生态保护再突破再提升再上新台阶，努力为打造现代化国家公园城市建设、成为中国式现代化山区县样板贡献人大力量。

（引自 2024 年 10 月 24 日"开化发布"微信公众号）

在聚智和破题中寻找发展之钥

——人民代表大会成立70周年系列报道之三

在发展全局中发挥优势，在深入谋划中找准切口，在担当尽责中助推发展。70 年来，开化县人大始终坚持以"推动发展为第一要务"，紧扣"生态立县、特色兴县、产业强县"发展战略，紧跟县委决策部署和全县工作大局，紧盯重点领域和关键环节，统筹打好决定、监督、任免履职"组合拳"，充分发挥地方国家权力机关的职能作用，为发展激发动力、增强活力、凝聚合力，有力有效助推经济社会发展迈上新台阶。

以问题为导向破解发展难题　助推农业产业提质

直面问题开展调查研究，进而推进难题解决，这是县人大常委会一贯来的工作作风。县人大常委会始终坚持抓重点、重点抓，紧紧围绕"两茶两中一鱼"等具有地方辨识度的特色农业产业"研、督、议、提"。

"如何助推持续擦亮开化龙顶茶这张'金字招牌'？"一直以来，县人大常委会始终高度关注、深入调研，跟踪助力、全力助推。在县人大常委会的精心组织下，全县各级人大代表主动访茶农、进茶园、问茶事，为茶产业发展出谋划策。"在 2023 年的茶产业发展情况专题询问会上，14 位人大常委会组成人员和人大代表，围绕茶园基础、生产加工、市场营销、文旅融合等方面，直奔主题、直击痛处，先后提出了 25 个问题。"县人大常委会委员、华埠镇人大主席葛宏培告诉记者，当天，县长、分管副县长及 45 个部门单位负责人到会应询，15 家主要茶企负责人应邀参加，以专题询问的方式，打通了茶产业发展的"中梗阻"。

要督就要督到关键处。为了加快推进龙顶振兴，前不久，县人大常委会还组织部分人大代表对 2024 年专题询问审议意见落实情况进行跟踪监督，并重点就茶产业发展用地保障问题开展专题调研，现场提出可操作的针对性意见措施。

在助推特色产业发展上，县人大也是不遗余力、一以贯之的。早在 2009 年，县人大就组织常委会组成人员视察清水鱼产业发展，并提出意见建议。2019 年，县人大常委会在"不忘初心、牢记使命"主题教育专题调研中，了解到齐溪镇里秋田村的农家乐因鱼病频发，每年损耗 2000 多斤清水鱼。"县人大常委会立即行动、迅速落实，组织农业部门和市人大代表、县清水鱼产业农合联理事长方进林等成立专家团，为村民开展技术培训。"市七届人大代表、开化县农业农村局党委委员占勇军表示。

围绕助推"两茶两中一鱼"等特色农业产业提质增效，县人大每年不定期开展专题视察、专题调研、专题询问，对产业发展存在的瓶颈性问题提出了大量有针对性的意见建议。比如，在县人大的助力和政府及有关部门的共同努力下，近年来开化龙顶茶品牌价值、品牌管理、通用包装等方面都有了较大提升，特别是在茶旅融合方面有了较大突破，为我县加快实现"人人有事做，家家有收入"打下了扎实基础。

以决定为引领夯实平台支撑　助推工业经济转型

产业园区是经济高质量发展的主引擎，也是培育新质生产力的主阵地，更是人大履职需要重点关注的主平台。

为主动融入和服务新发展格局，全力支持新材料新装备企业集群发展，县人大常委会适时做出了《关于高质量建设新材料新装备产业园的决定》，明确坚持高起点规划、高标准建设、高质量管理，加快区外优质新材料新装备企业搬迁入园，为形成上下游链条完善的产业集群创造有利条件，支持打造"绿色化、智能化、终端化、平台化"的现代园区，推动产业园实现从诞生成长到发展壮大的精彩蝶变。

"集中式废水处理设施（一期）完成建设验收，公共管廊一期完成建设，有机硅产业链打造实现重大突破……"日前，县人大常委会开展"两新"产业园建设情况专项视察，深入了解去年专题询问以来的建设情况以及有关方面的意见建议，这也是县人大连续第四年对产业园建设开展监督。

为推进工业经济转型升级，2009 年，县第十四届人大常委会第十七次会议听取和审议了县政府关于推进工业经济转型升级的工作汇报；2010 年，县第十四届人大常委会第二十五次会议听取了关于高新技术企业建设情况的报告，视察了华埠有机硅园区建设；2012 年，县第十五届人大常委会第五次会议听取和审议了县政府关于硅材料省级高新技术特色产业基地建设情况的报告；2013 年，视察了工业功能区建设……一线监督、一路护航，为产业转型升级建言献策，为产业园服务提升提出建议，为高新技术产业发展赋能助力，县人大服务的触角在不断延伸，服务的内涵也在不断拓展。

"2020 年，在全县各级各部门的共同努力下，'两新'产业园创成省级园区，目前产业园基础设施配套逐步提升、主导产业集聚不断优化、管理运维机制初步形成，承载力、辐射力、吸引力不断增强。"县经开区管理委员会党工委书记、主任郑章亮告诉记者，如今的"两新"产业园已呈现出良好发展势头：标准化厂房林立，园区呈现新面貌；招商引资项目接连落地，产业迈向新台阶；营商环境持续优化，企业焕发新活力。

在助推开化"两新"产业园建设过程中，县人大常委会持续深入开展"访民情、促共富、办实事、纾企困、督项目"活动。"我们开展财政管理运行特定问题调查，立足人大职能优势，主动监督、依法监督、刚性监督，更好地服务地方经济社会高质量发展。"县人大常委会经济工委主任童顺尧告诉记者，6 月 14 日他们组织开展了"高效监督护航　优化营商环境"视察活动，着力推动问题破解。

在县人大的持续助推下，政府有关部门积极作为，加速推动问题解决，企业加快落地投产，如："两新"产业园内的润中新材料已基本完工，年内将投入试生产；万亿星科技、普康化工完成主体工程，准备安装设备；合成材料搬迁项目进展顺利，年内即将全面投产；总投资 3 亿元的浙江亚格新安电子新材料项目于 8 月份开工，进一步延伸了新安有机硅产业链。

以问询为切口深化监督支持　助推文旅品牌出圈

开展专题调研是开展专题询问的基础，县人大常委会始终牢牢把握人大的职能定位，以专题调研、专题询问为抓手，对文旅产业发展进行把脉问诊，为文旅品牌出圈支招。

"要助推文化产业转型升级就要进一步强化顶层设计、优化保障体系、营造发展氛围……"这是县人大常委会针对开化文化产业发展开出的"药方"。对症施策的前提就是广泛调研，认真听取方方面面的意见。为了提出有建设性的意见建议，县人大常委会可是做足了"功课"。前不久，县人大常委会就组织力量对开化纸、卡游动漫等文化产业发展情况开展专题调研，听取县政府及县文广旅体局等部门的工作汇报，并赴江苏、上海等地学习考察文化产业发展的先进经验。

为助推文旅融合发展，县人大常委会在履职过程中，高度关注文旅体产业规划编制和实施情况，开展了文旅体产业"五年"规划编制情况的中期评估，推动政府强化顶层设计，完善扶持政策；围绕我县全域旅游发展情况开展专题询问，重点针对群众关心关注的 17 个热点难点开展询问和应询，督促政府及相关部门抢抓建设共同富裕示范区机遇，加快推动以"文旅融合"为主体的现代服务业集群化发展、集团化运营。同时，密切关注基层对文旅融合发展的呼声诉求，本届以来，共督办相关代表建议 49 件，满意率达 100%。

聚焦重点问题督，多年来，县人大常委会积极履职，先后听取了县政府关于非物质文化遗产传承和保护情况、A 级景区城建设情况等汇报，视察了全县乡村旅游发展情况、民宿经济发展情况等，开展了专题询问……通过审议报告、监督、视察、建议等多种方式，着眼新形势、聚焦新重点、攻克新难题，一年一个主题、一步一个脚印，扎实推动我县文化和旅游产业在更广范围、更深层次、更高水平上融合发展。

"目前，开化文旅高质量发展被列入浙江省首批'一县一策'迭代升级名单，根宫佛国入选省千万级核心大景区培育对象，开化连续四年获评省文旅融合十佳县。"县人大常委会教科文卫工委主任张鸿斌表示，县人大常委会始终坚持依法履职尽责，强化守正创新，推动政府转型传统业态、发展特色业态、拓展新兴业态，加快推进"文化＋设计""文化＋旅游""文化＋科技""文化＋游戏动漫"的跨界融合，更好助力文化和旅游深度融合发展。"近年来，开化无论是营商环境、产业发展，还是城市面貌、百姓生活，都有了质的提升……"谈起家乡开化的发展变化，省人大代表、浙江华康药业股份有限公司董事长陈德水感触很深。

在聚智中聚力，在破题中开局。70 年来，县人大常委会始终坚持以助力经济社会发展和改革攻坚任务为己任，凝心聚力，精准发力，持续用力：聚焦管好"钱袋子"，开展财政管理运行情况特定问题调查，强化预决算审查监督；聚焦把好"关口子"，强化政府投资项目监督；聚焦守好"家底子"，强化国有资产监督。实现人大财经监督与审计监督贯通协同，推动解决了一批制约经济社会发展的突出矛盾和问题，展现了地方国家权力机关的担当作为。迈步新征程，务求新作为，县人大常委会将一以贯之地主动服务高质量发展大局，与时俱进丰富和拓展人民代表大会制度在开化的生动实践，积极促进开化经济社会发展。

（引自 2024 年 12 月 4 日"开化发布"微信公众号）

在治理和服务中深化民主实践

——人民代表大会成立70周年系列报道之四

执政兴国，离不开法治支撑；社会发展，离不开法治护航；百姓福祉，离不开法治保障。70 年来，开化县人大坚持以"厉行法治为第一使命"，全面落实依法治国基本方略，弘扬社会主义法治精神，维护社会公平正义，助力治理体系和治理能力现代化，推动平安开化、法治开化建设行稳致远。

开展普法宣传　推动"法"入民心

12 月 3 日，2024 年开化县宪法宣传月活动在宪法广场正式启动。在为期一个月的时间内，44 家单位走进村社、学校、企业，开展法治体检、法治宣传、法治讲座等一系列活动。

这样的普法活动在开化县已是常态，而且是年年有新意、次次有亮点。1985 年 7 月，开化县第八届人大常委会第七次会议做出首个加强法治宣传、普及法律常识的决议。自此，"一五"普法正式在开化大地拉开帷幕，"普法"这个新生事物，开始走进人们视野。此后每届人大常委会都会对普法工作做出部署，组织力量深入监督、持续推进。从"一五"普法到"八五"普法，县人大常委会多措并举推动普法工作走深走实，让全社会树牢宪法意识、坚定法治信仰，开化县法治建设社会满意度位列全省前列。

"我宣誓：忠于中华人民共和国宪法，维护宪法权威……"12 月 2 日，在开化县人民检察院举行的新任检察委员会委员和员额检察官宪法宣誓仪式上，4 名新任职检察委员会委员和员额检察官整装肃立，高举右拳，庄严宣誓。铮铮誓言，字字千钧。

2015 年，县人大常委会制定《关于组织宪法宣誓的实施细则》，推动地方国家机关全覆盖开展宪法宣誓活动，激励国家工作人员忠于宪法、忠于祖国、忠于人民。多年来，县人大常委会督促落实"谁执法谁普法"责任制，深入推动"法律八进"常态化，举行颁发任命书大会，严格落实任前法律知识考试、拟任职表态发言等制度，不断增强社会法治观念。

法治文化阵地是推进普法工作的重要平台。县人大常委会积极履行职责，不断强化监督职能，督促有关方面积极营造浓厚的法治文化氛围。先后推动建成开化县宪法主题公园、"两山"理论法治实践馆、"钱江源"网络法治普法基地等一批法治文化阵地，聚焦群众关心问题开展"靶向普法"；以"民主法治村"建设为抓手，深化培育"四单代办""姚家发布"等基层依法治理新模式；与金融机构携手打造"法助共富贷"，激发诚信守法企业、村（社区）和个人尊法守法积极性……一系列扎实举措绵绵用力、久久为功，推动习近平法治思想深入人心。

凝聚法治力量　守护公平正义

"部分法律文书内容不规范""服务中心大局意识有待提高"……2022 年，县人大常委会组成人员对县人民法院、县人民检察院的 10 名员额法官、3 名员额检察官的履职情况进行评议。

2018 年，"两官"评议正式启动，坚持"评人"与"评事"相结合，评议与整改相统一，2022 年实现"两官"履职评议全覆盖。

"开展'两官'履职评议,是一次'健康体检',能够达到'以评促干'的目的。"县人大常委会监察和司法工委主任王宏涛告诉记者,通过履职评议,进一步完善人大任命与监督机制,提升司法公信力,更好地维护广大人民群众的合法权益。

早在1998年,开化县第十二届人民代表大会第一次会议就做出关于依法治县的决议,推动"一府两院"全面实行行政执法责任制,并着手开展对法检两院司法工作和相关部门执法工作的评议。2012年以来,分年度有计划地对政府组成部门开展工作评议,并将评议工作向"两官"延伸。

法治政府建设是全面依法治国的重点任务和主体工程,要重点推进,率先突破。多年来,县人大常委会认真贯彻落实全面依法治国"十六字方针",将法治政府建设工作作为重要监督议题,自觉肩负起推进全县法治建设进程的重任,筑牢全过程人民民主制度法治根基。每年对人大选任干部开展述职评议,对法检两院工作开展调研监督,推动"一府一委两院"依法行政、依法监察、公正司法。

没有监督,法律就可能成为"没有牙齿的老虎",监督越有力,代表民意的法律实施就越有力。县人大常委会注重发挥执法检查的法律监督作用,持续跟进开展重点法律法规实施情况的检查,努力维护法律权威,让法律长出"牙齿"。多年来,先后开展了《中华人民共和国水污染防治法》《中华人民共和国乡村振兴促进法》《中华人民共和国就业促进法》《中华人民共和国反电信网络诈骗法》《浙江省学前教育条例》《浙江省民营企业发展促进条例》和《浙江省促进中小微企业发展条例》等执法检查活动。针对执法检查中发现的突出问题,采取听取审议、专题询问等监督方式,由人大代表面对面向政府部门传递法治诉求,督促有关部门纠正有法不依、执法不严、违法不究的行为。

县人大常委会还立足职能,发挥优势,大力支持和主动参与平安建设,2020年做出设立"开化诚信日"的决定,推动全县上下掀起争当"诚实守信说一不二"开化人热潮,同时依法做好信访件的交办、督办,助推开化2023年夺得全省首批"二星平安金鼎",2024年实现平安县创建"十九连冠"。

发挥代表作用 促进社会稳定

"从提建议到公交车开通,只用了不到一年时间,'代表茶座'真管用!"县人大代表、华埠镇叶溪村村干部郭菲由衷感慨。

郭菲口中的"代表茶座"是县人大常委会创新代表工作举措、发挥代表作用,践行全过程人民民主、助力基层治理的一个生动片段。

"代表茶座"是开化县人大代表联络站独有的群众接待模式,它将群众喜闻乐见的"喝茶谈心话民生"与人大的"代表履职解难题"巧妙地结合在一起,为群众交心谈心、提出建议、化解矛盾提供场所,深入推进基层民主实践。

一个茶座，打开了征求民意的窗口；一杯清茶，拉近了党群之间的距离。"开化茶文化历史悠久，自古便有喝茶议事的传统习俗。以茶为媒，更能听到群众的心声。"县人大常委会代表工委主任张孝萍说，他们会有计划、常态化地安排国家机关工作人员、各级人大代表进驻"代表茶座"，与群众同围一张桌、共饮一壶茶，听民情、聚民意、解民忧，打通各级人大代表联系群众的"最后一公里"。

人大代表联络站的功能远不只联络，更在于激发代表履职活力，促进基层问题的解决。

为打造一站式司法服务、一站多元解纷、一站式基层治理的最小支点，县人大常委会推动人大代表联络站与"共享法庭""检察服务 e 站"融合建设，有效整合人大与法院、检察院的平台资源优势，促进人大代表与"两官"职能的深度融合，让矛盾纠纷"软着陆"，实现"1+1+1＞3"的叠加效果。"人大代表联络站和基层立法联系点'站点合一'，在这里，不论是为立法建言献策，还是反映民声民情，都能'一站式'受理。"华埠镇人大办工作人员倪月华说。

目前，这样的人大代表联络站（点）在开化共有 62 个，全县 1000 多名各级人大代表就地就近编入相应站点，成为保障人民当家作主的前哨阵地和一线窗口，推动解决了公交出行难、住房办证难、路段管护难等一大批群众身边的"急难愁盼"问题。

群众有所呼，代表有所应。在开化，"有事找代表"正成为越来越多群众遇到难题时的选择。

今年 3 月，苏庄镇村民余开济通过"代表茶座"，反映街面"僵尸车"问题突出，严重影响集镇面貌。苏庄镇人大主席团及时介入，不到一个月时间，就推动了集镇商贩占道经营、车辆乱停乱放等问题得到根治，让矛盾及时化解。

"让数据多跑路，让群众少跑腿。"在大数据的时代，县人大常委会创建了"一网三联""1+3+X"代表履职应用。依托应用和"两码"（活动码、代表码），人大代表可以全天候收集交办群众反映的问题和意见，形成"群众呼、代表应、人大处、政府办、大家评、代表督"的闭环工作机制。

法治是社会治理之本，也是中国式现代化的重要保障。站在新的历史起点上，县人大常委会将在县委坚强领导下，坚定不移坚持好、完善好、运行好人民代表大会制度，始终做到与县委同频共振、同心同向，与"一府一委两院"同题共答、同向发力，积极践行全过程人民民主，为奋力打造现代化国家公园城市、努力成为中国式现代化山区县样板贡献人大智慧，以法治之力护航"好地方"高效能治理。

（引自 2024 年 12 月 26 日"开化发布"微信公众号）

在聚焦和聚力中强化为民履职

——人民代表大会成立70周年系列报道之五

实现好、维护好、发展好最广大人民的根本利益，是人大工作的出发点和落脚点。70年来，开化县人大始终坚持"保障民生为第一主旨"，坚定不移践行党的群众路线，坚持和发展全过程人民民主，不断丰富拓展代表联系群众的实践路径、平台载体、制度机制，促进人民意愿充分表达、有效实现，努力做到民有所呼、我有所应。

聚焦群众所需　民生福祉持续增进

群众的意见就是人大工作的一面"镜子"。一直以来，县人大都把听取群众呼声、增进民生福祉作为履职尽责的重要的基础性工作。

回顾70年来的光辉历程，"人民当家作主"这一主基调一直贯穿始终。为把这一根本性的制度要求贯穿人大履职当中，县人大始终坚持一切为了群众、一切依靠群众，广泛听取群众的意见建议，充分尊重群众的意愿表达。在县人大的履职答卷中，尤为值得一提的是民生实事项目人大代表票决制。2017年开始，每年人民代表大会前，县人大都会会同政府通过"线上+线下"方式，广泛征集群众意见建议，并在人民代表大会上票决产生年度民生实事项目。

"为了保证项目早建成、早投用、早见效，我们还成立了专项监督小组，将票决出的十大民生实事项目实施情况列入年度重点监督工作计划。"县人大常委会办公室主任严颂华介绍，他们每年都会通过实地调研、听取汇报、走访座谈、征求意见等形式，详细了解项目进展情况及推进过程中遇到的困难，及时提出有针对性、建设性的意见建议，实现监督事项全过程闭环管理。

民之所盼，人大所向。民生实事项目督办只是人大为民办事、为民造福的一个缩影，每年县乡两级人大都会将为民办实事、解难事、做好事作为履职重点，通过视察调研、听取审议、执法检查、重点督办等形式，开展一系列的监督助推活动。同时，广泛组织和发动代表围绕人民群众身边的如水、路、网等这些看似普通却事关群众切身利益的"关键小事"，提出相关建议意见。近十年来，代表建议年均达200件以上。在县人大的统筹指导和助力助推下，在各级人大代表的共同努力下，近年来，如生活污水处理、农村饮用水、公共出行以及通信信号等一大批关乎群众日常生活的问题得到有力有序解决，各项公共基础配套越来越完善，人民群众的生活环境得到明显提升。每年人民代表大会期间，县人大还会系统梳理人大代表与会期间提出的意见建议。经研究审核后，以参阅件形式送县委、县政府主要领导，交由县政府研究办理。

为了鼓励和支持人大代表履职尽责，县人大还从源头入手抓机制创新，开创性地设立了 300 万元建议办理专项资金，配套出台了《人大代表建议办理专项资金管理办法（试行）》。该专项资金的设立，不仅充分发挥财政资金"四两拨千斤"的撬动作用，还有效满足代表建议项目的资金需求，提升了代表建议的解决率，真正把"民生清单"变成了"幸福账单"。截至目前，已累计安排使用专项资金 2250 万元，落实建议办理项目 225 个。

聚焦群众所急　社会事业蓬勃发展

牢固树立以人民为中心的发展思想，满足人民群众对美好生活的向往，这既是县人大一以贯之的工作要求，也是其孜孜以求的目标方向。县人大坚持从托育、教育、医疗、社保、养老、殡葬等人民群众关心关注的"急难愁盼"问题入手，纳入监督计划，作为关注重点，强化监督、持续助力，全力推动解决人民群众最关心最直接最现实的利益问题。

在县人大常委会历年监督议题清单中，群众的操心事、烦心事、揪心事所占比重是厚重的，想群众之所想、急群众之所急、忧群众之所忧，坚守的是为民初心，汇聚的是人大智慧，始终与人民同心同行。如近十多年来，先后听取和审议社会保障体系建设情况、新型农村合作医疗工作情况、千万农民饮用水工程建设情况、全县教育改革和发展情况、残疾人事业发展情况、全县农村文化阵地建设情况、全民健身工作情况、非物质文化遗产传承和保护工作情况等。

"群众关心什么，人大就重点监督什么。"县人大常委会委员、社会建设工委主任张日元介绍，县人大始终把尊重民意作为监督的源头，把关注民生作为监督的根本，把维护民利作为监督的归宿，从人民群众最关心的民生问题入手，精准选题，有计划地组织开展专项审议、代表视察、执法检查、专题询问，督促"一府一委两院"履职尽责、为民造福。例如，2019 年，县人大常委会就围绕省基础教育重点县提升情况开展视察，同时与省、市人大联动开展《浙江省学前教育条例》执法检查，要求县政府把教育摆在优先发展的战略地位，加大教育投入，优化资源布局，激发队伍活力，促进教育提质增效。全面聚焦养老事业，近五年来先后开展了居家养老服务体系建设、残疾人之家建设、民营养老机构健康发展、"两慢病"健康管理、长者助餐服务工作等情况专项监督或视察，有力推动养老服务基础设施逐步改善，服务水平显著提高。

民生福祉所系，人大监督所向。这些年来，县人大监督的成效点滴可见，无处不在：区域性养老服务中心新（扩）建项目全部建成，特困人员实现跨区域集中供养，老年人的幸福生活有了最可靠的保障；省教育基本现代化县成功创建，国家学前教育普及普惠县创建省级评估顺利通过，结构合理、布局科学、质量效益较高的教育发展新格局已经形成；城乡居民就医环境得到了较大改善，基本医疗服务水平得到了明显提升，山区群众在家门口就能享受到更优质的教育、更便捷的医疗服务已经不再是梦想。

聚焦群众所盼　共同富裕行稳致远

山区群众要享有高品质生活，其前提和基础就是要在高质量发展中实现共同富裕，这是中国式现代化的本质特征，也是全体人民的共同期盼。

这些年来，县人大始终与县委保持同频共振，坚持聚焦发展、服务发展、助推发展，保障民生、发展民主、助力民富。如 2021 年，县委提出高质量发展建设共同富裕先行地的目标定位，县人大常委会积极作为、靠前助推，依法做出关于促进和保障高质量发展建设共同富裕先行地的决定，为共同富裕建设提供了法治保障和人大支持。2023 年，县委做出"365 共富协作区"建设决策部署，县人大积极响应县委号召，深度对接毗邻的 6 个县（市）人大，研究制定了《关于联合省际边界地区人大助力 365 共同富裕协作区建设的实施方案》，建立了常委会领导对口联系、乡镇人大沟通会商、各级代表联动互动机制，为推动合作打下了基础。同时，有效地促成了浙皖赣三省七县（市）人大助力"365"共富协作恳谈会在开化县共富中心召开，发布了浙皖赣三省七县（市）人大深化助力"365"共富协作区建设倡议书，16 个交界乡镇人大还就相关具体事项签订了助力共富协作协议。

在助推共同富裕方面，县人大不遗余力，在实践上支持，在研究上给力。安排专人积极参与"人人有事做，家家有收入"等重大理论课题研究，通过学习考察、广泛研讨形成高质量的考察报告——《安吉运作践行"两山"理论的做法和启示》，并与国家发改委习近平经济思想研究中心合作完成《习近平同志"人人有事做，家家有收入"重要论述蕴含的共同富裕理论内涵与时代价值》理论研究文稿刊发，推动理论研究走深走实。

"人人有事做，家家有收入"的精髓就在于有事做、有收入。为了扩大和促进就业，县人大常委会还成立专项执法检查小组，扎实开展《中华人民共和国就业促进法》执法检查，推动政府加快完善高质量就业创业体系。在县人大的持续助推下，政府有关部门积极作为，持续扩大就业规模，不断优化就业结构，更加重视重点群体就业，稳步提升就业环境，全面规范企业用工，有序扩大社会保险覆盖面，提高就业创业服务保障水平，持续推动"两有"理论在开化的生动实践。

助推共同富裕永无止境，为确保人大监督选题精准有效、代表参与走深走实，县人大还紧密结合自身职能，充分发挥主观能动性，聚焦共同富裕 7 大领域 64

项指标完成情况，谋划开发了现代化国家公园城市共同富裕专题监督应用"共富督"，通过"看一看""评一评""督一督"三大子场景，实现对相关指标的实时监测、预警评估、反馈评价，重塑监督流程、赋能监督实效。

面上强化统筹，线上凝聚合力。在县人大的引领和倡议下，县乡两级人大代表积极投身高质量发展新实践，参与到高质量发展建设共同富裕示范区这一攻坚行动中来：浙江家思旅游开发有限公司总经理蒋清全积极推动成立"田园牧歌"共富联盟，带动周边村庄经济发展；农商银行杨林支行经理邹好婷，积极开展人大代表助农助商行动，主动提供上门金融服务，为企业做大做强、园区转型升级注入强大动能……越来越多的人大代表成为共富实践的推动者。

时间砥砺信仰，岁月见证初心。70 年来，人民代表大会制度在开化得到充分贯彻，代表主体地位得到全面彰显，代表密切联系群众的桥梁纽带作用得到有效发挥，高品质生活的幸福画卷已然绘就。回望就是为了更好地发展，我们坚信，有县委的坚强领导，开化一定能续写出全面践行全过程人民民主的崭新篇章。

（引自 2024 年 12 月 31 日"开化人大"微信公众号）

后 记

  2024年是开化县人民代表大会制度建立70周年。为了完整反映这一历史进程，7月，县人大常委会决定在年内编成《与人民同行——开化人大70年（1954—2024)》文献。可以说，这是一项"变不可能为可能"的挑战性工作。众所周知，一部史志类文献的编纂周期通常少则一两年，多则四五年。《与人民同行——开化人大70年（1954—2024)》要在几个月内完成，工作难度可想而知。编纂人员迎难而上，一鼓作气，如期完成了艰巨任务。

  编纂工作启动后，考虑到记载内容浩繁、工作周期紧张等实际情况，筹备小组对文献的体例、篇幅、特色等内容达成了共识：决定以"实录体"为主，兼融"史体""志体"；内容不图面面俱到，但求不缺要项、不断主线；专设"卷首彩页""大事记""附录"等部类，突出资料性、可读性。7月，拟成编纂大纲。8月，成立编纂委员会，召开任务分解部署会，印发《编纂工作方案》，明确了"编纂目的""编纂原则""编纂内容""编纂步骤""组织保障""任务分工""工作要求"等问题。至9月底，史料收集和征编工作基本完成。11月初，形成第一稿，供内部审阅。随后，增补资料，形成第二稿，并召开集体审稿会，就彩页收录重点和编排规则、章节内容完整性、文字表述规范性等问题进行讨论，明确书稿修改的方向和路径。12月，先后形成第三稿、第四稿，分别提交县人大常委会历任主要领导审阅、县人大常委会主任会议审定。

  编纂过程中，编委会领导时刻关心编纂工作的效率和质量，实时掌握编纂工作动态，及时督导、解决史料核实、资料补充、书稿评审、出版印刷等具体问题，为编纂工作优质高效进行提供坚实保障。县人大常委会各委办各司其职，主动作为；县人大老领导、老干部，各乡镇（办事处）人大、开化传媒集团及县内摄影专业人士等积极收集提供图文、实物资料，为本书的编成倾注了热情和心血。

  客观地说，以往的5个多月时间里，全体参编人齐心协力，勤勉从事，编纂工作未曾懈怠。但终因记载时间跨度大、早期史料不足且成书仓促，难以完全杜绝疏失错误。真诚期待读者批评指正。

编 者
2024年12月